Juristenlatein

2800 lateinische Fachausdrücke
und Redewendungen der Juristensprache

übersetzt und erläutert

von

Dr. Nikolaus Benke, LL.M. **Dr. Franz-Stefan Meissel**
Universitätsprofessor in Wien   Universitätsprofessor in Wien

3. Auflage

2009

MANZ'sche Verlags- und Universitätsbuchhandlung, Wien
Verlag C.H. Beck oHG, München
Stämpfli Verlag AG, Bern

Erscheint auf Grundlage des Werkes
„Juristenlatein –
2500 juristisch-lateinische Fachausdrücke übersetzt und erläutert"
von Dr. Karl Luggauer (1914–1987)

Printed in Austria

Alle Rechte, insbesondere das Recht der Vervielfältigung und Verbreitung sowie der Übersetzung, vorbehalten. Kein Teil des Werkes darf in irgendeiner Form (durch Photokopie, Mikrofilm oder ein anderes Verfahren) ohne schriftliche Genehmigung des Verlages reproduziert oder unter Verwendung elektronischer Systeme gespeichert, verarbeitet, vervielfältigt oder verbreitet werden.

Sämtliche Angaben in diesem Werk erfolgen trotz sorgfältiger Bearbeitung ohne Gewähr; eine Haftung der Autoren sowie des Verlages ist ausgeschlossen.

Kopierverbot/Vervielfältigungsverbot
Die für Schulen und Hochschulen vorgesehene freie Werknutzung „Vervielfältigung zum eigenen Schulgebrauch" gilt für dieses Werk nicht, weil es seiner Beschaffenheit und Bezeichnung nach zum Unterrichtsgebrauch bestimmt ist (§ 42 Abs 6 UrhG).

Foto: Pal.Lat. 1564. f. 2r. © 2009 Biblioteca Apostolica Vaticana. Reproduced by permission of Biblioteca Apostolica Vaticana, with all rights reserved.

ISBN 978-3-214-09699-1
ISBN 978-3-406-59902-6 (C.H. Beck oHG)
ISBN 978-3-7272-1475-2 (Stämpfli)

© 2009 MANZ'sche Verlags- und Universitätsbuchhandlung GmbH, Wien
Telefon (01) 531 61-0
E-Mail: verlag@manz.at
World Wide Web: www.manz.at
Datenkonvertierung und Satzherstellung:
MG-Studio, Der buchsTäbliche Partner, 3434 Wilfersdorf/Tulbing
Druck: MANZ CROSSMEDIA, 1051 Wien

Vorwort

Mehr als dreißig Jahre ist es her, seit die erste Ausgabe des „Juristenlatein" von *Karl Luggauer* (1967) erschienen ist. Die Tatsache der vielen Neuauflagen weist auf die Akzeptanz hin, die sein Werk beim Publikum gefunden hat. Das besondere Qualitätsmerkmal des „Luggauer" bestand wohl in der unprätentiösen, leicht verständlichen Sprache sowie dem umfassenden Spektrum der von ihm abgedeckten Stichwörter.

Nach dem Tod von Hofrat Dr. Karl Luggauer wurden wir vom Verlag gebeten, das Werk zu überarbeiten und neu herauszubringen. Wir waren dabei bemüht, die ursprüngliche Konzeption des Werkes beizubehalten, haben aber im Text durchwegs Überarbeitungen vorgenommen.

An welches Publikum richtet sich das Buch? Drei Gruppen sind hervorzuheben:
- Jene, die ohne Latein als Sprache gelernt zu haben, das Studium der Rechtswissenschaften in Angriff nehmen bzw einen juristischen Beruf ausüben;
- jene, die des Lateinischen wohl mächtig sind, sich aber für eine spezifisch juristische Bedeutung eines Ausdrucks interessieren;
- und schließlich jene große Zahl von Menschen, die weder Latein gelernt haben noch Juristen sind, aber in ihrem Umgang mit Juristinnen und Juristen mit lateinischen Ausdrücken konfrontiert werden.

Ihnen allen zumindest eine erste kleine Hilfestellung, einen prägnanten Hinweis zu geben, ist unser Ziel. Folglich finden sich nicht bloß juristische Fachausdrücke und Redewendungen im engeren Sinn (inklusive der im Rahmen der römischrechtlichen und rechtshistorischen Ausbildung verwendeten Terminologie), sondern auch Floskeln, die – ohne spezifischen juristischen Gehalt – von Juristen im Alltag verwendet werden.

Die Bedeutung der lateinischen Sprache für den Juristen ist in den letzten Jahrzehnten erstaunlicherweise eher gestiegen als gesunken. Zwar hat vielleicht das Niveau der lateinischen Allgemeinbildung etwas abgenommen, aber gerade die zunehmende Internationalisierung der juristischen Tätigkeit hat dafür eine andere Komponente des Juristenlateins hervortreten lassen: die Funktion der lateinischen juristischen Fachterminologie für die Verständigung zwischen Juristinnen und Juristen unterschiedlicher Sprachen und Rechtsbereiche. So ist gerade die angloamerikanische Rechtssprache ganz stark vom Lateinischen dominiert.

Auch die Bestrebungen nach Rechtsvereinheitlichung im Rahmen der europäischen Integration geben dem Lateinischen Auftrieb: So spricht man nicht zufällig von einem *ius commune europaeum*, wenn man ein einheitliches europäisches Privatrecht diskutiert.

Auch in anderen Rechtsbereichen lassen sich immer wieder auch neue lateinische Begriffsbildungen (wie jüngst etwa die *culpa in procedendo*) beobachten. All das lässt hoffen, dass das „Juristenlatein" auch in Zukunft auf Interesse stoßen wird.

Im Zuge dieser Neuausgabe wurden verstärkt Hinweise auf das geltende Recht Deutschlands und der Schweiz aufgenommen. Für wertvolle Mithilfe bei der Erstellung der nun vorliegenden dritten von uns besorgten Auflage danken wir MMag. *Nina Flori,* Ass.-Prof. Dr. *Birgit Forgó-Feldner* und Mag. *Heidemarie Mendel* ganz herzlich.

Wir widmen dieses Buch dem Andenken an unsere Väter
Primarius Univ.-Prof. Dr. Alexander Benke (1922–1997)
Obermedizinalrat Dr. mult. Franz Meissel (1919–1995)

Nikolaus Benke   *Franz-Stefan Meissel*

Die Autoren

Dr. Nikolaus Benke, LL.M. (London),
geb. 1954, ist Universitätsprofessor an der Rechtswissenschaftlichen Fakultät der Universität Wien und Vorstand des Instituts für Römisches Recht und Antike Rechtsgeschichte. Die Schwerpunkte seiner Forschungs- und Publikationstätigkeit liegen im Römischen Recht (zB gemeinsam mit Franz-Stefan Meissel, Übungsbuch Römisches Sachenrecht, Manz 9. Aufl. 2008; Übungsbuch Römisches Schuldrecht, Manz 7. Aufl. 2006), in der (Privat-)Rechtsgeschichte sowie im Themenbereich der Gleichbehandlung und der Legal Gender Studies (zB Women in the Courts – An Old Thorn in Men's Sides, Michigan Journal of Gender & Law, vol. 3/1, 1995; Slave Infants and Dowries for Defrauded Creditors? Economic Sense Challenging Women's Fortune in Digest 42.8. Festschrift Hausmaninger, Manz 2006).

Dr. Franz-Stefan Meissel,
geb. 1966, ist Universitätsprofessor und Studienprogrammleiter der Rechtswissenschaftlichen Fakultät der Universität Wien.
Die Schwerpunkte seiner Forschungs- und Publikationstätigkeit liegen im Bürgerlichen Recht (zB Geschäftsführung ohne Auftrag, Manz 1993), im Römischen Recht (zB gemeinsam mit Nikolaus Benke, Übungsbuch Römisches Sachenrecht, Manz 9. Aufl. 2008; Übungsbuch Römisches Schuldrecht, Manz 7. Aufl. 2006; Societas. Struktur und Typenvielfalt, 2004), in der (Privat-)Rechtsgeschichte (zB Miteigentum und ABGB-Gesellschaft, Gedächtnisschrift Hofmeister 1996) und in der rechtlichen Aufarbeitung der NS-Zeit (Praxis der Verfahren vor den Rückstellungskommissionen, 2004; gemeinsam mit Ronald Faber, NS-Steuerrecht und Restitution, Manz 2006).

Dr. Karl Luggauer,
(1914–1987), war von 1964–1979 Polizeidirektor von Klagenfurt. Autor des ursprünglichen Werkes „Juristenlatein" sowie folgender Werke: „Sexualität und Recht", „Der Wortschatz des Juristen", „Habemus Papam – kleine Geschichte der Päpste" und „Latein – immer modern".

Inhaltsverzeichnis

Vorwort V
Die Autoren VII
Abkürzungsverzeichnis XI

**Lateinische Fachausdrücke und Redewendungen
der Juristensprache** 1

Anhang: **Ausdrücke anderssprachiger Herkunft** 378

Abkürzungsverzeichnis

ABGB	=	Allgemeines bürgerliches Gesetzbuch
Abs	=	Absatz
AnfO	=	Anfechtungsordnung
AngG	=	Angestelltengesetz
angloamerik	=	angloamerikanisch
arab	=	arabisch
ArbR	=	Arbeitsrecht
austral	=	australisch
BGB	=	Bürgerliches Gesetzbuch (Deutschlands)
BStP	=	(schw) Bundesgesetz über die Bundesstrafrechtspflege
BZP	=	(schw) Bundesgesetz über den Bundeszivilprozess
bzw	=	beziehungsweise
C	=	Codex Justinians
D	=	Digesten (Pandekten) Justinians
d	=	deutsch(e, er, es)
DNHG	=	Dienstnehmerhaftpflichtgesetz
EKHG	=	Eisenbahn- und Kraftfahrzeughaftpflichtgesetz
engl	=	englisch
EO	=	Exekutionsordnung
etc	=	et cetera
EVHGB	=	Einführungsverordnung zum HGB
Ez	=	Einzahl
f	=	und die/der folgende (Seite, Artikel, Paragraf)
ff	=	und die folgenden (Seiten, Artikel, Paragrafen)
franz	=	französisch
G	=	Gesetz
gem	=	gemäß
GestG	=	(schw) Gerichtsstandsgesetz
griech	=	griechisch
HandelsR	=	Handelsrecht
hebr	=	hebräisch
HGB	=	Handelsgesetzbuch
hist	=	historisch
HS	=	Halbsatz
idR	=	in der Regel
insbes	=	insbesondere
Inst	=	Institutionen
iS	=	im Sinne
ital	=	italienisch

Abkürzungsverzeichnis

jidd	=	jiddisch
JN	=	Jurisdiktionsnorm
KO	=	Konkursordnung
lat	=	lateinisch
m	=	männlich
ma, MA	=	mittelalterlich, Mittelalter
malai	=	malaiisch
Mz	=	Mehrzahl
niederl	=	niederländisch
ö	=	österreichisch(e, er, es)
OR	=	(schw) Obligationenrecht
polyn	=	polynesisch
Proz	=	Prozess, prozessual
R	=	Recht
röm-kath	=	römisch-katholisch
römR	=	Römisches Recht
russ	=	russisch
s	=	sächlich
sc, scil	=	scilicet (ergänze)
SchlT	=	Schlusstitel zum ZGB
schw	=	schweizerisch(e, er, es)
slaw	=	slawisch
sog	=	sogenannt
span	=	spanisch
StGB	=	Strafgesetzbuch
StPO	=	Strafprozessordnung
StrafR	=	Strafrecht
tschech	=	tschechisch
UGB	=	Unternehmensgesetzbuch
uU	=	unter Umständen
VerfR	=	Verfassungsrecht
VerwR	=	Verwaltungsrecht
vgl	=	vergleiche
VölkerR	=	Völkerrecht
VStG	=	Verwaltungsstrafgesetz
w	=	weiblich
WEG	=	(ö) Wohnungseigentumsgesetz
zB	=	zum Beispiel
ZGB	=	(schw) Zivilgesetzbuch
ZivR	=	Zivilrecht
ZivProzR	=	Zivilprozessrecht
ZPO	=	Zivilprozessordnung

Vorbemerkung

Die Alphabetisierung der aus mehreren lateinischen Wörtern bestehenden Begriffe und Zitate erfolgt nicht nach dem ersten Wort, sondern so, als ob zwischen den Wörtern kein Abstand wäre; der Grund dafür liegt darin, dass man beim bloßen Hören eines lateinischen Begriffes als Lateinunkundiger nicht immer sofort erkennen kann, ob es sich um ein, zwei oder mehrere Wörter handelt.

A

ABERRATIO ICTUS (w)
Abirren des Schlages, Stoßes, Wurfes, Geschoßes.
Im StrafR: Abirren der Angriffshandlung, Fehlgehen der Tat.
Beispiel: A schießt in Tötungsabsicht auf B, trifft aber nicht B, sondern ohne Absicht C tödlich.

ABDICATIO = ABDIKATION (w)
Abdankung, Rücktritt eines Regenten.

AB INTESTATO
Aufgrund gesetzlicher Erbfolge (also nicht aufgrund eines Testaments; vgl §§ 727 ff ABGB, §§ 1924 ff BGB, Art 457 ff ZGB).

ABIUDICATIO (w)
(Gerichtliche) Aberkennung, Absprechung.

ABOLITIO(N) (w)
Aufhebung. Meist im Sinn von: Niederschlagung eines bereits anhängigen gerichtlichen Strafverfahrens durch einen Verwaltungsakt (des Bundespräsidenten). Es handelt sich dabei um Aussetzung der Verfolgung in einem Einzelfall (im Unterschied zur **Amnestie,** welche durch einen Akt des Gesetzgebers für bestimmte Tätergruppen geschieht).

ABORTUS (m)
Schwangerschaftsunterbrechung, Abtreibung.

AB INITIO
Von Beginn an. Siehe auch → ex tunc.

AB OFFICIO
Von Amts wegen; auch → ex officio.

AB OVO
Wörtlich: vom Ei an; Bedeutung: vom Ursprung an. (Leitet sich ab von: **ab ovo ad mala** = vom Ei bis zu den Äpfeln. Im alten

Rom begannen die Mahlzeiten mit dem Ei und endeten mit den Äpfeln.)

ABROGATIO(N) (w)
Die gänzliche Außerkraftsetzung eines Gesetzes durch ein später erlassenes Gesetz, welches die Aufhebung des früheren Gesetzes anordnet (D 50.16.102; vgl auch → derogatio).

ABSENTE REO
In Abwesenheit des Angeklagten.

ABSOLUTIO(N) (w)
Freispruch.

ABSOLUTIO AB ACTIONE (w)
Klagsabweisung in der Sache selbst (zivproz Begriff).

ABSOLUTIO AB INSTANTIA (w)
Entbindung von der Instanz. Zurückweisung der Klage wegen Vorliegens eines Prozesshindernisses oder Fehlens einer Prozessvoraussetzung, bevor noch geprüft wurde, ob das Klagebegehren berechtigt war (zivproz Begriff). Auch: die Einstellung des Strafverfahrens mangels hinreichenden Verdachtes.

ABSOLUTORISCH
Freisprechend (zB durch Urteil). Im Unterschied zu → kondemnatorisch.

ABSORPTIO(N) (w)
Aufsaugung, Verschluckung, Aufnahme; **absorbieren** = aufsaugen. Das Absorptionsprinzip im StrafR besagt, dass der Täter, sofern er mehrere Delikte begangen hat, (allein) nach jenem Delikt zu bestrafen ist, welches die höchste Strafdrohung nach sich zieht. Die übrigen Straftaten sind als erschwerende Umstände in Betracht zu ziehen (§ 28 Abs 1 öStGB). Vgl → poena maior absorbet minorem.

ABSTRACTUM (s)
Rein Begriffliches, Nichtgegenständliches; Verallgemeinertes, das

von den Besonderheiten des Einzelfalles absieht. Mz: **Abstracta.** Gegenteil von → concreta.

Von einem **abstrakten Rechtsgeschäft** spricht man, wenn die Gültigkeit eines Geschäftes ohne Rücksicht auf eine → iusta causa gegeben ist (vgl etwa Art 17 OR). In diesem Sinn ist der Gegenbegriff „kausal" (zB „kausales Verfügungsgeschäft").

ABSTRAKTIONSPRINZIP
Prinzip, demzufolge das Zustandekommen eines Verfügungsgeschäftes (insbes die Eigentumsübertragung) vom Vorliegen einer → iusta causa unabhängig ist. Dieser Grundsatz gilt im Sachenrecht Deutschlands (vgl etwa § 929 BGB).
In Österreich (§ 380 ABGB) und der Schweiz gilt hingegen für den Eigentumserwerb, dass dieser durch ein kausales Verfügungsgeschäft zustandekommt, dh eine → iusta causa voraussetzt; siehe auch → Titulus und Modus.

ABSTRUS
Verworren, ungeordnet, unverständlich.

ABUSUS (m)
Missbrauch. **Abusiv** = missbräuchlich.

ABUSUS NON TOLLIT USUM
Missbrauch hebt ein Gebrauchsrecht nicht auf. Erläuterung: Bei Servituten (Dienstbarkeiten) wird ein bestimmter Gebrauch einer fremden Sache eingeräumt; ein von der Servitut nicht gedeckter Gebrauch (Missbrauch) ist unerlaubt, führt aber nicht zum Erlöschen des erlaubten Gebrauches.

ACCEPTILATIO (w)
Im römR: eine in Form einer → stipulatio erfolgende Bestätigung, dass eine bestimmte Schuld getilgt wurde. Durch acceptilatio kann auch ein förmlicher Erlass einer Schuld vorgenommen werden.

ACCESSIO = AKZESSION (w)
Nebensache, die mit einer Hauptsache fest verbunden ist (Bestandteil). Vgl §§ 294 ff ABGB, §§ 93 ff BGB, Art 642 ZGB. Dazu zählen auch Früchte bis zur Trennung von der Muttersache

(„Zuwachs" iSd § 294 ABGB; vgl auch § 94 Abs 1 Satz 1 BGB, Art 643 ZGB).

ACCESSIO CEDIT PRINCIPALI
Die Nebensache teilt notwendig das Schicksal der Hauptsache. Im römR: Werden Sachen verschiedener Eigentümer miteinander fest verbunden, so verliert der Eigentümer der Nebensache sein Eigentum zugunsten des Eigentümers der Hauptsache (vgl § 416 ABGB, § 947 Abs 2 BGB, Art 727 Abs 2 ZGB). Siehe auch → superficies solo cedit.

ACCESSIO TEMPORIS SEU POSSESSIONIS (w)
Im römR: die Anrechnung der Zeit (zB der Ersitzungszeit eines Rechtsvorgängers bei der → usucapio).
Vgl heute § 1493 ABGB, § 943 BGB, Art 941 ZGB.

ACCESSORIUM SEQUITUR PRINCIPALE
(auch: **res accessoria sequitur rem principalem**). Siehe unter → accessio cedit principali.

ACCIDENTALIA NEGOTII (s, Mz)
Wörtlich: „zufällige Bestandteile" eines Geschäftes.
Von den Parteien vereinbarte Nebenbestimmungen eines Vertrages, welche die vertraglichen Rechte und Pflichten näher bestimmen (zB nähere Einzelheiten der Leistungserbringung).

ACCUSATIO = AKKUSATION (w)
Beschuldigung, Anklage. Siehe auch → Akkusationsprinzip.

ACCUSATIO SUSPECTI TUTORIS (w)
Anklage gegen den verdächtigen Vormund; im älteren römR: Kriminalverfahren gegen einen treuwidrig handelnden Vormund.

ACTA (s)
Handlungen, Rechtsakte. Acta nulla = unwirksame (nichtige) Rechtsakte.

ACTA IURE IMPERII (s)
Akte kraft Hoheitsrechts, dh von Organen eines Staates im Rah-

men der Hoheitsgewalt gesetzte Rechtshandlungen. Für diese gilt laut Völkerrecht Immunität.

ACTIO (w)
Wörtlich: Handlung.
Bedeutung: Klage, Klagebefugnis (römR).
Agere = handeln, klagen.

ACTIO AD EXEMPLUM (w)
Im römR: Klage nach dem Vorbild (einer anderen Klage).
Beispiel: Wer einen fremden Sklaven rechtswidrig und schuldhaft durch mittelbare Einwirkung tötet, wird nicht mit einer → actio legis Aquiliae wegen → occidere, sondern mit einer **actio ad exemplum legis Aquiliae** (einer analogen Klage nach dem Vorbild der Aquilienklage) wegen → mortis causam praestare belangt.
Siehe auch → actio in factum, → actio utilis sowie → Analogie.

ACTIO AD EXHIBENDUM (w)
Klage auf Vorlage, Vorweisung, Herbeischaffung einer bestimmten Sache.
Im römR: persönliche Klage, durch die der Besitzer einer Sache von jedem, der ein begründetes Interesse hat, diese Sache zu sehen (zB der nichtbesitzende Eigentümer), gezwungen wird, sie vor Gericht vorzulegen (vgl §§ 809 ff BGB). Dadurch wird es dem Kläger möglich, seine Rechte an der Sache zu verfolgen.

ACTIO AD SUPPLENDAM LEGITIMAM (w)
Klage des verkürzten Noterben auf Ergänzung des Pflichtteils, wenn er mit einem Erbteil oder Vermächtnis bedacht wurde, welches den Wert des Pflichtteils nicht erreicht (vgl § 775 ABGB, § 2305 BGB). Auch **actio suppletoria** genannt.

ACTIO AUCTORITATIS (w)
Gewährschaftsklage. Im römR konnte der Käufer, dem die gekaufte Sache durch → mancipatio übertragen worden war, für den Fall, dass ein Dritter die Sache von ihm aufgrund behaupteten Eigentums → vindiziert, verlangen, dass ihm der Verkäufer **auctoritas** (Gewährschaft) leistet (dh im Prozess beisteht). Kommt es dennoch zur → Eviktion, so kann der Käufer mit der

Gewährschaftsklage das Doppelte des Kaufpreises vom Verkäufer verlangen.

ACTIO CERTAE CREDITAE PECUNIAE (w)

Wörtlich: Klage auf eine bestimmte Summe geschuldeten Geldes.

Im römR: Klage aus einem unentgeltlichen Gelddarlehen (→ mutuum). Dem Typus nach handelt es sich dabei um eine → condictio.

ACTIO COMMODATI (w)

Im römR: Klage aus dem Leihevertrag (→ commodatum).

Der Leihegeber hat zur Durchsetzung seiner vertraglichen Ansprüche die **actio commodati directa**, der Leihenehmer die **actio commodati contraria**.

ACTIO COMMUNI DIVIDUNDO (w)

Teilungsklage; mit ihr wird bei Miteigentum (→ condominium) die Aufhebung der Eigentumsgemeinschaft geltend gemacht (vgl §§ 830, 843 ABGB, § 749 BGB, Art 650 f ZGB).

Jeder Miteigentümer hat grundsätzlich das Recht, die Aufhebung zu verlangen; er ist vollständiger Eigentümer seines Anteils (vgl § 829 ABGB, § 747 BGB, Art 646 Abs 3 ZGB).

ACTIO CONDUCTI (w)

Im römR: Klage des conductor aus einer → locatio conductio. Mit dieser Klage können Mieter, Pächter, Arbeitgeber und Werkunternehmer ihre vertraglichen Ansprüche durchsetzen.

ACTIO CONFESSORIA (w)

Klage des Servitutsberechtigten zur Geltendmachung der → Servitut (Dienstbarkeit), wenn sich der mit der Servitut Belastete oder ein Dritter der Ausübung der Servitut widersetzt, sie stört oder die Existenz der Servitut bestreitet (vgl § 523 ABGB, § 1027 und § 1065 BGB, Art 737 Abs 3 ZBG).

ACTIO CONTRARIA (w)

Widerklage. Gegenbegriff zu → actio directa.

ACTIO DE AESTIMATO (w)

Klage aus einem Trödelvertrag (→ contractus aestimatorius).

ACTIO DE DEIECTIS VEL EFFUSIS (w)

Im römR: Klage gegen den Wohnungsinhaber wegen Schäden, die durch herabgeworfene Gegenstände bzw herabgeschüttete Flüssigkeiten entstanden sind. Es handelt sich dabei um verschuldensunabhängige quasideliktische Ansprüche (vgl § 1318 ABGB). Hinsichtlich Schäden durch aufgestellte oder aufgehängte Sachen gab es eine eigene **actio de posito vel suspenso** (D 9.3.1).

ACTIO DE DOLO = ACTIO DOLI (w)

Im römR: Schadenersatzklage des Geschädigten gegen den Täter, der ihm durch Arglist (→ dolus) einen Vermögensschaden zugefügt hat (zB Klage des Betrogenen gegen den Betrüger).
Vgl heute § 1295 Abs 2 ABGB, § 826 BGB, Art 41 Abs 2 OR.

ACTIO DE IN REM VERSO (w)

Klage wegen einer eingetretenen Bereicherung (→ versio = Bereicherung).
Im römR eine der → actiones adiecticiae, mit welcher der Gewalthaber geklagt werden konnte, wenn in seinem Stammvermögen eine Bereicherung durch das rechtsgeschäftliche Handeln eines Gewaltunterworfenen eingetreten war.
In der Neuzeit entwickelte man daraus die sog Versionsklage als Klage gegen den durch das Handeln eines (mittelbaren) Vertreters bereicherten Geschäftsherrn.

ACTIO DE PAUPERIE (w)

Klage wegen eines von fremdem Vieh angerichteten Schadens (vgl heute § 1320 ff ABGB, §§ 833 f BGB, Art 56 OR).
Nach römR konnte sich der Eigentümer des schädigenden Tieres von der Schadenersatzpflicht befreien, indem er das Tier an den Geschädigten auslieferte (siehe → noxae deditio).

ACTIO DE PECULIO (w)

Im römR: adjektizische Klage (→ actiones adiecticiae) des Gewalthabers für Schulden eines Gewaltunterworfenen, dem ein → peculium eingeräumt worden war.

ACTIO DEPOSITI (w)
Im römR: Klage aus dem Verwahrungsvertrag (→ depositum). Der Hinterleger hat zur Durchsetzung seiner vertraglichen Ansprüche die **actio depositi directa**, der Verwahrer die **actio depositi contraria**.

ACTIO DE POSITO VEL SUSPENSO (w)
Siehe unter → actio de deiectis vel effusis.

ACTIO DE SUPERFICIE (w)
Klage aus dem Erbbaurecht (→ superficies; römR).

ACTIO DE TIGNO IUNCTO (w)
Klage wegen eines (fremden) eingebauten Balkens (römR).

ACTIO DIRECTA (w)
Direkte Klage; Hauptklage. Im Gegensatz zur → actio contraria. ZB die Klage des Hinterlegers auf Rückgabe der hinterlegten Sache heißt **actio depositi directa**. Gegenansprüche des Verwahrers gegen den Hinterleger sind mit der **actio depositi contraria** durchzusetzen.
Im römR wird actio directa manchmal auch als Gegensatz zu → actio utilis bzw → actio in factum („analoge Klagen") verwendet.

ACTIO EMPTI (w)
Im römR: Klage des Käufers gegen den Verkäufer zur Durchsetzung seiner vertraglichen Ansprüche.

ACTIO EXERCITORIA (w)
Im römR: Reederklage; mit dieser Klage (siehe → actiones adiecticiae) kann der Reeder eines Schiffes (exercitor) für Geschäftsschulden seines Kapitäns in Anspruch genommen werden.

ACTIO EX STIPULATU (w)
Im römR: Klage aufgrund einer → stipulatio.

ACTIO EX TESTAMENTO (w)
Klage, welche sich auf ein Testament gründet (zB Klage des Lega-

tars gegen den Erben bei Nichterfüllung einer testamentarischen Verpflichtung).

ACTIO FAMILIAE ERCISCUNDAE (w)
Im altrömR: Klage eines Hauserben, der nach dem Tod des → pater familias gemeinsam mit seinen Geschwistern weitergewirtschaftet hat (→ consortium), auf Teilung des Vermögens.
Im übertragenen Sinn: Erbteilungsklage, mittels welcher ein Miterbe auf Teilung der Erbschaft klagen kann (vgl § 2042 BGB, Art 604 ZGB).

ACTIO FIDUCIAE (w)
Klage aus einem Treuhandverhältnis (→ fiducia).
Der Treugeber hat die **actio fiduciae directa** zur Durchsetzung seiner Ansprüche, der Treuhänder die **actio fiduciae contraria**.

ACTIO FINIUM REGUNDORUM (w)
Klage auf Feststellung einer strittigen Grenzlinie (vgl heute §§ 850–853 ABGB, §§ 919 f BGB, Art 669 ZGB.

ACTIO FURTI (w)
Im römR: Bußklage (→ actio poenalis) gegen den fur (Dieb im weiteren Sinn); sie geht auf ein Vielfaches (idR das → duplum) des Wertes der gestohlenen Sache.

ACTIO HYPOTHECARIA (w)
Pfandrechtsklage (vgl heute § 466 ABGB, § 1231 BGB).
Siehe unter → actio pigneraticia in rem sowie → hypotheca.

ACTIO ILLICITA IN CAUSA (w)
Wörtlich: Handlung unzulässig in der Ursache.
Strafrechtlicher Begriff: Eine an sich erlaubte Handlung ist im konkreten Fall wegen eines vorher gesetzten unzulässigen Verhaltens unerlaubt; zB kann sich jemand, der den Täter absichtlich zu einem Delikt provoziert, nicht auf Notwehr berufen.

ACTIO IN FACTUM (w)
Im römR eine auf den konkreten Sachverhalt zugeschnittene Klage. Eine solche wird vom → Prätor insbes dann gewährt, wenn ein

Sachverhalt dem Tatbestand einer anerkannten Klage bloß ähnlich ist; deshalb spricht man auch von einer analogen Klage (siehe auch → actio utilis).

ACTIO INIURIARUM (w)
Im römR: Private Deliktsklage gegen jene Person, die eine → iniuria (Beleidigung, Ehrverletzung) begangen hat.

ACTIO IN PERSONAM (w)
Klage gegen eine bestimmte Person, die dem Kläger zu einer Leistung verpflichtet ist; Klage eines Gläubigers gegen seinen Schuldner; obligatorische (schuldrechtliche) Klage (im Unterschied zur → actio in rem).

ACTIO IN REM (w)
Dingliche Klage; dient der Durchsetzung eines dinglichen Rechts, dh eines Rechts, das eine Person an einer bestimmten Sache hat und das gegenüber jedermann durchsetzbar ist (im Unterschied zur → actio in personam).

ACTIO INSTITORIA (w)
Im römR: Betriebsleiterklage; Geschäftsführerklage. Mit dieser Klage (siehe → actiones adiecticiae) kann der Geschäftsherr für Geschäftsschulden seines → institor (Betriebsleiter) in Anspruch genommen werden.

ACTIO LEGIS AQUILIAE (w)
Wörtlich: Klage aus der → lex Aquilia; Aquilienklage.
Im römR: Schadenersatzklage des Geschädigten bei Sachbeschädigung und Sachzerstörung.

ACTIO LIBERA IN CAUSA (w)
Wörtlich: Handlung, frei in ihrer Ursache.
Strafrechtlicher Begriff: Der Täter begeht die Tathandlung zwar im unzurechnungsfähigen Zustand, war aber voll zurechnungsfähig, als er sich zu dieser Tat entschloss oder hat sich in einen unzurechnungsfähigen Zustand gebracht, obwohl er gewisse Gefährdungssituationen vorhersehen musste.

ACTIO LOCATI (w)
Im römR: Klage des locator aus einer → locatio conductio. Mit dieser Klage können Vermieter, Verpächter, Arbeitnehmer und Werkbesteller ihre vertraglichen Ansprüche durchsetzen.

ACTIO MANDATI (w)
Im römR: Klage aus dem Auftragsvertrag (→ mandatum).
Der Auftraggeber hat zur Durchsetzung seiner vertraglichen Ansprüche die **actio mandati directa**, der Auftragnehmer die **actio mandati contraria**.

ACTIO MIXTA (w)
Gemischte Klage.
Im römR: Klage, die sowohl auf Sachverfolgung (→ reipersekutorisch), als auch auf Buße bzw Bestrafung (→ actio poenalis) gerichtet ist.

ACTIO NEGATORIA (w)
Eigentumsfreiheitsklage. Klage des Eigentümers wegen Eingriffs in das Eigentum, zB bei Anmaßung einer (nicht bestehenden) → Servitut (Dienstbarkeit) oder der unzulässigen Erweiterung einer an sich bestehenden Servitut (vgl § 523 ABGB, § 1004 BGB, Art 641 Abs 2 HS 2 ZGB). Siehe auch → vindicatio libertatis.

ACTIO NEGOTIORUM GESTORUM (w)
Klage aus der Geschäftsführung ohne Auftrag (→ negotiorum gestio).
Der Geschäftsherr hat die actio negotiorum gestorum directa gegen den Geschäftsführer (zB auf Herausgabe des im Rahmen der Geschäftsführung ohne Auftrag Erlangten); der Geschäftsführer hat umgekehrt gegen den Geschäftsherrn die **actio negotiorum gestorum contraria** auf Ersatz des notwendigen und nützlichen Aufwands (vgl §§ 1036 f ABGB, § 683 BGB, Art 422 OR).

ACTIO NOXALIS (w)
Im römR: Klage gegen den Eigentümer eines Sklaven, wegen eines Delikts, das der Sklave (ohne dessen Wissen) begangen hat.
Dem Beklagten steht es frei, statt der Zahlung der Urteilssumme

den Übeltäter dem Geschädigten auszuliefern (→ noxae deditio; siehe auch → noxa caput sequitur).

ACTIONES ADIECTICIAE (w, Mz)

Adjektizische Klagen, zusätzlich gegebene Klagen. Im römR: Klagen gegen den Gewalthaber bzw Geschäftsherrn aufgrund rechtsgeschäftlichen Handelns eines Gewaltunterworfenen oder eines (freien) Geschäftsführers. Dazu zählen die → actio de peculio, die → actio de in rem verso, die → actio quod iussu sowie → actio institoria und → actio exercitoria.

ACTIONI NONDUM NATAE NON PRAESCRIBITUR

Die Verjährung im Bezug auf eine noch nicht entstandene Klage läuft noch nicht.

Die Klagsverjährung beginnt regelmäßig, sobald die rechtliche Möglichkeit zu klagen vorhanden ist. Dies trifft dann zu, sobald ein konkreter Anspruch existent und fällig geworden ist.

ACTIO PAULIANA (w)

Gläubigeranfechtungsklage.

Klage zur Anfechtung eines Geschäftes, welches zu einer Gläubigerbenachteiligung geführt hat. Die Voraussetzungen sind heute im Anfechtungsrecht (AnfO, AnfG) bzw im Insolvenzrecht (KO, AO, InsO) näher geregelt.

ACTIO PERSONALIS (w)

Eine (höchst-)persönliche Klage, dh eine Klage, die nur von der berechtigten Person, und zB nicht von ihren Erben, geltend gemacht werden kann.

ACTIO PERSONALIS MORITUR CUM PERSONA

Eine (höchst-)persönliche Klage stirbt mit der Person (des Berechtigten).

ACTIO PIGNERATICIA IN PERSONAM (w)

Schuldrechtliche Klage aus dem Pfandvertrag.

Nach römR entsteht mit der Übergabe der Pfandsache durch den Pfandbesteller an den Pfandgläubiger der Realvertrag → pignus. Die wechselseitigen Ansprüche aus diesem Vertrag sind mit der

actio pigneraticia in personam directa (Pfandbesteller gegen Pfandgläubiger, zB auf Herausgabe des Pfandes nach Erlöschen der Schuld) bzw **actio pigneraticia in personam contraria** (Pfandgläubiger gegen Pfandbesteller) durchzusetzen.

ACTIO PIGNERATICIA IN REM (w)
Dingliche Klage des Pfandberechtigten (Pfandgläubigers) auf Herausgabe der verpfändeten Sache (vgl heute § 466 ABGB, § 1231 BGB).
Die dingliche Pfandrechtsklage wird im römR auch → vindicatio pignoris, → actio (quasi) Serviana bzw → actio hypothecaria genannt.

ACTIO POENALIS (w)
Bußklage; eine Klage, die auf Bestrafung (→ poena) des Schädigers, und nicht auf (bloßen) Ausgleich des Schadens gerichtet ist (zB im römR die → actio furti).

ACTIO PRAESCRIPTIS VERBIS (w)
Wörtlich: Klage mit vorangeschriebenen Worten.
Im römR: Klage aus einem → Innominatkontrakt.

ACTIO PRO SOCIO (w)
Wörtlich: Klage für den Gesellschafter.
Klage, mit der die Mitgesellschafter untereinander Verpflichtungen aus dem Gesellschaftsvertrag (zB Abrechnung von Gewinn und Verlust, Leistung der zugesagten Beiträge etc) durchsetzen können.
Im modernen Gesellschaftsrecht versteht man darunter auch eine Klage, mit der ein Gesellschafter Ansprüche der Gesellschaft (gegen Dritte) geltend machen kann; man spricht hier auch von einer **actio pro societate** („Klage für die Gesellschaft").

ACTIO PUBLICIANA (w)
Im römR: dingliche Klage des Ersitzungsbesitzers auf Herausgabe der Sache.
Heute: Eigentumsklage aus dem rechtlich vermuteten Eigentum des Klägers (Schutz des relativ besseren Rechtes zum Besitz, vgl heute §§ 372–374 ABGB, §§ 1006 f BGB, Art 930 ZGB). Sie

kann von demjenigen angestellt werden, der im rechtmäßigen, redlichen und echten Besitz einer Sache oder eines dinglichen Rechts war und den Besitz verloren hat.
Eine Klage analog zu § 372 ABGB wird im österreichischen Recht auch bloßen Rechtsbesitzern (zB Mieter) gewährt.

ACTIO QUANTI MINORIS (w)
Minderungsklage.
Im römR: vom kurulischen → Aedil (Träger der Marktgerichtsbarkeit) bei Marktkauf von Vieh und Sklaven dem Käufer gewährter Rechtsbehelf, mittels dessen der Käufer bei Vorliegen eines Sachmangels (zB verschwiegene Krankheit des Sklaven) binnen 12 Monaten Minderung des Kaufpreises verlangen konnte.
Heute allgemein: Klage auf Minderung des Entgelts oder Nachleistung des Fehlenden bei entgeltlichen Geschäften. Sie steht va zu, wenn die übergebene Sache Mängel aufweist, die den ordentlichen oder ausdrücklich bedungenen Gebrauch der Sache zwar nicht ausschließen, wohl aber beeinträchtigen (vgl § 932 Abs 4 Fall 1 ABGB, § 441 BGB, Art 205 OR).

ACTIO QUOD IUSSU (w)
Im römR: Klage (siehe → actiones adiecticiae) gegen den Gewalthaber für Schulden eines Gewaltunterworfenen, die dieser aufgrund eines → iussum eingegangen ist.

ACTIO REDHIBITORIA (w)
Wandlungsklage.
Im römR: vom → Aedil bei Marktkauf von Vieh und Sklaven dem Käufer gewährter Rechtsbehelf, mittels dessen der Käufer bei Vorliegen eines Sachmangels (zB verschwiegene Krankheit des Sklaven) binnen 6 Monaten Wandlung (Rückabwicklung des Vertrages: Rückzahlung des gezahlten Preises nach Rückgabe der mangelhaften Sache) verlangen konnte.
Heute allgemein: Klage auf Rückabwicklung eines entgeltlichen Geschäftes, wenn ein wesentlicher und unbehebbarer Mangel vorliegt, dh die übergebene Sache einen Mangel aufweist, der den ordentlichen oder ausdrücklich bedungenen Gebrauch der Sache hindert und nicht behoben werden kann; im Unterschied zur → actio quanti minoris.

Vgl heute § 932 Abs 4 Fall 2 ABGB, § 437 iVm §§ 440, 323 und 326 Abs 5 BGB, Art 205, 208 f OR.

ACTIO REI UXORIAE (w)
Im römR: Klage auf Rückgabe der Mitgift (→ dos) nach Beendigung der Ehe.

ACTIO SERVIANA (w)
Siehe unter → actio pigneraticia in rem.

ACTIO SUPPLETORIA (w)
(Pflichtteil-)Ergänzungsklage.
Siehe unter → actio ad supplendam legitimam.

ACTIO TUTELAE (w)
Im römR: Klage für Ansprüche, die dem Mündel gegenüber dem Vormund aus einer Vormundschaft (→ Tutel) erwachsen.

ACTIO UTILIS (w)
Wörtlich: nützliche (iS von nutzbar gemachte) Klage.
Im römR: eine Klage, die in Anlehnung an eine anerkannte Klage in einem ähnlichen Fall vom Prätor gewährt wird (vgl auch → actio in factum).
So gibt es etwa eine **actio pigneraticia in rem utilis**, wenn der Pfandbesteller erst nachträglich Eigentümer der verpfändeten Sache wird, und somit das Pfandrecht erst nachträglich wirksam wird.

ACTIO VENDITI (w)
Im römR: Klage des Verkäufers gegen den Käufer zur Durchsetzung seiner vertraglichen Ansprüche.

ACTOR (m)
Im römR Bezeichnung für den Kläger in einem Zivilprozess (im Gegensatz zu → reus = Beklagter, auch Angeklagter).
In der angloamerik Rechtssprache auch: Stellvertreter, Beauftragter.
Siehe auch → aktorische Kaution.

ACTOR SEQUITUR FORUM REI
Der Kläger folgt dem (örtlichen) Gerichtsstand des Beklagten. Grundsatz des allgemeinen Gerichtsstandes: für eine Klage ist grundsätzlich der Gerichtsstand des Wohnsitzes bzw Aufenthaltes des Beklagten maßgeblich.

ACTORE NON PROBANTE REUS ABSOLVITUR
Wenn der Kläger die (seinen Anspruch begründenden) Tatsachen nicht beweisen kann, obsiegt der Beklagte (und bleibt daher zB beim Streit um das Eigentum an einer Sache im Besitz der Sache; vgl heute § 374 ABGB, Art 8 ZGB).

ACTORI INCUMBIT PROBATIO
Dem Kläger obliegt der Beweis (für die seinen Anspruch begründenden Tatsachen). Grundsatz der Beweislast des Klägers.
Macht der Beklagte im Verfahren aber eine → exceptio (Einrede) geltend, dh Gründe, die einen an sich gegebenen Anspruch vernichten oder hemmen, so trägt bezüglich der Einrede freilich grundsätzlich der Beklagte die Beweislast.

ACTRIX (w)
Klägerin. Siehe → actor.

ACTUM UT SUPRA
Verhandelt wie oben (Schlussformel bei Niederschriften und Protokollen).

ACTUS CONTRARIUS (m)
Wörtlich: gegenteiliger Akt, entgegengesetzte Handlung.
Werden durch einen Rechtsakt in einer bestimmten Form Wirkungen erzeugt, so lassen sich in der Regel durch einen konträren Rechtsakt derselben Form diese Rechtswirkungen wieder aufheben. Wird zB jemand vom Gericht zum Sachwalter bestellt, so kann er auch wieder durch Gerichtsakt abberufen werden; schließen zwei Parteien formlos einen Vertrag, so können sie das Vertragsverhältnis auch wieder formlos aufheben usw.

ACTUS MANDATI SPECIALIS (m)
Handlung kraft einer besonderen Vollmacht zur Besorgung

bestimmter Geschäfte oder einzelner Angelegenheiten einer bestimmten Gattung (vgl etwa § 1006 ABGB).

ACTUS MANDATI SPECIALISSIMI (m)
Handlung kraft einer ganz besonderen, auf ein einzelnes Geschäft ausgestellten Vollmacht (vgl § 1008 Satz 2 ABGB).

ACTUS MERAE FACULTATIS (m, Mz)
Handlungen bloßer Willkür (bloßen Beliebens), die ein Ausfluss der menschlichen Freiheit sind (zB Freiheit, eine Ware da oder dort zu kaufen). Sie sind gem § 1459 ABGB in der Regel unverjährbar und können nicht Gegenstand der Ersitzung sein.

ACTUS REUS (m)
In der angloamerik Rechtssprache: der äußere Tatbestand einer strafbaren Handlung, die äußeren Tatbestandsmerkmale. Siehe auch → mens rea.

AD ABSURDUM
Ins Sinnlose. Ad absurdum führen bedeutet gegnerische Argumente zu widerlegen, indem man deren widersinnige Konsequenzen (uU durch „auf die Spitze treiben") vor Augen führt. Siehe auch → argumentum ad absurdum.

AD ACTA
Zu den Akten (nach Erledigung weglegen). Abkürzung: a. a. Auch im Sinne von: erledigt, nicht mehr maßgeblich.

ADAPTION (w)
Anpassung; adaptieren = anpassen.

ADÄQUAT
Angeglichen, angleichend, entsprechend; auch im Sinne von: sozial angemessen, angepasst.

ADÄQUANZ (w)
Angemessenheit.
Im Schadenersatzrecht versteht man darunter einen nicht gänzlich atypischen Schädigungsverlauf. Gem der **Adäquanztheorie** ist

einem Schädiger ein Schaden nur dann zuzurechnen, wenn er nicht durch einen gänzlich atypischen Verlauf zustandegekommen ist. Siehe auch → Äquivalenztheorie.

A DATO
Vom Tage der Ausstellung (zB einer Urkunde) an. Abkürzung: a. d.

AD CALENDAS GRAECAS
Wörtlich: zu den griechischen Kalenden. Bedeutung: niemals, am St. Nimmerleinstag. (**Calendae** ist die römische Bezeichnung für den Monatsersten, der häufig Termin für die Erfüllung von Verpflichtungen war; die Griechen hingegen hatten keine Kalenden.)

AD CIRCULANDUM
Zum Umlauf bestimmt (in der Kanzleisprache häufig verwendeter Begriff). Abkürzung: ad circ.
Beispiel: Ein Schriftstück wird zur Kenntnisnahme und Beachtung den in Betracht kommenden Beamten innerhalb der Dienststelle übermittelt.

AD COLLOQUIUM
Zur Besprechung.

ADDE
Füge hinzu.

ADDENDUM (s)
Hinzuzufügendes, Nachzutragendes, Zusätzliches. Mz: **Addenda**.

ADDICTIO IN DIEM (w)
Wörtlich: Zusage auf einen bestimmten Termin. Bessergebotsklausel.
Vorbehalt des Verkäufers, vom Verkauf zurückzutreten, falls binnen einer bestimmten Frist jemand anderer ein besseres Kaufangebot unterbreitet (vgl § 1083 ABGB).

ADEM(P)TIO (w)
Zurücknahme (Widerruf) eines Vermächtnisses durch den Erblasser (vgl § 724 ABGB, Art 509 ff ZGB).

ADFINITAS = AFFINITAS (w)
Verwandtschaft, Naheverhältnis.

ADFINITAS SECUNDI GENERIS (w)
Wörtl: Verwandtschaft der zweiten Art; Schwägerschaft.

AD FONTES
Zu den Quellen, zum Ursprung.

ADGNATUS PROXIMUS (m)
Der agnatisch am nächsten Verwandte (→ Agnation).

ADJEKTIZISCH = ADIECTICIUS
Zusätzlich, hinzugefügt.
Als **adjektizische Klagen** (= → actiones adiecticiae) bezeichnet man im römR jene Klagen, durch die ein Gewalthaber bzw Geschäftsherr für Schulden aus Verträgen haftbar gemacht werden kann, die nicht er selbst, sondern seine Gewaltunterworfenen (bzw Geschäftsführer) geschlossen haben.

ADHÄSIONSVERFAHREN
Im StrafR: Macht der durch eine strafbare Handlung in seinen Rechten verletzte Privatbeteiligte seine zivilrechtlichen Ansprüche gegen den Täter im Strafprozess geltend, so kann das Strafgericht im Strafurteil auch über die privatrechtlichen Ansprüche des Privatbeteiligten entscheiden (vgl § 67 öStPO, §§ 403 ff dStPO, Art 210 ff BStP).
Im VölkerR: Verfahren des Beitritts eines Staates oder eines sonstigen Völkerrechtssubjektes zu einem internationalen Vertrag bzw zu einer internationalen Organisation.

ADHIBENDA (s, Mz)
Anzuwendendes, als Hilfsmittel Dienendes.

AD HOC
Zu diesem, zu diesem bestimmten Zweck, zu dieser Sache; auch: sogleich, sofort, auf der Stelle; für den Einzelfall, von Fall zu Fall.

ADHUC SUB IUDICE LIS EST
Bisher liegt die Streitsache noch beim Richter (scil zur Entscheidung). Die Streitfrage ist noch nicht entschieden.

AD INFINITUM
Bis ins Unendliche (zB bei Aufzählungen: Man könnte diese Reihe noch ad infinitum fortsetzen).

AD INSTAR
Nach dem Beispiel.

AD INTERIM
Bis dahin, vorläufig, einstweilig.

ADITIO HEREDITATIS (w)
Antritt der Erbschaft durch den Erben (vgl § 547 ABGB, §§ 1942 ff BGB, Art 560 ff ZGB).

ADIUDICATIO = ADJUDIKATION (w)
Richterliche Zuerkennung eines Rechts (zB die Zuerkennung des Eigentums bei Teilungen oder Pfandrechtsbegründungen; vgl §§ 449 ff, 841 f ABGB).

ADJUTUM (s)
Geldliche Beihilfe; kleine Entlohnung (zB für Praktikanten).

ADLATUS (m)
Der jemandem (als Stütze) Beigegebene; „rechte Hand" (zB Hilfskraft, Adjutant).

AD LIBITUM
Nach Belieben, beliebig.

AD LIT(T)ERAM
Auf den Buchstaben genau.

AD MANUS
Wörtlich: Zu den Händen. Zustellung eines Schriftstückes (zB einer Klage) zu eigenen Handen des Adressaten im Unterschied zur „Ersatzzustellung" (vgl § 106 öZPO).

ADMINISTRATIO(N) (w)
Wörtlich: Leistung eines Hilfsdienstes.
Bedeutung: Verwaltung.

ADMONITIO(N) (w)
Ermahnung, sich rechtskonform zu verhalten.

AD NOTAM
Zur Kenntnis. Ad notam nehmen = zur Kenntnis nehmen; notieren; Notiz nehmen.

ADNOTATIO(N) (w)
Anmerkung eines rechtserheblichen Umstandes im Grundbuch (zB Anmerkung der Minderjährigkeit, des Konkurses, der Entmündigung).

AD NUTUM AMOBILIS
Auf Wink absetzbar. Bedeutung: Wenn jemand aus seinem Amte oder seiner sonstigen Verwendung ohne Formalität jederzeit entfernt werden kann.

AD OCULOS (DEMONSTRARE)
Wörtlich: Zu den Augen. Vor Augen führen; klar darlegen; augenscheinlich demonstrieren.

ADOLESZENZ (w)
Zeit des Heranwachsens, Jugend.

ADOPTIO(N) (w)
Annahme an Kindesstatt. Die durch Rechtsgeschäft erfolgende Herstellung eines Eltern-Kind-Verhältnisses (vgl §§ 179 ff ABGB, §§ 1741 ff BGB, Art 264 ff ZGB).

ADOPTIO NATURAM IMITATUR
Wörtlich: Die Annahme an Kindesstatt (Adoption) ahmt die Natur nach.
Durch die Adoption wird ein familienrechtliches Verhältnis geschaffen, das jenem zwischen leiblichen Eltern und Kindern entspricht (vgl heute § 182 Abs 1 ABGB, § 1754 BGB, Art 267 Abs 1 ZGB).

AD PERSONAM
Zur Person; auf eine bestimmte Person bezogen. Im Unterschied zu → ad rem = zur Sache.

ADPROBATIO = APPROBATION (w)
Genehmigung, Abnahme des Werkes beim Werkvertrag (→ locatio conductio operis).
Auch: Förmliche (meist staatliche) Zulassung; Bewilligung; Bestätigung; Genehmigung.

AD PUBLICANDUM
Zur Veröffentlichung.

AD REFERENDUM
Zur Berichterstattung; zum Bericht.

AD REM
Zur Sache. Im Unterschied zu → ad personam = zur Person.

ADROGATIO = ARROGATIO (w)
Im römR: förmliche Aufnahme an Kindesstatt (→ adoptio).

AD SEPARANDUM
Zur Trennung, zur Ausscheidung, zur Absonderung. ZB: Das Gericht hat in bestimmten Fällen Klagen ad separandum zu verweisen (zivproz Begriff).

ADSTIPULATIO (w)
Mitberechtigung eines Gläubigers, Hereinnahme eines Gläubigers. Im römR: Neben dem Gläubiger lässt sich eine weitere

Person – der Adstipulator – die Leistung vom Schuldner durch → stipulatio versprechen. **Adstipulator** = Nebengläubiger.

ADULTERIUM (s)

Ehebruch. **Adulterin** = aus einem Ehebruch stammend.

AD USUM

Zum Gebrauch.

AD USUM DELPHINI

Wörtlich: Zum Gebrauch des Delphin (ursprünglich gemeint „Dauphin" = Thronfolger). Bedeutung: für Kinder bestimmt; zB literarische Texte, aus denen Stellen entfernt wurden, die für Kinder und Jugendliche ungeeignet sind.

AD USUM PROPRIUM

Zum eigenen Gebrauch.

AD VALOREM

Nach dem Wert (zB in einer „Wertsicherungsklausel" bei Darlehensverträgen).

ADVERSATIV

Gegensätzlich.

ADVERSUS PERICULUM NATURALIS RATIO PERMITTIT SE DEFENDERE

Die natürliche Vernunft erlaubt es, dass man sich gegen eine Gefahr verteidigt. Bezieht sich auf den sog Notstand.

ADVITALITÄT (w)

Wörtlich: etwas der Erhaltung der Lebenskraft Dienendes. Advitalitätsrecht = Fruchtnießung auf den Todesfall, durch Erbvertrag dem Ehegatten für den Fall des Überlebens eingeräumtes Recht der Fruchtnießung am gesamten Nachlass oder an einem Teil desselben (vgl §§ 1255 ff ABGB).

ADVOCATUS (m)
Wörtlich: der Herbeigerufene; Anwalt, Rechtsbeistand, Rechtsanwalt.

ADVOCATUS DIABOLI (m)
Wörtlich: Anwalt des Teufels.
Bedeutung: Anwalt, welcher im kirchlichen Heiligsprechungsprozess die allenfalls gegen die Heiligsprechung wirkenden Argumente geltend macht. Auch im sonstigen Sprachgebrauch gern verwendete Bezeichnung für einen Berater, der mögliche Argumente der Gegenseite in die Diskussion einbringt.

AEDIFICATIO (w)
Bauen, das Errichten eines Hauses, Herstellen einer Verbindung zwischen Grundstück und Gebäude.

AEDIL (m)
Im römR: Magistrat; die kurulischen Ädilen (→ sella curulis) sind ua für die Marktpolizei und die Marktgerichtsbarkeit zuständig.

AEQUITAS (w)
Billigkeit; Billigkeitsrecht. Auf die Umstände des konkreten Einzelfalls bezogene Entscheidung (zur Erzielung von Einzelfallgerechtigkeit).
Milderung der Strenge des Rechts zB durch Ausfüllen eines Ermessensspielraums, um Härten zu vermeiden. In manchen Fällen weist das Gesetz den Richter sogar an, nach billigem Ermessen zu entscheiden (vgl §§ 1310, 1325 ABGB, §§ 315 Abs 3, 829 BGB, Art 4 ZGB). Siehe auch unter → ius aequum.

AEQUITAS SEQUITUR LEGEM
Das Billigkeitsrecht folgt dem Gesetz; in der angloamerik Rechtssprache: Das strenge Recht (des Common Law) geht dem Billigkeitsrecht (dem Equity Law) vor.

ÄQUIVALENT (s)
Gleichwertiges, Ausgleich, Entschädigung (zB als Äquivalent für den zugefügten Schaden fordert der Geschädigte eine bestimmte Summe).

ÄQUIVALENZTHEORIE
Kausalitätslehre, derzufolge jede Ursache eines bestimmten Erfolges als gleichwertig anzusehen ist. Siehe auch → Adaequanz, → causa proxima, → causa remota.

AEQUUM EST ENIM UT CUIUS PARTICIPAVIT LUCRUM PARTICIPET ET DAMNUM
Es ist gerecht, dass derjenige, der den Nutzen (aus etwas) zieht auch an dem (daraus resultierenden) Schaden beteiligt sein soll (Ulpian D 17.2.55 in fine). Siehe auch → Utilitätsprinzip.

AERARIUM (s)
Die Staatskasse, das Staatsvermögen; **ärarisch** = zum Staatsvermögen gehörend. Siehe auch → fiscus.

AES ALIENUM (s)
Wörtlich: fremdes Geld.
Im römR Bezeichnung für Geld, das man anderen schuldet.

AESTIMATIO (w)
Schätzung (des Werts einer Sache).

AETAS CANONICA (w)
Das kirchliche (kanonische) Alter; das nach dem Kirchenrecht in bestimmten Fällen vorgeschriebene Alter (zB Erfordernis, dass der neu zu weihende Priester mindestens 24 Jahre, der Bischof mindestens 30 Jahre alt sein muss).

AFFECTIO CONIUGALIS bzw MARITALIS (w)
Eheliche Zuneigung.

AFFECTIO SOCIETATIS (w)
Die Absicht der Parteien, einen Gesellschaftsvertrag einzugehen, dh gemeinsam einen bestimmten (wirtschaftlichen) Zweck zu verfolgen (notwendiges Merkmal für das Vorliegen eines Gesellschaftsvertrages).

AFFEKT (m)
Heftige Gemütsbewegung (zB Wut, Zorn, Raserei, Tobsucht,

Weinkrampf). Affekthandlung: nicht vorbedachte, sondern im Zustande einer heftigen Gemütsbewegung vorgenommene Handlung.

AFFEKTIONSINTERESSE
Wert der besonderen Vorliebe. Der (immateriell motivierte) Wert, den eine Sache für eine bestimmte Person aufgrund subjektiver Neigung bzw Liebhaberei hat (vgl §§ 305, 935, 1331 ABGB, § 251 Abs 2 Satz 2 BGB). Siehe auch unter → pretium affectionis.

AFFIDAVIT (s)
Wörtlich: hat bezeugt. Eidliche Versicherung, Bestätigung.

AFFINITAS (w)
Siehe → adfinitas.

AFFIRMANTI INCUMBIT PROBATIO
Dem Behauptenden obliegt der Beweis.

AFFIRMATIV
Bekräftigend, bestärkend, bejahend.

AGENDO
Durch Handeln, Tun, Tätigwerden.

AGENS (s)
Treibende Kraft, wirkendes Prinzip, Tätigkeitsprinzip.

AGERE IN FRAUDEM LEGIS
Das Gesetz umgehen; unter Umgehung des Gesetzes handeln; durch rechtsgeschäftliches Handeln den Zweck eines Gesetzes vereiteln.

AGERE NON VALENTI NON CURRIT PRAESCRIPTIO
Für den, der nicht wirksam klagen kann, läuft die Verjährung nicht.

AGNATIO(N) (w)
Im römR: der familienrechtliche Verband all jener Personen, die unter der väterlichen Gewalt eines → pater familias stehen oder unter derselben väterlichen Gewalt eines pater familias stünden, wenn dieser noch lebte.

AGNOSZIEREN
Wiedererkennen, auch im Sinn von: die Identität feststellen (zB wird eine Leiche von den Geschwistern als die ihres Bruders agnosziert).

AGGRESSION (w)
Angriff, Angriffslust.

AKKLAMATION = ACCLAMATIO (w)
Beifall, Applaus.
akklamieren = Beifall zollen. **Per acclamationem** = durch Beifall zustimmen.

AKKREDITIV (s)
Im Zivil- und HandelsR versteht man unter Akkreditiv eine besondere Form der Anweisung (→ assignatio), bei der der Anweisungsempfänger die Leistung vom Angewiesenen erst erhält, wenn er diesem die Erbringung der eigenen Leistung nachgewiesen hat (zB bei einem Bankakkreditiv: die Bank soll auf Rechnung des Käufers dem Lieferanten zahlen, sobald dieser die Lieferung an den Käufer nachgewiesen hat).
Im VölkerR: das Beglaubigungsschreiben eines diplomatischen Vertreters (→ Akkreditierung).

AKKREDITIERUNG
Die förmliche Aufnahme und Anerkennung eines Diplomaten im Gastland.

AKKRESZENZ (w)
Anwachsung. Als Begriff im Erbrecht: Stirbt einer von mehreren eingesetzten Erben vor dem Erbfall, so wächst sein Teil den übrigen Erben zu (dh der Erbteil des Vorverstorbenen wird auf die anderen aufgeteilt; vgl heute §§ 560 ff ABGB, §§ 2094 f BGB).

AKKUSATIONSPRINZIP
Darunter versteht man den Anklagegrundsatz im Strafprozess, wonach ein Strafverfahren nur aufgrund einer Anklage (idR des Staatsanwalts) eingeleitet werden kann (vgl Art 90 Abs 2 B-VG, §§ 4, 71 Abs 6, 72, 92 Abs 2 öStPO, § 151 dStPO, Art 128 ff BStP).

AKQUISITION (w)
Erwerb(ung), Anschaffung.

AKTIVLEGITIMATION (w)
Die Fähigkeit, als Kläger (→ actor) in einem bestimmten Verfahren aufzutreten.
So ist etwa der nichtbesitzende Eigentümer aktivlegitimiert zur Eigentumsklage (→ rei vindicatio), dh er ist befugt, als Kläger die Eigentumsklage auf Herausgabe seiner Sache zu betreiben. Siehe auch → Passivlegitimation.

AKTORISCHE KAUTION (w)
Die vom Kläger zu erlegende Sicherheitsleistung (→ cautio) für die vom Beklagten allfällig zu stellende Forderung des Prozesskostenersatzes. Vgl §§ 56 ff öZPO, §§ 108 ff dZPO.

AKZEPT (s)
Annahme (insbes der Anweisung durch den Angewiesenen); Annahmeerklärung (auf einem Wechsel) durch den Bezogenen (zB bei Gewährung eines Bankkredits). **Akzeptant** = Annehmer.

AKZESSORIETÄT (w)
Abhängigkeit eines Nebenrechtes (zB einer Sicherheit) von dem zugehörigen Hauptrecht (zB der zu sichernden Forderung).
Ein Pfandrecht oder eine Bürgschaft kommen grundsätzlich nur dann gültig zustande, wenn die zu sichernde Forderung besteht. Erlischt die Hauptschuld, geht auch das akzessorische (dh abhängige) Sicherungsrecht unter.

AKZESSORISCH
Wörtlich: hinzutretend. Bedeutung: unselbständig, abhängig.

AKZESSORISCHE INTERVENTION (w)

Nebenintervention. Bei der Nebenintervention tritt ein Dritter in ein anhängiges Verfahren auf Seite jener Partei ein, an deren Obsiegen er ein rechtliches Interesse hat. **Intervenient** = der sich in ein rechtliches Verfahren Einschaltende (Dazwischentretende).

ALEA (w)

Glückswürfel; das Würfelspiel. **Alea iacta est** = „Der Würfel ist geworfen"; die Entscheidung ist gefallen.

ALEATORISCHE VERTRÄGE

Verträge, welche Spekulations- oder Glückscharakter haben (zB Wette, Spiel, Lotterie, Los, Leibrentenvertrag, vgl §§ 1267 ff ABGB, §§ 759 ff BGB, Art 513 ff OR).

ALIAS

Zu anderer Zeit, sonst, ein andermal, bei anderen Gelegenheiten. ZB: „Josef Müller, alias Berger alias Schneider." Bedeutung: Müller tritt auch unter den Namen „Berger" und „Schneider" auf.

ALIAS FACTURUS = OMNI MODO FACTURUS (m)

Jemand, der unter allen Umständen eine Tat ausführen will. Im StrafR: Unmittelbarer Täter, der zur Straftat angestiftet wurde, aber zu diesem Zeitpunkt, unabhängig von der erfolgten Anstiftung bereits entschlossen war, die Tat zu begehen. Der „Anstifter" kann in einem solchen Fall nicht wegen Anstiftung, wohl aber uU wegen psychischer Beihilfe bestraft werden.

ALIBI (s)

Wörtlich: Anderswo.
Nachweis, dass sich ein Verdächtiger zum Zeitpunkt der Tat nicht am Tatort befunden hat.

ALIENATIO (w)

Veräußerung (zB von Vermögensgegenständen, Rechten); durch Veräußerung geht ein Recht von dem bisher Berechtigten auf eine andere Person über.

ALIENATIO IN FRAUDEM CREDITORUM (w)
Veräußerung von Vermögen zum Nachteil der Gläubiger. Ein vom Schuldner mit einem Dritten abgeschlossenes Rechtsgeschäft, welches eine für die Gläubiger des Schuldners nachteilige Veränderung des Vermögensstandes des Veräußernden bezweckt. (Das die Gläubiger benachteiligende Geschäft kann uU nach den Bestimmungen des Anfechtungs- bzw des Insolvenzrechts angefochten werden).

ALIENI IURIS
Unter fremdem Recht stehend. Nach römR stehen etwa die Hauskinder unter der väterlichen Hausgewalt ihres → pater familias. Der Gegenbegriff dazu ist **sui iuris** = eigenberechtigt, keiner fremden Gewalt unterworfen.

ALIENO FACTO IUS ALTERIUS NON MUTATUR
Durch eine fremde Tat wird das Recht eines anderen nicht verändert. (Durch eigenes Tun können bloß eigene, nicht aber fremde Rechte geschmälert werden.)

ALIENO NOMINE
In fremdem Namen.

ALIMENTATION (w)
Unterhaltsleistung. **Alimente** sind regelmäßige Leistungen mit Unterhaltscharakter.

A LIMINE (LITIS)
Wörtlich: „von der Schwelle" (des Gerichts); von vornherein. Zurückweisung einer Klage oder eines Antrages wegen Fehlens formeller Voraussetzungen (zB wegen Unzuständigkeit der Behörde), ohne dass in der Sache selbst entschieden würde.

ALIQUOT
Nach Bruchteilen (zB: bei der aliquoten Aufteilung eines Nachlasses erhält jeder Erbe einen Teil).

ALIUD (s)
Etwas anderes. Von einer Aliud-Leistung spricht man etwa, wenn

der Verkäufer anstelle der vereinbarten Sache eine andere leistet (diese muss vom Käufer nicht angenommen werden).

ALIUNDE
Woandersher.

ALLUVIO (w)
Anspülung. Erdreich, welches durch abfließende Gewässer an ein Ufer allmählich angeschwemmt wird, gehört dem Eigentümer des Ufers (vgl § 411 ABGB, Art 659 ZGB).

ALMA MATER (w)
Wörtlich: nährende Mutter. Traditioneller „Ehrentitel" von Universitäten. So wird etwa die Universität Wien, die eine Gründung Rudolfs des Stifters darstellt, als „Alma mater Rudolphina" bezeichnet.

ALTER EGO (m)
Wörtlich: das andere Ich, ein zweites Ich.
Auch iS von: Stellvertreter.

ALTERNATIVE (w)
Möglichkeit, zwischen zwei oder mehr Varianten eine auszuwählen.
Alternativ: entweder – oder.

ALTERNATIVOBLIGATION (w)
Wahlschuld.
Siehe unter → obligatio alternativa.

ALTERUM TANTUM
Noch einmal ebensoviel, das Doppelte.
Siehe unter → ultra alterum tantum.

ALTUM MARE (s)
Die hohe See, das offene Meer.

ALVEUS DERELICTUS (m)
Das verlassene private Flussbett (Begriff im Sachenrecht, Uferrecht; vgl § 409 ABGB).

AMBIGUITAS (w)
Zwei- oder Mehrdeutigkeit einer Erklärung.

AMBIGUITAS CONTRA STIPULATOREM
Wörtlich: Zweideutigkeit (wirkt) gegen den Stipulator. (Stipulator ist im römR der Gläubiger, der bei der → stipulatio in Frageform formuliert, was Inhalt der Verpflichtung sein soll.)
Bedeutung: Die Zweideutigkeit einer Vertragsbestimmung wirkt zu Lasten dessen, der sie formuliert hat. Auch → **contra-proferentem-Regel** genannt (vgl § 915 Satz 2 ABGB, § 305 c Abs 2 BGB).

AMBULANT
Umherziehend, wandernd; zB „ambulante Gewerbe" (Wanderhändler).

AMBULATORIA ENIM EST VOLUNTAS DEFUNCTI USQUE AD VITAE SUPREMUM EXITUM
Schwankend nämlich ist der Wille des Erblassers bis zu seinem letzten Ende (Ulpian D 34.4.4).
Bezieht sich auf die freie Widerruflichkeit von letztwilligen Verfügungen (vgl §§ 552, 713 ff ABGB, §§ 2253 ff BGB, Art 509 ff ZGB).

AMICITIA (w)
Freundschaft.

AMICUS CURIAE (m)
Wörtlich: Freund des Gerichts.
In der angloamerik Rechtssprache Bezeichnung für eine in einem laufenden Verfahren durch das Gericht hinzugezogene Partei, die weder Kläger noch Beklagter ist, der jedoch die Darlegung ihres eigenen Standpunktes zugestanden wird (zB in Menschenrechtsverfahren); auch: sachverständiger Berater des Gerichts (zB über Fragen ausländischen Rechts).

AMNESTIA (w)
Aus dem Griechischen, wörtlich: "das Vergessen". Vergebung begangenen Unrechts, meist im Sinn von: vorzeitige Haftentlassung Verurteilter.

A MOMENTO AD MOMENTUM
Siehe unter → computatio naturalis.

AMOR SCELERATUS HABENDI (m)
Die verbrecherische Gier, etwas zu haben.

AMORTISATION (w)
Allmähliche Tilgung (Abtragung) einer Schuld.
Auch: amtliche Kraftloserklärung von Wertpapieren, nachdem sie öffentlich aufgekündigt wurden und die Aufgebotsfrist ungenützt abgelaufen ist.

AMOVIEREN
Entfernen; absetzen.

ANALOGIE (w)
Ähnlichkeitsschluss. Die Rechtsfolge eines geregelten Falles wird auf einen ähnlichen, aber nicht geregelten Fall angewendet. Lücken der Rechtsordnung (→ lacunae iuris) können so **per analogiam** geschlossen werden (vgl § 7 ABGB).

ANIMOSITÄT (w)
Abneigung, Gegnerschaft, Feindschaft, Verbitterung.

ANIMO NOSTRO, CORPORE ALIENO
Wörtlich: mit unserem Willen, durch einen fremden Körper.
Im römR wird mit diesen Worten der Besitzerwerb durch einen Gewaltunterworfenen bezeichnet.

ANIMUS (m)
Wille; Absicht. **Animo** = mit dem bzw durch den Willen.

ANIMUS BELLIGERENDI (m)
Der Wille, Krieg zu führen, dh die friedlichen Beziehungen durch

kriegerische zu ersetzen; notwendiges Element eines Krieges im klassischen völkerrechtlichen Sinn.

ANIMUS CORRIGENDI (m)
Die Absicht, zu verbessern; auch: erziehungshalber, der Erziehung wegen.

ANIMUS DOMINI (m)
Der Wille, eine Sache als die seine, (als Eigentümer) für sich zu behalten (vgl § 309 ABGB). Siehe → animus rem sibi habendi.

ANIMUS DONANDI (m)
Schenkungsabsicht; Wille, etwas zu schenken, dh etwas unentgeltlich zuzuwenden; Erfordernis für Vorliegen einer Schenkung (vgl §§ 938 ff ABGB, §§ 516 ff BGB, Art 539 ff OR).

ANIMUS FRAUDANDI (m)
Betrugsabsicht; Absicht, zu hintergehen.

ANIMUS INIURIANDI (m)
Beleidigungsabsicht (vgl etwa § 115 öStGB). Im römR: Tatbestandsmerkmal des Delikts → iniuria.

ANIMUS MANENDI (m)
Der Wille, sich (dauernd) niederzulassen (relevant für die Begründung des ordentlichen Wohnsitzes).

ANIMUS NEGOTII ALIENI GERENDI (m)
Absicht, für einen anderen ein Geschäft zu führen; sog Fremdgeschäftsführungswille des Geschäftsführers für den Geschäftsherrn bei der → negotiorum gestio. Gleichbedeutend: → animus rem alteri gerendi.

ANIMUS NOCENDI (m)
Schädigungsabsicht (strafrechtlicher Begriff zB bei der Sachbeschädigung).

ANIMUS NOVANDI (m)
Neuerungsabsicht; Neuerungswille. Die Absicht der Parteien,

durch Festlegung einer neuen Verbindlichkeit eine frühere Verbindlichkeit zu tilgen und sie durch die neue zu ersetzen. Der animus novandi ist ein Erfordernis beim Neuerungsvertrag (→ Novation); vgl §§ 1375 ff ABGB, § 305 BGB, Art 116 OR.

ANIMUS OBLIGANDI (m)
Verpflichtungswille; Wille, sich durch ein Rechtsgeschäft zu verpflichten (Begriff im VertragsR).

ANIMUS POSSIDENDI (m)
Besitzwille; Wille, eine Sache für sich zu haben (vgl § 309 Satz 2 ABGB, § 872 BGB). Er ist als sog Eigenbesitzwille eine der Voraussetzungen des Besitzerwerbes nach österreichischem Recht: Nur wer an einer Sache Sachherrschaft mit Besitzwillen hat, hat an ihr (Sach-)Besitz.
Vgl jedoch § 854 BGB und Art 919 ZGB, denenzufolge die Erlangung der tatsächlichen Gewalt grundsätzlich für den Besitzerwerb genügt.

ANIMUS REM ALTERI GERENDI (m)
Der Wille des Geschäftsführers ohne Auftrag, ein Geschäft für den Geschäftsherrn zu führen; siehe auch → negotiorum gestio.

ANIMUS REM ALTERI HABENDI (m)
Der Wille, eine Sache für einen anderen innezuhaben. Wer eine Sache nicht für sich, sondern aufgrund einer → causa detentionis (zB als Verwahrer) für jemanden anderen innehaben will, ist nicht Eigenbesitzer, sondern bloßer Fremdbesitzer (Detentor, Besitzmittler, Inhaber). Vgl § 309 Satz 1 ABGB.

ANIMUS REM SIBI HABENDI (m)
Der Wille, eine Sache für sich zu haben, sie als die seine zu behalten (Begriff in der Lehre vom Besitz); gleichbedeutend → animus domini, → animus possidendi.

ANIMUS TESTANDI (m)
Der Wille des Erblassers, eine letztwillige Verfügung zu treffen; die Testierabsicht, vgl § 565 ABGB, § 2078 BGB).

ANIMUS TURBANDI (m)
Störungsabsicht.

ANNEX (m)
Anhang, Beilage; auch: Nebengebäude.

ANNEXION (w)
Einverleibung, Eroberung eines fremden Staates (wobei dieser aufhört, Völkerrechtssubjekt zu sein).

ANNUITÄT (w)
Jährliche Zahlung, jährlich fällige Leistung.

ANNULLIERUNG (w)
(Amtliche) Ungültigkeitserklärung.

ANTICHRESIS (w)
Nutzungspfand. Darunter versteht man eine Vereinbarung – das sog **pactum antichreticum** –, derzufolge der Gläubiger die Früchte der ihm übergebenen Pfandsache (anstelle von Zinsen) ziehen darf.
Gem § 1372 ABGB und Art 793 ZGB ist eine solche Vereinbarung heute wirkungslos. Vgl demgegenüber aber § 1214 Abs 3 BGB und § 45 SchlT zum ZGB.

ANTINOMIA = ANTINOMIE (w)
Wörtlich: Widerstreit der Gesetze. Widerspruch zwischen zwei Normen.
Widersprechen zwei Regelungen einander, so muss man anhand der Derogationsregeln (→ lex posterior derogat legi priori, → lex specialis derogat legi generali usw) versuchen festzustellen, welche der beiden Regeln anzuwenden ist.

ANTIZIPATION = ANTICIPATIO (w)
Vorwegnahme (einer künftigen Entwicklung). **Anticipando** = vorwegnehmend, vorausschauend. **Antizipiert** = vorweggenommen (zB Parteien vereinbaren etwas schon im Vorhinein für den Fall, dass ein bestimmtes Ereignis eintritt).

A POSTERIORI
Vom späteren her, im Nachhinein, aus der Erfahrung schöpfend (im Unterschied zu → a priori = im Vorhinein).

APPELLATIO(N) (w)
Wörtlich: Anrufung. Auch: Berufung an die nächsthöhere Instanz.

APPROBATIO(N) (w)
Genehmigung, Abnahme des Werkes beim Werkvertrag (→ locatio conductio operis).
Allgemein: förmliche (meist staatliche) Zulassung; Bewilligung; Bestätigung; Genehmigung.

APPROXIMATIV
Annähernd.

A PRIORI
Vom früheren her, im Vorhinein (im Unterschied zu → a posteriori = im Nachhinein).

APUD ACTA
Bei den Akten; zu Protokoll erklärt.

APUD IUDICEM
Wörtlich: beim Richter (→ iudex).
Im römR: Bezeichnung für den Abschnitt des Zivilverfahrens, der vor dem → iudex stattfindet. Die Anhängigmachung des Prozesses sowie die Streitbefestigung (→ litis contestatio) findet hingegen **in iure** (wörtlich: vor dem Ort, an dem Recht gesprochen wird; gemeint: vor dem Prätor) statt.

AQUAEDUCTUS (m)
Wasserleitung. Im römR: die Dienstbarkeit, eine Wasserleitung über ein fremdes Grundstück zu führen.

AQUAE FURTIVAE DULCIORES SUNT
Gestohlene Wasser sind süßer („Der Reiz des Verbotenen").

AQUAE HAUSTUS (m)
Im römR: die Dienstbarkeit, auf einem fremden Grundstück Wasser zu schöpfen.

ARBITRÄRE ORDNUNG
Ermessensfreiheit des Richters, die Reihenfolge der Prozessstoffsammlung zu bestimmen (zivilprozessualer Begriff).

ARBITRATOR (m)
Gutachter, Schiedsgutachter, Schätzer.

ARBITRIUM (s)
Schiedsspruch, schiedsrichterliches Urteil, Gutdünken.
Arbiter = Schiedsrichter; **arbiträr** = auch abwertend: willkürlich, nach Gutdünken.
Arbitrium boni viri = Urteil eines anständigen Menschen (römR).

ARBITRIUM EST IUDICIUM
Der Schiedsspruch hat Urteilskraft.

ARGENTARIUS (m)
Im römR: eine Art Geldwechsler bzw Bankier, der va im Zusammenhang mit Privatversteigerungen Finanzierungsfunktionen wahrnimmt.

ARGUENDO
Zum Zweck des Erläuterns, Überzeugens.

ARGUMENTA NON SUNT NUMERANDA SED PONDERANDA
Die Gründe (Beweismittel) sind nicht abzuzählen, sondern zu gewichten.
Beispiel: Es kommt für Urteilsfindung nicht darauf an, wie viele Zeugen den Angeklagten belasten bzw entlasten, sondern wie glaubwürdig die einzelnen Aussagen sind.

ARGUMENTO
Mit der Begründung. Abgekürzt: arg. (Wird in Texten vor dem

Zitat jener Gesetzesstelle oder jenes Textteiles gesetzt, auf den man sich als Grundlage für eine Beweisführung stützt.)

ARGUMENTUM AD ABSURDUM (s)
Beweisführung, welche die Unhaltbarkeit einer gegnerischen Ansicht aus der Unsinnigkeit eines bestimmten Resultats oder der evidenten Unrichtigkeit einer hiezu angenommenen Voraussetzung aufzeigt. Siehe auch → ad absurdum.

ARGUMENTUM AD HOMINEM (s)
Eine an die Person des anderen anknüpfende Beweisführung.

ARGUMENTUM A FORTIORI (s)
Schlussfolgerung vom Stärkeren auf das Schwächere. Siehe auch → argumentum a maiori ad minus.

ARGUMENTUM A MAIORI AD MINUS (s)
Schlussfolgerung vom Größeren auf das Kleinere.
Auch: argumentum a maior**e** ad minus.
Wenn nach dem Gesetz nicht einmal ein gewichtigerer Sachverhalt eine bestimmte Rechtsfolge auslöst, so erst recht nicht der weniger gewichtige. Beispiel: Wenn nicht einmal der redliche Besitzer (der sich gutgläubig für den Eigentümer hält) Luxusaufwendungen vom Eigentümer der Sache, dem er sie herausgeben muss, ersetzt bekommt, dann umso weniger der unredliche Besitzer (der wusste, dass er nicht Eigentümer ist).
Oder: Wenn ein bestimmter Sachverhalt nach dem Gesetz eine weitergehende Rechtsfolge auslöst, dann umso mehr auch eine weniger weitgehende. Beispiel: Wenn mündige Minderjährige ihre zur freien Verfügung überlassenen Sachen sogar verschenken dürfen, so können sie sie umso mehr auch tauschen oder verkaufen.

ARGUMENTUM A MINORI AD MAIUS (s)
Schlussfolgerung vom Kleineren auf das Größere.
Auch: argumentum a minor**e** ad maius.
Wenn nach dem Gesetz schon ein weniger gewichtiger Sachverhalt eine Rechtsfolge auslöst, dann umso mehr, wenn ein gewichtigerer Sachverhalt verwirklicht ist. Beispiel: Wenn bereits

verbale sexuelle Belästigung einer Kollegin am Arbeitsplatz einen Entlassungsgrund für den Täter bilden kann, dann rechtfertigt eine erfolgte sexuelle Nötigung umso mehr eine Entlassung.

ARGUMENTUM CONSEQUENS (s)

Schluss anhand der Folgen. Dazu gehört etwa das **argumentum ad id per quod ad illud pervenitur**: Wenn das Endziel erlaubt ist, muss auch der notwendige Weg dorthin erlaubt sein.

Ein weiteres Beispiel eines Schlusses anhand der Folgen ist das → argumentum ad absurdum.

ARGUMENTUM E CONTRARIO (s)

Umkehrschluss; Folgerung aus dem Gegenteil.

ZB: Aus der Tatsache, dass das Gesetz etwas nicht verbietet, wird geschlossen, dass es erlaubt sei.

ARGUMENTUM E SILENTIO (s)

Schlussfolgerung aus dem Stillschweigen. Siehe → argumentum e contrario.

ARGUMENTUM PER ANALOGIAM (s)

Schluss auf gleichgelagerte Fälle. Siehe → per analogiam.

ARISTOKRATIE (w)

Herrschaft des Adels. Staatsform, bei der die Macht einer privilegierten Oberschicht zukommt.

ARR(H)A (w)

Angeld, Draufgabe, Haftgeld, Angabe. Geld, welches bei Eingehung eines Vertrages als Zeichen des verbindlichen Geschäftsabschlusses bzw als Sicherstellung für die Erfüllung des Vertrages gegeben wird (vgl §§ 908–910 ABGB, §§ 336 ff BGB, Art 158 OR).

ARGUMENTUM VERBI (s)

Eine sich auf die Bedeutung eines bestimmten Wortes stützende Schlussfolgerung.

ARRONDIEREN
Zusammenlegen; abrunden (von landwirtschaftlichen Grundstücken zum Zweck der besseren Bewirtschaftung).

ASPERATION (w)
Verschärfung.
Unter **Asperationsprinzip** versteht man im StrafR, dass bei Begehung mehrerer Delikte durch eine Person bei der Strafzumessung die höchste für ein einzelnes Delikt vorgesehene Strafe noch erhöht wird (vgl §§ 53 ff dStGB und Art 68 schwStGB). Im Unterschied zum → Absorptionsprinzip.

ASSERTORISCH
Behauptend; versichernd.

ASSIGNATIO(N) (w)
Anweisung (vgl § 1400 ABGB, §§ 783 ff BGB, Art 466 ff OR); im römR → delegatio genannt.
Die Anweisung ist ein dreipersonales Schuldverhältnis, bei dem der Anweisende den Angewiesenen anweist, auf Rechnung des Anweisenden dem Anweisungsempfänger eine Leistung zu erbringen. Gleichzeitig werden dabei der Empfänger der Anweisung zur Einhebung der Leistung bei dem Angewiesenen und letzterer zur Leistung an ersteren für Rechnung des Anweisenden ermächtigt.
Assignant = der Anweisende. **Assignat** = der Angewiesene, bei dem die Leistung einzuheben ist. **Assignatar** = Empfänger der Anweisung.

ASSUMPSIT
Wörtlich: Er hat etwas an sich genommen, etwas in Anspruch genommen. In der angloamerik Rechtssprache: ein formloses Leistungsversprechen oder eine Schadenersatzklage wegen Nichterfüllung.

ASYL(UM) (s)
Zufluchtort; Ort, der Schutz vor Verfolgung bietet.

ASZENDENTEN (m, Mz)
Die Verwandten in aufsteigender Linie (Vorfahren einer Person:

Eltern, Großeltern, Urgroßeltern). Dagegen sind → Deszendenten die Verwandten in absteigender Linie (Nachkommen einer Person: Kinder, Enkel, Urenkel).

A TEMPORE SCIENTIAE FACTI

Wörtlich: vom Zeitpunkt des Wissens der Tat an (im Unterschied zu: vom Zeitpunkt der Tat an). Wesentlich zB für Beginn der Verjährung einer Schadenersatzklage (§ 1489 ABGB, § 199 BGB, Art 60 Abs 1 OR).

ATTEST (s)

Bescheinigung; Gutachten (z. B. ärztliches Attest).

ATTRAKTIONSZUSTÄNDIGKEIT

Zuständigkeit, die durch Zuständigkeit einer Behörde für eine andere Sache oder eine andere Person „angezogen" wird (zB § 29 öVStG: Die Zuständigkeit einer Verwaltungsbehörde zum Strafverfahren gegen einen Täter begründet auch die örtliche Zuständigkeit im Bezug auf alle Mitschuldigen.

AUCTORITAS TUTORIS (w)

Beistand durch den Vormund; die vom Vormund erteilte Zustimmung zu einem Geschäft des Mündels.

AUDIATUR ET ALTERA PARS

Wörtlich: Es möge auch der andere Teil gehört werden. Damit wird der prozessuale Grundsatz des beiderseitigen Gehörs ausgedrückt, der die Grundlage jedes fairen Verfahrens bildet.

AUKTION

Feilbietung; Versteigerung; Zwangsversteigerung.

AUKTOR (m)

Urheber einer Tat; auch Rechtsvorgänger beim abgeleiteten (derivativen) Eigentumserwerb; Vormann, Gewährsmann.

AUKTORSBENENNUNG

Streitverkündigung, Benachrichtigung eines Dritten über die

Anhängigkeit eines Rechtsstreites, an dem dieser ein rechtliches Interesse hat.

AUTHENTISCHE INTERPRETATION (w)
Die Auslegung einer Regel durch ihren Schöpfer; verbindliche Auslegung eines Gesetzes durch den Gesetzgeber. „Nur dem Gesetzgeber steht die Macht zu, ein Gesetz auf allgemein verbindliche Art zu erklären" (§ 8 ABGB). Die authentische Interpretation bildet einen eigenen Gesetzgebungsakt.

AUTOGRAPH
Eigenhändig geschrieben. Gleichbedeutend **holograph** = handgeschrieben (zB holographes Testament).

AUTOR (m)
Urheber (Verfasser) eines literarischen Werkes.

AUTORITAS NON VERITAS FACIT LEGEM
Die Macht (des Gesetzgebers), nicht die Richtigkeit macht das Gesetz.

A VERBIS LEGIS NON EST RECEDENDUM
Von den Worten des Gesetzes ist nicht abzugehen. Eine Interpretation muss vom Wortlaut gedeckt sein.
(Eine ähnliche Maxime wurde ursprünglich von Marcellus D 32.69 pr für die Beachtung der Worte des Erblassers formuliert, er räumt aber eine Abweichung vom Wortlaut dann ein, wenn ein abweichender Wille des Testators manifest ist.)

AVULSIO (w)
Wörtlich: das Wegreißen; Fortschwemmen.
Das Abreißen eines größeren Stückes von Erdreich und dessen Anschwemmung an ein fremdes Ufer. Begriff im Sachenrecht (vgl § 412 ABGB, Art 659 ZGB).

B

BEATUS POSSIDENS (m)

Wörtlich: glücklich der Besitzende (oder: der glückliche Besitzer). Mz: **Beati possidentes**. Bedeutung: Für den Besitzer spricht die Vermutung des Rechts. Er hat im Streit um das Recht an der Sache die günstigere (weil nicht beweispflichtige) Beklagtenrolle (vgl §§ 323 f, 369, 374 ABGB, § 1006 BGB, Art 930 ff ZGB). **Melior est conditio possidentis** = Günstiger ist die Lage des Besitzenden.

BELLUM IUSTUM (s)

Gerechter Krieg (völkerrechtlicher Begriff). Nach dem VölkerR ist ein Krieg rechtlich nur dann zulässig, wenn er eine gerechte Ursache (→ iusta causa) hat.

BELLUM OMNIUM CONTRA OMNES (s)

Krieg aller gegen alle (Zustand, welcher bestehen würde, wenn es keine staatliche Ordnung gäbe); Ausdruck aus der Staatstheorie des Thomas Hobbes (1588–1679).

BENEFICIUM (s)

Wohltat, Vorrecht, Privileg, Rechtswohltat.

BENEFICIUM ABSTINENDI (s)

Rechtswohltat, eine (zB überschuldete) Erbschaft ausschlagen zu können.

BENEFICIUM CEDENDARUM ACTIONUM (s)

Wörtlich: Rechtswohltat der abzutretenden Klagen.
Begriff im Bürgschaftsrecht: Nach (justinianischem) römR konnte der Bürge seine Zahlung davon abhängig machen, dass ihm der Gläubiger seine Klage gegen den Hauptschuldner abtrat (vgl heute noch § 1422 ABGB). Heute bedarf es keiner besonderen Abtretung der Klage des Gläubigers, denn es kommt schon von Gesetzes wegen (§ 1358 ABGB, § 268 Abs 3 BGB, Art 507 OR) zu einem Forderungsübergang (→ cessio legis).

BENEFICIUM COHAESIONIS bzw ADHAESIONIS (s)
Rechtswohltat des Zusammenhangs (strafprozessualer Begriff: Erwirkt zB ein Beschuldigter durch Anträge eine Verbesserung für sich, so soll dies auch für Mitbeschuldigte gelten).

BENEFICIUM COMPETENTIAE (s)
Schutz des Notbedarfs (im Exekutionsrecht). Rechtswohltat, wodurch dem Schuldner das zu seinem notdürftigen Unterhalt Erforderliche nicht gepfändet werden darf. Auch **privilegium deductionis** genannt.

BENEFICIUM DIVISIONIS (s)
Rechtswohltat der Teilung. Schulden mehrere Personen eine Leistung als Teilschuldner (im Gegensatz zur solidarischen Verpflichtung bei einer Gesamtschuld, → correus), so haftet jeder nur für den auf ihn entfallenden Teil.

BENEFICIUM EXCUSSIONIS (s)
Rechtswohltat der „Ausklagung"; Einrede der Vorausklage. Siehe → beneficium ordinis.

BENEFICIUM INVENTARII (s)
Rechtswohltat des Inventars, womit der Erbe die Möglichkeit hat, durch Errichtung eines Vermögensverzeichnisses (Inventar) seine Haftung für die Nachlassschulden auf den Wert des Nachlassvermögens zu beschränken (§§ 800, 802 ff, 820 f, 1278, 1283 ABGB, §§ 1993 ff BGB, Art 580 ff ZGB).

BENEFICIUM IURIS (s)
Rechtswohltat, Privilegium im weiteren Sinne, Ausnahmerecht; Singularrecht (vgl § 13 ABGB).

BENEFICIUM ORDINIS VEL EXCUSSIONIS (s)
Wörtlich: Wohltat der Reihung (Ordnung) oder „Ausklagung" (Vorausklage) des Schuldners. Einrede des belangten Bürgen, zunächst die Schuld vom Hauptschuldner einzumahnen bzw einzuklagen (vgl § 1355 ABGB, § 771 BGB, Art 495 OR), gilt nicht bei Bürgschaft „als Bürge und Zahler" (§ 1357 ABGB), als

„Selbstschuldner" (§ 773 Abs 1 Z 1 BGB) bzw als „Solidarbürge" (Art 496 OR).

BENEFICIUM SEPARATIONIS (s)

Rechtswohltat der Trennung. Recht des Erbschaftsgläubigers auf Absonderung der Erbschaft vom Vermögen des Erben. Zweck: Die Gläubiger des (möglicherweise schwer verschuldeten) Erben können sich nicht aus den Nachlassgegenständen befriedigen; diese bleiben für die Befriedigung der Erbschaftsgläubiger reserviert (§ 812 ABGB; vgl auch § 1981 Abs 2 BGB).

BENE IUDICAT QUI DISTINGUIT

Gut urteilt, wer unterscheidet.

BENIGNIUS LEGES INTERPRETANDAE SUNT, QUO VOLUNTAS EARUM CONSERVETUR

Gesetze müssen wohlwollend ausgelegt werden, damit ihr Sinn erhalten bleibt. Auf Celsus D 1.3.18 zurückgehende Maxime.

BIENNIUM (s)

Zeitraum von zwei Jahren; auch im Sinn von: zweijährliche Gehaltsvorrückung.

BIGAMIE (w)

Doppelehe (im Unterschied zu → Monogamie = Einehe).

BILATERAL(IS)

Zweiseitig. Im PrivatR zB bilaterale Rechtsgeschäfte (Verträge); im VölkerR: zwischen zwei Staaten abgeschlossene Vereinbarungen (im Unterschied zu **multilateral** = mehrseitig).

BIS DE EADEM RE NON SIT ACTIO

Zweimal über dieselbe Sache soll es keine Klage geben (vgl D 50.17.57). Siehe → ne bis in idem.

BISEXUALITÄT (w)

Auf beide Geschlechter sexuell ausgerichtet sein, mit beiden Geschlechtern sexuell verkehren.

BONA (s, Mz)

Mz von **bonum** (das Gut, das Gute). Im römR Bezeichnung für das Vermögen einer Person. Unter **Bonität** versteht man heute den Vermögensstatus im Sinne von Zahlungsfähigkeit.

BONA CADUCA (s, Mz)

Verfallende Güter: ein Nachlass, der mangels Erben an den Staat fällt. Siehe auch → Kaduzität.

BONA MATERNA (s, Mz)

Mütterliche Güter – von Mutterseite herrührendes Vermögen.

BONA FIDE

Im guten Glauben (→ bona fides); gutgläubig; im Unterschied zu **mala fide** (schlechtgläubig).

BONA FIDES (w)

Wörtlich: gute Treue; va im SachenR: die Gutgläubigkeit (zB Gutgläubigkeit beim Erwerb von einem Nichtberechtigten, vgl § 367 ABGB, § 932 BGB, Art 3 ZGB iVm 714 Abs 2 ZGB); im Schuldrecht: das Prinzip von Treu und Glauben (§ 242 BGB, Art 2 ZGB) bzw die Übung des redlichen Geschäftsverkehrs (vgl § 914 ABGB).

Im römR spielt die bona fides va bei den → iudicia bonae fidei eine große Rolle; das sind jene Verfahren, in denen der → iudex die Rechte und Pflichten der Parteien ex fide bona (nach Treu und Glauben) festzusetzen hatte.

BONAE FIDEI POSSESSOR (m)

Ein Besitzer, der sich gutgläubig für den Eigentümer einer Sache hält.

BONA FIDES PRAESUMITUR

Der gute Glaube wird vermutet. Bis zum Beweis des Gegenteils ist davon auszugehen, dass gutgläubig gehandelt wurde.

BONIFIKATION (w)

Vergütung, Entschädigung, Gutschreibung.

BONI MORES (m, Mz)
Gute Sitten (→ contra bonos mores = gegen die guten Sitten). Vgl § 879 ABGB, § 138 BGB, Art 20 OR.

BONORUM POSSESSIO (w)
Wörtlich: der Besitz der Güter. Fachausdruck aus dem römR für den prätorisch geschützten Erbschaftsbesitz.

BONORUM VENDITIO (w)
Siehe unter → venditio bonorum.

BONUM COMMUNE (s)
Das Gemeinwohl.

BONUS (m)
Wörtlich: der Gute. Im römR bildet das Verhalten des (abstrakt angenommenen) **bonus pater familias** (eines guten Hausvaters) bzw eines **vir bonus** (eines anständigen Mannes) jenen Sorgfaltsmaßstab, den einzuhalten man im allgemeinen verpflichtet ist.

Heute bedeutet **Bonus** (aus der angloamerik Rechtssprache) auch: Vergünstigung, Rabatt, Gutschrift, Ermäßigung (im Gegensatz zu **Malus** = Verschlechterung).

BONUS-MALUS-SYSTEM
System bei der Kraftfahrzeug-Haftpflichtversicherung, wonach unfallfreie Kraftfahrzeughalter mit einem „Bonus" belohnt werden, während „Malus"- Kraftfahrzeughalter, dh jene, die Schäden verursacht haben, erhöhte Beiträge bezahlen müssen.

BRACHIAL
Wörtlich: zum Oberarm gehörend. Roh, gewalttätig („Brachialgewalt").

BRACHIUM SAECULARE (s)
Der weltliche Arm (= Staatsgewalt; im Unterschied zur kirchlichen Herrschaft).

BREVE (s)
Im KirchenR: kurzes päpstliches Schreiben (zB Verleihungen, Ernennungen).

BREVI MANU
Kurzerhand; auf kurzem Weg.

BREVI MANU TRADITIO (w)
Besitzübergabe kurzer Hand, Besitzauflassung. Bestimmte Art des Besitzerwerbs ohne körperliche Übergabe, durch bloße Erklärung: Der Übernehmer, welcher die Sache bereits in seiner Sachgewalt hat, einigt sich mit dem bisherigen Besitzer darüber, dass dieser ihm den Besitz überträgt (zB der Verwahrer einer Sache kauft diese vom Hinterleger, vgl § 428 Halbsatz 2 ABGB, § 929 Satz 2 BGB).

BULLE (w)
Mittelalterliche Urkunde mit Metallsiegel; päpstlicher Erlass.

C

CAPIAS
Wörtlich: Du mögest festnehmen. In der angloamerik Rechtssprache: Festnahmeverfügung, Haftbefehl.

CAPITATIO (w)
Kopfsteuer.

CAPITIS DEMINUTIO (w)
Wörtlich: Minderung des Hauptes.
Im römR Minderung der Rechtspersönlichkeit durch Ausscheiden aus dem Verband der Freien (Verlust des status libertatis = **capitis deminutio maxima**), durch Ausscheiden aus dem Verband der Bürger (Verlust des status civitatis = **capitis deminutio media**) oder durch Ausscheiden aus dem Familienverband (Verlust des status familiae = **capitis deminutio minima**). Im übertragenen Sinn: Ehrenminderung, Rücksetzung, Verlust von Rechten und Kompetenzen.

CAPTATIO BENEVOLENTIAE (w)
Erheischung von Wohlwollen, Gunstbewerbung.
Rhetorisches Mittel, sich des Wohlwollens des Publikums zu versichern, um dieses für die eigene Sache empfänglicher zu machen (zB Anwalt versichert den Geschworenen, wie sehr er ihnen für das aufmerksame Verfolgen des Prozesses dankbar ist und wie sehr er auf ihren gesunden Menschenverstand vertraut).

CARITAS (w)
Wohltätige Nächstenliebe. **Per caritatem** = aus Barmherzigkeit.

CASUM SENTIT DOMINUS
Wörtlich: Den Zufall spürt der Herr (Eigentümer).
Das Risiko des zufälligen Unterganges einer Sache trägt grundsätzlich ihr Eigentümer (vgl § 1311 Satz 1 ABGB, § 848 BGB e contrario).

CASUS (m)
Wörtlich: Fall, Zufall. Im PrivatR: das Risiko eines zufälligen

Schadenseintritts, dh eines Schadens, der von niemandem rechtswidrig und schuldhaft herbeigeführt wurde.

CASUS A NEMINE PRAESTA(N)TUR
Für Zufall wird von niemandem gehaftet (eingestanden). Siehe auch → casum sentit dominus.

CASUS BELLI (m)
Kriegsfall; der Anlassfall für einen Krieg; übertragen: die Ursache eines Streites, jener Sachverhalt, an dem sich ein Konflikt entzündet.

CASUS IMPOTENTIAE (m)
Fall des Unvermögens, des Nichtkönnens (Begriff im Erbrecht).

CASUS MIXTUS (m)
Gemischter Zufall. Im Unterschied zum „bloßen Zufall" liegt casus mixtus dann vor, wenn der zufällige Schadenseintritt durch eine Situation ermöglicht wurde, die ihrerseits durch Verschulden einer Person herbeigeführt wurde (ohne aber dass die schuldhafte Handlung unmittelbar den Schaden herbeigeführt hat, vgl § 1311 ABGB, § 848 BGB, Art 103 OR).

CASUS NOCET DOMINO
Der Zufall schadet dem Eigentümer. Siehe unter → casum sentit dominus.

CASUS NOLENTIAE (SEU VOLUNTATIS) (m)
Fall des Nichtwollens (Begriff im Erbrecht).

CAUSA (w)
Ursache, Rechtsgrund, Motiv; auch: Streitsache, Angelegenheit.

CAUSA COGNITA (w)
Eine Rechtssache, die (vom zuständigen Organ) untersucht worden ist.

CAUSA DATA CAUSA NON SECUTA (w)
Ein Grund (für die Hingabe einer Sache) lag vor, der (angestrebte)

Zweck ist dann aber nicht eingetreten. Siehe → condictio causa data causa non secuta.

CAUSA DEBENDI (w)

Verpflichtungsgrund, Rechtsgrund eines Schuldverhältnisses (zB Darlehen).

CAUSA DETENTIONIS (w)

Rechtsgrund der Innehabung. Rechtsverhältnis, aufgrund dessen jemand eine Sache für jemanden anderen innehat (zB Verwahrung, Leihe, Miete).

CAUSA EFFICIENS (w)

Wörtlich: bewirkende Ursache; Entstehungsgrund.

CAUSA EXPELLENDI (w)

Vertreibungsgrund, Ausschließungsgrund; Ursache, jemanden aus einer bestimmten Gemeinschaft zu entlassen.

CAUSA EXPRESSA (w)

Der ausdrücklich erklärte Rechtsgrund (zB der Rechtsgrund für ein Begehren, den man in der Klage angeben muss).

CAUSA FINALIS (w)

Endzweck (zB bestimmter Geschäftszweck, welcher einer rechtsgeschäftlichen Verpflichtung zugrunde liegt).

(ROMA LOCUTA) CAUSA FINITA (w)

(Rom hat gesprochen), die Angelegenheit ist somit beendet (entschieden).
Bedeutung: Hat einmal die höchste Autorität über eine Angelegenheit entschieden, so ist diese als abgeschlossen zu betrachten.

CAUSA FUTURA (w)

Künftiger Rechtsgrund. ZB eine erwartete Gegenleistung, auf die hin man eine eigene Leistung erbringt, siehe → condictio causa data causa non secuta.

CAUSA HONESTA (w)

Ein ehrenwerter, rechtlich schützenswerter Grund (im Gegensatz zur → causa iniusta bzw zur → causa turpis.

CAUSA LUCRATIVA (w)

Ein unentgeltlicher (dh nur Vorteile erbringender) Erwerbsgrund (zB Schenkung).

CAUSA MORTIS (w)

Todesursache; hingegen **mortis causa** = von Todes wegen.

CAUSA OBLIGANDI (w)

Der Rechtsgrund für eine Verpflichtung. Siehe auch → causa debendi.

CAUSA PRIMA (w)

Grundursache, erster Grund, erste Ursache. Auch: vorrangige, besonders wichtige Angelegenheit.

CAUSA PROBABILIS (w)

Wahrscheinlicher Grund, beifallswerter Grund.

CAUSA PROXIMA (w)

Wörtlich: nächste Ursache; nächstliegender Grund.
In der älteren (gemeinrechtlichen) Kausalitätstheorie jene Ursache, die einen bestimmten Erfolg unmittelbar nach sich gezogen hat, die den Erfolg mit Notwendigkeit hat eintreten lassen. Auch: der Rechtstitel, auf dem eine Verfügung beruht (zB Kauf der Sache) im Gegensatz zur entfernteren Ursache (etwa dem Motiv des Kaufs). Siehe auch → causa remota.

CAUSA PUBLICA (w)

Öffentlicher Rechtsgrund, öffentliches Interesse (zB als Voraussetzung der Enteignung gem § 395 ABGB, im Zusammenhang mit der Schenkung vgl etwa § 525 Abs 2 BGB, Art 246 Abs 2 OR, bezüglich der negotiorum gestio vgl § 679 BGB). **Ex causa publica** = aus öffentlichem Interesse.

CAUSA REMOTA (w)
Wörtlich: ferngelegene Ursache. In der älteren (gemeinrechtlichen) Kausalitätstheorie Bezeichnung für eine Ursache, die nicht unmittelbar einen bestimmten Erfolg (Schaden) herbeigeführt hat, sondern diesen – der unmittelbar durch die → causa proxima eingetreten ist – ermöglicht hat.

CAUSA TRADITIONIS (w)
Rechtsgrund für die Übergabe einer Sache (zB Kauf, Tausch, Schenkung etc). Siehe auch → iusta causa traditionis.

CAUSA TURPIS (VEL INIUSTA) (w)
Ein schändlicher Grund, ein rechtlich nicht schützenswerter Zweck (zB Hingabe von Geld zu Bestechungszwecken).

CAUTELA (w)
Vorsicht, Vorsichtsmaßnahme. Häufig im Sinn von: vorsorglich formulierte Vertrags- oder Testamentsklausel. Siehe → Kautel.

CAUTELA ABUNDANS NON NOCET
Übertriebene Vorsicht schadet nicht.

CAUTELA SOCINI (w)
Auf den Juristen Socinus (16.Jh) zurückgehende Testamentsklausel, mit der einem Pflichtteilsberechtigten mehr als der Pflichtteil zugewendet wird, die Mehrzuwendung aber davon abhängig gemacht wird, dass der Pflichtteilsberechtigte gewisse Belastungen, die mit der (gesamten) Zuwendung verbunden sind, auf sich nimmt (vgl § 774 ABGB, § 2306 BGB).

CAUTIO (w)
Sicherstellung, Sicherheitsleistung (erfolgt idR durch Pfand oder Bürgschaft, vgl § 1343 ABGB, §§ 232 ff BGB).

CAUTIO DAMNI INFECTI (w)
Sicherstellung für den befürchteten Schaden: Wenn der Besitzer eines Grundstückes beweisen kann, dass ihm durch drohenden Einsturz eines benachbarten, fremden Baues oder dgl ein Schaden erwachsen könnte, so kann er vom Besitzer der gefahrdrohenden

Sache Sicherstellung für den befürchteten Schaden verlangen (vgl § 343 ABGB, anders dagegen § 908 BGB).

CAUTIO IUDICATUM SOLVI (w)
Sicherheitsleistung, dass eine Prozessschuld beglichen werden wird (etwa eine Ausländern auferlegte Sicherheitsleistung für Prozesskosten gem §§ 57 öZPO, §§ 108 ff dZPO). Auch: **cautio pro expensis** = Sicherstellung für die Ausgaben.

CAUTIO PIGNERATICIA (w)
Sicherstellung durch Pfand (sofern sie durch Grundstücke bewirkt wird, heißt sie **cautio hypothecaria**).

CAUTIO PRO EXPENSIS (w)
Sicherheitsleistung für zu tätigende Ausgaben.

CAUTIO REM PUPILLI SALVAM FORE (w)
Im römR: Sicherstellung, dass das Vermögen des Mündels nicht geschmälert wird; musste vom → Tutor am Beginn der Vormundschaft geleistet werden.

CAUTIO USUFRUCTUARIA (w)
Im römR: Sicherstellung des Nießbrauchberechtigten, dass die zum Nießbrauch (→ usufructus) übernommene Sache nicht in ihrer Substanz beeinträchtigt wird.

CAVEANT CONSULES . . .
Siehe unter → videant consules.

CAVEAT
Wörtlich: Er hüte sich! In der angloamerik Rechtssprache: Widerspruch in einem Register; vorläufige Anmeldung einer noch nicht vollständigen Erfindung.

CAVEAT EMPTOR
Der Käufer hüte sich („Augen auf, Kauf ist Kauf!"); vgl § 928 ABGB, § 442 Abs 1 Satz 2 BGB, Art 200 OR.

CENSUS = ZENSUS (m)
Zählung, Erhebung, Volkszählung. Im römR: durch die Zensoren alle fünf Jahre vorgenommene Erhebung der steuerpflichtigen Bürger.

CERTA SPECIES = CERTA RES (w)
Eine (individuell) bestimmte Sache („dieser VW Beetle"). Im Unterschied zu einer bloß der Gattung (→ genus) nach bestimmten Sache (zB „ein VW Beetle Bj 2002"). Bedeutsam für die Unterscheidung von Spezies- und Genus-Schuld.

CERTIORARI
Wörtlich: In Kenntnis gesetzt werden, benachrichtigt werden.
Writ of certiorari bezeichnet in der angloamerikanischen Rechtssprache einen Rechtsbehelf (Zulassung der Revision), durch den ein höheres Gericht Akten eines niedrigeren Gerichts anfordern und das bislang geführte Verfahren gegebenenfalls als nichtig erklären kann.

CERTUM (s)
Etwas Bestimmtes; auch: etwas Sicheres.

CESSANTE OCCASIONE LEGIS NON CESSAT LEX IPSA
Bei Wegfall des äußeren Anlasses für ein Gesetz hört das Gesetz nicht zu wirken auf.

CESSANTE RATIONE LEGIS CESSAT LEX IPSA
Bei Wegfall des Zweckes bzw inneren Grundes eines Gesetzes hört auch die Wirksamkeit des Gesetzes auf.

CESSAT
Es entfällt, es ruht, es hört auf. Eine Art Tilgungsvermerk bei der Korrektur eines Textes. Auch der Ausdruck → deleatur (es werde vernichtet, getilgt, weggestrichen) ist gebräuchlich.

CESSIO (w)
Abtretung, Übergang (idR einer Forderung). Siehe → Zession (vgl § 1392 ff ABGB, §§ 398 ff BGB, Art 164 ff OR).

CESSIO BONORUM (w)
Im römR: Verfahren im Fall der Insolvenz einer Person, durch das die Gläubiger in das Vermögen des (Gemein-)Schuldners eingewiesen werden.

CESSIO LEGIS (w)
Gesetzlicher Forderungsübergang; Übergang einer Forderung auf eine andere Person aufgrund des Gesetzes (vgl § 1358 ABGB, §§ 268 Abs 3, 426 Abs 2 BGB, Art 110, 149 Abs 1, 507 Abs 1 OR).

CESSIONARIUS UTITUR IURE CEDENTIS
Der Zessionar (dh der Neugläubiger nach einer → cessio) macht das Recht des Zedenten (des ursprünglichen Gläubigers) geltend.

CESSIO NECESSARIA (w)
Notwendiger Forderungsübergang. Notwendige Abtretung einer Forderung (vgl §§ 1422 f ABGB).

CESSIO VOLUNTARIA (w)
Gewillkürte Abtretung. Übergang einer Forderung auf eine andere Person aufgrund freiwilliger (vertraglicher) Übertragung.

CETERIS PARIBUS
Unter sonst gleichen Bedingungen (methodische Annahme für den Vergleich unterschiedlicher Prognosen).

CETERUM CENSEO (... CARTHAGINEM ESSE DELENDAM)
Wörtlich: Im Übrigen meine ich (... dass Karthago zerstört werden muss).
Mit diesen Worten beschloss Cato seine Reden im röm Senat).
Bedeutung: eine hartnäckig wiederholte Forderung.

CHARACTER INDELEBILIS (m)
Unauslöschliches Merkmal (kirchenrechtlicher Begriff): Durch die bei der Priesterweihe empfangene Salbung der Innenfläche seiner Hände erhält der Neugeweihte durch den Bischof das immerwäh-

rende, unzerstörbare Kennzeichen dafür, dass er nun Priester ist und bleibt, auch wenn er diesen Stand einmal verlassen sollte.

CIC
Abkürzung für → corpus iuris civilis, oder für → corpus iuris canonici, oder für → codex iuris canonici, oder für → culpa in contrahendo.

CIRCULUS VITIOSUS (m)
Teuflischer Kreislauf, ein Zusammenspiel von ungünstigen Faktoren, die einander beständig verstärken.

CITATIO (w)
Richterliche Vorladung; Ladung.

CITATO LOCO
Am angeführten Orte (Zitierhinweis). Abkürzung: „cit loc" oder „c.l.". Gebräuchlicher ist die Form → loco citato.

CIVITAS (w)
Verband der Bürger, Bürgerstatus.

CIVITAS DEI (w)
Gottesstaat; kirchenrechtlicher Begriff (Augustinus).

CIVITAS TERRENA (w)
Weltlicher Staat (Kirchenrechtlicher Begriff, im Unterschied zur → civitas dei).

CLAM
Heimlich (siehe → vi – clam – precario).

CLAUSULA DEROGATORIA (w)
Aufhebungsklausel.

CLAUSULA REBUS SIC STANTIBUS (w)
Umstandsklausel (Klausel „unter gleichbleibenden Verhältnissen"). Der – uU auch stillschweigende – Vorbehalt, dass die Wirksamkeit eines Vertrages davon abhängt, dass die von den

Parteien zugrundegelegten Verhältnisse (Umstände) gleichbleiben (vgl § 313, 490 BGB).

CLERICUS CLERICUM NON DECIMAT

Ein Kleriker verlangt von einem anderen Kleriker keinen Zehent. (Grundsatz aus jener Zeit, wo Kleriker gleichzeitig auch Grundherren waren). Bedeutung: Bevorzugung unter Kollegen.

COACTIO NON EST IMPUTABILIS

Zwang ist nicht zurechenbar (zB im StrafR).

COACTUS TAMEN VOLUI

Wörtlich: Obwohl gezwungen, wollte ich dennoch. Im römR waren förmliche Geschäfte selbst dann wirksam, wenn sie unter Zwang erfolgten (berechtigen den unter Zwang gesetzten Teil aber zur Erhebung einer → exceptio).

CODEX (m)

In der Antike ursprünglich: eine mit Wachs überzogene hölzerne Schreibtafel, die zu einer Art Buch gebunden ist (im Gegensatz zum liber, der Papyrusrolle). Daraus leitet sich dann ua die Bezeichnung für ein Gesetzbuch bzw eine Gesetzessammlung ab.

CODEX ACCEPTI ET EXPENSI (m)

Einnahmen- und Ausgabenbuch. Im römR: das sog Hausbuch, in dem Einnahmen und Ausgaben eingetragen wurden. Durch Eintragung in diesem Hausbuch konnte ein Litteralkontrakt entstehen.

CODEX IURIS CANONICI (m)

Gesetzbuch der röm-kath Kirche; der derzeit geltende Codex iuris canonici stammt aus 1983.

CODEX IUSTINIANUS (m)

Vom oström Kaiser Justinian veranlasste Sammlung von kaiserlichen Rechtsquellen (534 n Chr); Teil des → corpus iuris civilis. Abk: C; auch: C Iust oder Cod Iust.

CODEX THEODOSIANUS (m)
Vom oström Kaiser Theodosius veranlasste Sammlung von kaiserlichen Rechtsquellen (438 n Chr).

CODICILLUS (m) = KODIZILL (s)
Wörtlich: Brief, Heftlein.
Letztwillige Verfügung, die keine Erbeinsetzung enthält.
Siehe unter → Kodizill.

COGITATIONIS POENAM NEMO PATITUR
Wegen bloßer Gedanken wird niemand bestraft. Siehe auch → de internis non iudicat praetor.

COGNATIO (w) = KOGNATION
Blutsverwandtschaft, leibliche Verwandtschaft (römR). Im Unterschied zur → Agnation.

COGNOVIT
Wörtlich: Er hat (an)erkannt. In der angloamerik Rechtssprache: Schuldanerkenntnis.

COITUS INTERNUS (m)
Innerer Geschlechtsverkehr (durch Einführen des männlichen Gliedes in die Scheide der Frau, strafrechtlicher Begriff bei Unzuchtsdelikten).

COITUS INTERRUPTUS (m)
Unterbrochener Beischlaf.

COLLATIO = KOLLATION (w)
Wörtlich: das Zusammentragen. Darunter versteht man im ErbR die Anrechnung auf den Erbteil, dh die Berücksichtigung von Vermögenswerten, die bereits bei Lebzeiten des Erblassers unentgeltlich zugewendet wurden, bei der Festlegung des Erb- bzw Pflichtteils einer Person (vgl §§ 671, 787 ff ABGB, §§ 2050 ff, 2315 BGB, Art 626 ff ZGB).

COLLEGATARIUS (m)
Mitvermächtnisnehmer.

COLLEGIALITER
Auf kollegiale Weise (erledigen), unter Kollegen (regeln).

COLLEGIUM (s)
Im römR: Verein.
Allgemein: Personenmehrheit, aus mehreren stimmberechtigten Personen zusammengesetztes Organ (Kollegialorgan).

COLLOQUIUM (s)
Besprechung. **Ad colloquium** = zur Besprechung.

COLLUSIO = KOLLUSION (w)
Wörtlich: Zusammenspiel.
Sittenwidriges Zusammenwirken zum Nachteil eines anderen, insbes sittenwidriges Zusammenwirken zwischen Vertreter und Drittem zum Nachteil des Vertretenen.

COLONUS PARTIARIUS (m)
Teilpächter; Pächter, der verpflichtet ist, als Pachtentgelt einen Teil der Ernte zu leisten.

COLOR (m)
Farbe, Färbung, Anstrich, Anschein.
Color insaniae = Anschein des Wahnsinns; geistige Umnachtung des Testators im Zeitpunkt der Errichtung des Testaments.

COMITAS GENTIUM (w)
Gegenseitige Freundlichkeit (Höflichkeit) von Völkern (welche die Voraussetzung für den gegenseitigen Rechtshilfeverkehr bildet).

COMMERCIUM (s)
Im römR die (eigens zuerkannte) Befähigung eines Nichtrömers, Privatrechtsgeschäfte des auf röm Bürger beschränkten → ius civile zu tätigen.
Allgemein: Privatrechtsverkehr, Geschäftsverkehr.
Extra commercium stehen die Sachen, die außerhalb des Privatrechtsverkehrs stehen.

COMMISSIO PER OMISSIONEM (w)
Begehung durch Unterlassung. Siehe auch → Omissivdelikte.

COMMIXTIO (w)
Vermengung (gleichartiger fester Sachen).

COMMODATUM (s)
Leihe, Leihvertrag: Vertrag, durch den der unentgeltliche Gebrauch einer Sache eingeräumt wird (vgl §§ 971 ff ABGB, §§ 598 ff BGB, Art 305 ff OR). **Kommodant** = Verleiher; **Kommodatar** = Leihenehmer.

COMMODUM (s)
Vorteil, Nutzen.
Stellvertretendes Commodum = ein Nutzen, der an die Stelle einer (unmöglich gewordenen) Leistung tritt (zB Versicherungsleistung für das abgebrannte Haus); vgl § 285 BGB.
Akzessorisches Commodum = Nebenutzen, Zusatznutzen; ein Nutzen, der mit einer bestimmten Leistung zusätzlich verbunden ist.

COMMODUM EIUS ESSE DEBET CUIUS PERICULUM EST
Der Vorteil soll demjenigen zufallen, der das Risiko für den zufälligen Untergang trägt (Inst Iust 3.23.3).
Demjenigen, der das Risiko des Untergangs einer Sache trägt, soll auch ein allfälliger Vorteil zukommen, der aus diesem Untergang erwächst (stellvertretendes Commodum).

COMMORIENTES (m, w, Mz)
Zu gleicher Zeit verstorbene Personen (Begriff im Verfahren bei Todeserklärungen). Siehe auch → Kommorientenpräsumtion.

COMMUNI CONSILIO
Durch gemeinsamen Ratschlag; gemeinschaftlich; im Einverständnis.

COMMUNIO (w)
Wörtlich: Gemeinschaft.

Miteigentum mehrerer Personen an einer Sache (vgl §§ 825 ff ABGB, §§ 1008 ff BGB, Art 646 ff ZGB). Siehe auch → condominium.

COMMUNIO INCIDENS (w)
Die zufällige (unerwartete) Eigentumsgemeinschaft. Sie entsteht ohne Willen der Parteien durch zufällige Ereignisse, wie zB gemeinsamen Fund, Vermengung und Vermischung von körperlichen Sachen oder durch Erbgang (§ 825 ABGB).

COMMUNIO PRO DIVISO (w)
Vermögensgemeinschaft mehrerer Personen an körperlich selbstständigen, geteilten Vermögensstücken, zB ein Grundstück gehört mehreren in der Weise, dass jeder Eigentümer eines real geteilten Stückes der Liegenschaft ist (im Unterschied zur → communio pro indiviso bzw dem → condominium, wo das Recht nach Bruchteilen – also gerade nicht real – geteilt ist).

COMMUNIO PRO INDIVISO (w)
Gemeinschaft nach ungeteilten Anteilen. Dabei ist nicht die Sache, sondern das Recht geteilt. Nach österreichischem Privatrecht handelt es sich dabei idR um → condominium, dh Miteigentum nach Bruchteilen (vgl §§ 825 ff ABGB, §§ 1008 ff BGB, Art 646 ff ZGB).

COMMUNIS OPINIO (w)
Die allgemeine Meinung, die herrschende Ansicht.

COMMUNIS OPINIO (DOCTORUM) FACIT IUS
Die übereinstimmende Meinung (der Gelehrten) schafft Recht. Im Mittelalter kam bei einer Frage des gelehrten (römisch-kanonischen) Rechts der übereinstimmenden Meinung der Rechtsgelehrten rechtsschöpfende Kraft zu.

COMPENSANDO
Zum Zweck der Kompensation, durch Aufrechnung (zB der auf Zahlung geklagte Schuldner wendet compensando ein, dass der Kläger ihm seinerseits einen Betrag schulde). Siehe unter → Kompensation.

COMPENSATIO = KOMPENSATION (w)

Aufrechnung, Tilgung wechselseitig gegenüberstehender Forderungen durch Verrechnung. Eine Aufrechnung setzt voraus, dass zwischen zwei Personen gleichartige und fällige Forderungen einander gegenüberstehen (vgl §§ 1438 ff ABGB, §§ 387 ff BGB, Art 120 ff OR).

COMPENSATIO EX IURE TERTII (w)

Aufrechnung aus dem Rechte eines Dritten; sie ist idR unzulässig: Der Schuldner kann seinem Gläubiger das nicht aufrechnen, was dieser nicht ihm, sondern einem Dritten zu zahlen hat (vgl § 1441 ABGB, § 387 BGB, Art 122 OR).

COMPENSATIO EXPRESSA (w)

Wörtlich: ausdrückliche Aufrechnung. Durch ausdrückliche Willenserklärung zustandekommende Aufrechnung. (im Unterschied zur → compensatio tacita; siehe auch unter → Kompensation

COMPENSATIO LUCRI CUM DAMNO (w)

Ausgleich des Gewinnes mit dem Schaden. Der Schaden vermindert sich uU, wenn dem Geschädigten durch die Handlung bzw das Ereignis auch ein Vorteil erwachsen ist.

COMPENSATIO NECESSARIA (w)

Notwendige Aufrechnung.
Im klassischen römischen Recht konnten zB die Bankiers (argentarii) gegenüber ihren Kunden nur den Saldo einklagen, sie mussten also die gegen sie bestehenden Forderungen der Beklagten von vornherein von den eingeklagten Ansprüchen abziehen.

COMPENSATIO TACITA (w)

Stillschweigende Aufrechnung. Eine Aufrechnung, welche durch das bloße Bestehen aufrechenbarer Gegenforderungen begründet wird und von einer Willenserklärung der Parteien, die Aufrechnung vorzunehmen, unabhängig ist (im Gegensatz zur → compensatio expressa).

COMPENSATIO VOLUNTARIA (w)

Aufrechnung gegenseitiger Forderungen aufgrund freiwilliger

Vereinbarung (im Unterschied zur **compensatio necessaria** = gesetzliche [wörtlich: notwendige] Aufrechnung).

COMPOSSESSIO (w)
Mitbesitz.

COMPROMISSUM (s)
Schiedsvertrag; Vertrag, mit dem sich Parteien der (freiwilligen) Gerichtsbarkeit eines Schiedsgerichtes unterwerfen. Aus dem compromissum ergibt sich idR auch die Zusammensetzung des Schiedsgerichtes, der Umfang der durch das Schiedsgericht zu klärenden Fragen etc (zivilprozessualer Begriff; vgl § 577 öZPO, § 1025 dZPO).

COMPUTATIO A MOMENTO AD MOMENTUM (w)
Berechnung von Augenblick zu Augenblick. Art der Fristenberechnung zB bei der Verjährungszeit, welche mit dem genauen **Zeitpunkt** einer Handlung (und nicht bloß mit dem Tage des betreffenden Ereignisses!) beginnt. Man spricht auch von → computatio naturalis = natürliche Fristenberechnung.

COMPUTATIO CIVILIS (w)
Berechnung einer Frist von Kalendertag zu Kalendertag; die Frist endet damit immer um Mitternacht (im Unterschied zur → computatio naturalis.

COMPUTATIO NATURALIS (w)
Natürliche Berechnung von Fristen (siehe → computatio a momento ad momentum, im Gegensatz zur → computatio civilis).

CONCILIUM PLEBIS (s)
Volksversammlung.
Im römR: die unter der Leitung der Volkstribunen (→ tribunus plebis) stehende Versammlung des Volkes (→ plebs).

CONCLUSIO (w)
Schlussfolgerung; auch: Schluss einer Rede oder eines Schriftsatzes.

CONCRETA (s, Mz)
Mehrzahl von **concretum**. Etwas Greifbares, Gegenständliches (Gegensatz von → abstracta = Mehrzahl von abstractum).

CONCUBINATUS (m)
Eine Geschlechtsgemeinschaft, die nicht die Voraussetzungen einer gültigen Ehe erfüllt.

CONCURSUS (CREDITORUM) (m)
Wörtlich: Zusammenlaufen (der Gläubiger). Unter **Konkurs** versteht man heute allgemein die Insolvenz (Zahlungsunfähigkeit) einer Person (des sog Gemeinschuldners), die zur Folge hat, dass dessen Gläubiger nicht (voll) befriedigt werden können.
Im speziellen ist Konkurs das in der Konkursordnung geregelte Insolvenzverfahren (zum Unterschied zB vom Ausgleich, einer anderen Form eines Insolvenzverfahrens).

CONCURSUS CAUSARUM (m)
Das Zusammenfallen mehrerer Rechtsgründe: Eine bestimmte Leistung wird gleichzeitig aufgrund verschiedener Rechtstitel geschuldet.

CONCURSUS IURUM (m)
Konkurrenz von Rechten: Verschiedene Rechte verschiedener Personen bestehen gleichzeitig nebeneinander und beschränken oder hindern dadurch einander. Man spricht auch von **conflictus iurum**.

CONDEMNATIO = KONDEMNATION (w)
Verurteilung (des Beklagten bzw Angeklagten).
Condemnatio pecuniaria = auf Geld lautende Verurteilung (römR).

CONDICIO (w)
Bedingung; siehe unter → conditio.

CONDICTIO (w)
Herausgabeanspruch, Rückforderungsanspruch.
Im römR ist die condictio ein eigener Klagetyp einer → actio in

personam, mit der man eine bestimmte Summe Geldes (**certa pecunia**) oder eine bestimmte Sache (**certa res**) zurückfordern konnte.

Heute versteht man unter Kondiktionen im Speziellen Rückforderungsansprüche aus ungerechtfertigter Bereicherung (vgl §§ 1432 ff ABGB, §§ 812 ff BGB, Art 62 ff OR).

CONDICTIO CAUSA DATA CAUSA NON SECUTA (w)

Rückforderung wegen Nichteintreffens des Rechtsgrundes, auf den hin geleistet wurde. Rückforderungsanspruch, wenn eine Leistung im Hinblick auf eine bestimmte zukünftige Entwicklung bzw eine erwartete Gegenleistung erbracht wurde, diese Entwicklung aber nicht eingetroffen ist bzw die Gegenleistung nicht erfolgt ist (vgl § 1435 ABGB analog, §§ 812 Abs 1 Satz 2 Fall 2 BGB, Art 62 Abs 2 Fall 2 OR).

Beispiel: Rückforderung von Geschenken, die im Hinblick auf eine erwartete Eheschließung erfolgt sind.

Gleichbedeutend: → condictio ob causam datorum, condictio ob rem.

CONDICTIO CAUSA FINITA = CONDICTIO OB CAUSAM FINITAM (w)

Rückforderungsrecht wegen Wegfalls des Rechtsgrundes (vgl § 1435 ABGB, § 812 Abs 1 Satz 2 Fall 1 BGB, Art 62 Abs 2 Fall 3 OR).

Beispiel: Klage auf Herausgabe einer Kaution nach beendigtem Geschäft.

CONDICTIO EX CAUSA FURTIVA (w)

Siehe → condictio furtiva.

CONDICTIO EX LEGE (w)

Rückforderungsrecht, welches sich unmittelbar aus dem Gesetz ergibt.

CONDICTIO FURTIVA (w)

Im römR: Klage des Bestohlenen gegen den Dieb auf Rückgabe der gestohlenen Sache bzw Ersatz ihres Wertes.

CONDICTIO INDEBITI (w)

Rückforderungsanspruch aus einer irrtümlich geleisteten Nichtschuld (vgl §§ 1432–1434 und 1436 ABGB, § 812 Abs 1 Satz 1 BGB, Art 62 Abs 2 Fall 1 OR).

CONDICTIO LIBERATIONIS (w)

Rückforderungsanspruch, der auf Befreiung einer rechtsgrundlos eingegangenen Verpflichtung gerichtet ist.

CONDICTIO OB CAUSAM DATORUM (w)

Siehe unter → condictio causa data causa non secuta.

CONDICTIO OB REM (w)

Siehe unter → condictio causa data causa non secuta.

CONDICTIO OB TURPEM VEL INIUSTAM CAUSAM (w)

Rückforderungsanspruch wegen eines schändlichen oder ungerechten Rechtsgrundes (zB Lösegeldzahlung, Zahlung aus einer Erpressung, Nötigung etc).

Kein Rückforderungsanspruch besteht, wenn geleistet wurde, damit der andere eine unerlaubte Handlung begehe, zB Entlohnung für ein Verbrechen. In diesem Fall gilt: **in pari turpitudine melior est causa possidentis** – bei gleich schändlichem Verhalten ist die Lage des Besitzenden günstiger (vgl § 1174 ABGB, § 817 BGB, Art 66 OR).

CONDICTIO SINE CAUSA (w)

Rückforderung wegen Mangels eines Rechtsgrundes. (Im ö Recht für die Rückforderung gem § 877 ABGB gebräuchlich.)

CONDITIO (w)

Bedingung, auch: Ursache. Unter einer Bedingung im eigentlichen Sinn versteht der Jurist ein zukünftiges ungewisses Ereignis, von dem Rechtswirkungen abhängig gemacht werden (zu den letztwilligen Verfügungen beigefügten Bedingungen vgl §§ 696 ff ABGB, §§ 2074 ff BGB, Art 482, 519 ZGB).

Siehe auch → conditio suspensiva und → conditio resolutiva.

CONDITIO CASUALIS (w)
Zufällige Bedingung. Sie ist dann gegeben, wenn der Eintritt der Bedingung vom Zufall abhängt (im Unterschied zu einer → conditio potestativa).

CONDITIO EXISTIT
Die Bedingung (= das Bedingte) tritt tatsächlich ein. Die Bedingung ist erfüllt (im Unterschied zu → conditio pendet).

CONDITIO IN PRAESENS VEL IN PRAETERITUM COLLATA (w)
Eine auf die Gegenwart oder Vergangenheit abgestellte Bedingung; uneigentliche Bedingung, weil ihr das der Bedingung wesentliche Moment der objektiven Ungewissheit fehlt.

CONDITIO IURIS (w)
Rechtsbedingung, gesetzliche Bedingung. Sie ist dann gegeben, wenn der Umstand, von dem die Wirksamkeit eines Rechtsgeschäftes abhängt, nicht durch Parteiwillen, sondern durch das Gesetz bestimmt ist; sie zählt nicht zu den eigentlichen Bedingungen.

CONDITIO MIXTA (w)
Gemischte Bedingung. Sie ist dann gegeben, wenn die Ursache, von der die Bedingung abhängt, in einer Verbindung vom freien Willen einer Person und vom Zufall abhängt (siehe → conditio potestativa und → conditio casualis).

CONDITIO NECESSARIA (w)
Notwendige Bedingung.

CONDITIO PENDET
Wörtlich: Die Bedingung ist in Schwebe.
Bedeutung: Die Bedingung ist noch nicht eingetreten und damit ist noch unsicher, ob eine bestimmte Rechtswirkung eintreten wird oder nicht.
Auch: **conditione pendente** = im Zeitpunkt des Schwebens der Bedingung.

CONDITIO PERPLEXA (w)

Bedingung, welche in sich widersprüchlich ist; dadurch wird die gesamte Verfügung ungültig.

CONDITIO POTESTATIVA (w)

Potestativbedingung, Willensbedingung, Voluntativbedingung. Sie ist dann gegeben, wenn die Ursache, von welcher die Bedingung abhängt, im freien Willen einer Person gelegen ist.

CONDITIO PRO NON SCRIPTA (w)

Als nicht beigesetzt zu betrachtende Bedingung. So ist zB eine unverständliche Bedingung bei einer letztwilligen Anordnung unbeachtlich (vgl § 697 ABGB).

CONDITIO RESOLUTIVA (w)

Auflösende Bedingung. Sie liegt vor, wenn die Fortdauer von Rechtswirkungen davon abhängig gemacht wird, dass eine Bedingung eintritt (zB ein bestehender Vertrag soll solange wirksam bleiben, bis ein zukünftiges ungewisses Ereignis eintritt). Vgl § 158 Abs 2 BGB und 154 OR.

CONDITIO SINE QUA NON (w)

Wörtlich: Bedingung, ohne welche nicht. Unerlässliche, notwendige Bedingung iS von Ursache (für einen bestimmten Erfolg). Eine Bedingung, ohne die ein bestimmter Erfolg nicht eingetreten wäre (Begriff aus der Kausalitätslehre). Man prüft die Kausalität eines Verhaltens für einen bestimmten Erfolg, indem man sich fragt, ob der Erfolg auch bei Nichtsetzen der Handlung eingetreten wäre oder nicht.

CONDITIO SUSPENSIVA (w)

Aufschiebende Bedingung. Sie liegt vor, wenn der Eintritt einer Rechtswirkung vom Eintritt einer Bedingung abhängig gemacht ist (zB ein Vertrag soll nur für den Fall wirksam werden, dass ein zukünftiges ungewisses Ereignis stattfindet). Vgl § 158 Abs 1 BGB, Art 151 OR.

CONDITIO TURPIS (w)
Schimpfliche Bedingung, unerlaubte Bedingung (vgl § 698 ABGB, Art 482 ZGB, Art 157 OR).

CONDITIONE DEFICIENTE (= CONDITIO DEFICIT)
Bei Nichteintreten der Bedingung. Steht fest, dass eine Bedingung nicht mehr eintreten kann, so besteht auch Gewissheit, dass das davon abhängende Recht nicht mehr entstehen kann (bei aufschiebend formulierter Bedingung) bzw nicht mehr untergehen kann (bei auflösend formulierter Bedingung).

CONDITIONE IMPLETA
Durch Eintritt der Bedingung.

CONDITIONES DERISORIAE = CONDITIONES INEPTAE (w, Mz)
Unverständige (nicht „unverständliche") Bedingungen, alberne Bedingungen, die keinen vernünftigen Sinn haben.

CONDOMINIUM (s)
1. Miteigentum nach Bruchteilen: Mehrere Personen haben gemeinsam Eigentum an einer Sache, wobei jedem Miteigentümer ein ideeller Anteil zukommt (vgl §§ 825 ff ABGB, §§ 1008 ff BGB, Art 646 ff ZGB).
2. Gemeinsame Herrschaft zweier Staaten über ein bestimmtes Gebiet (völkerrechtlicher Begriff).

CONDUCTIO (w)
Siehe unter → locatio conductio.

CONDUCTOR (m)
Im römR: Bezeichnung für den Mieter, Pächter, Arbeitgeber und Werkunternehmer bei der → locatio conductio.

CONFER
Vergleiche (Abkürzung: cf.).

CONFESSIO IN IURE (w)
Anerkennung vor Gericht (im römR: vor dem Prätor).

CONSOLIDATIO = KONSOLIDATION (w)
Wörtlich: Festigung.
Bei einer Grunddienstbarkeit: Vereinigung des Eigentums an dienendem und herrschendem Grundstück in einer Person.
Siehe auch → nemini res sua servit.

CONFESSIO REGINA PROBATIONUM
Das Geständnis ist die Königin der Beweismittel. Im Mittelalter wurde das Geständnis als das vollendete Beweismittel angesehen.

CONFESSIO PRO VERITATE ACCIPITUR
Das Geständnis wird als Wahrheit angesehen. Siehe → confessio regina probationum.

CONFESSORIA ACTIO (w)
Auf Schutz der Dienstbarkeit gerichtete Klage. Siehe auch unter → actio confessoria.

CONFITEOR
Ich gestehe; das Geständnis.

CONFLICTUS IURUM (m)
Konflikt von Rechten. Siehe → concursus iurum.

CONFUSIO (w)
Vermischung, Vereinigung.
Im SchuldR: Vereinigung der Berechtigten- und Verpflichtetenstellung in einer Person (zB Schuldner wird Erbe des Gläubigers oder Servitutsberechtigter wird Eigentümer, vgl §§ 526, 1445 ABGB, §§ 1164 Abs 2, 1976 BGB, Art 118 OR).
Im römR auch: Vermischung von Flüssigkeiten verschiedener Eigentümer.

CONIUNCTIO MEMBRORUM (w)
Vereinigung der Geschlechtsorgane (Voraussetzung des → coitus internus; im Unterschied zu bloßer → contagio membrorum).

CONSCIENTIA EST MILLE TESTES
Ein gutes Gewissen ist gleichviel wert wie tausend Zeugen. Zwei-

te Deutung: Ein sicheres Wissen ist gleichviel wert wie tausend Zeugen.

CONSENSUS (m)
Willensübereinstimmung. Im römR wurde durch den Konsens über die essentialia negotii die Verbindlichkeit der sog Konsensualkontrakte begründet.

CONSENSUS FACIT NUPTIAS
Grundsatz aus dem römR, demzufolge für das Zustandekommen (und den Fortbestand) einer Ehe lediglich die Willensübereinstimmung der Eheleute erforderlich ist.

CONSILIUM ABEUNDI (s)
Entfernungsbeschluss; Beschluss auf Ausschließung einer Person (eines Mitglieds) aus einer Gemeinschaft.

CONSORTIUM (s)
Im älteren römR: fortgesetzte Hausgemeinschaft der Nachkommen eines → pater familias. Heute allgemein: eine (auf Vertrag beruhende) Gemeinschaft, deren Mitglieder ihr Verhalten aufeinander abstimmen.

CONSTAT AD SALUTEM CIVIUM INVENTAS ESSE LEGES
Es steht fest, dass die Gesetze zum Heile der Bürger geschaffen wurden (und nicht, um ihnen das Leben schwer zu machen).

CONSTITUTIO PRINCIPIS (w)
Kaiserkonstitution. Im römR: kaiserliche Rechtsquelle (Reskript, Edikt, Dekret oder Mandat).

CONSTITUTUM DEBITI ALIENI (s)
Erfüllungsversprechen bezüglich einer fremden Schuld (Schuldübernahme, vgl §§ 1345, 1404 ff ABGB, §§ 414 ff BGB, Art 175 ff OR).

CONSTITUTUM DEBITI PROPRII (s)
Erfüllungsversprechen bezüglich einer eigenen Schuld.

CONSTITUTUM POSSESSORIUM (s)
Besitzkonstitut, Besitzauftragung.
Bestimmte Art des Besitzerwerbes ohne körperliche Übergabe: jemand erwirbt Besitz an einer Sache, indem der bisherige Besitzer (bzw Inhaber) sie ab nun für ihn innehat und ihm so die Sachherrschaft vermittelt (vgl § 428 Halbsatz 1 ABGB, § 930 BGB, Art 717, 924 ZGB).

CONSUETUDO (w)
Gewohnheit, Gewohnheitsrecht.
Unter Gewohnheitsrecht versteht man Recht, das durch länger andauernden Gebrauch mit Rechtsüberzeugung (→ opinio iuris) entsteht (vgl Art 1 Abs 2 ZGB).

CONSUETUDO ABROGATORIA (w)
Gewohnheit, welche aufhebend wirkt. Siehe auch unter → desuetudo.

CONSUETUDO REVERTENDI (w)
Gewohnheit, zurückzukehren. Im römR wird ein gezähmtes Tier, das diese Gewohnheit abgelegt hat, als wild (und damit frei okkupierbar) angesehen.

CONSULTATIO (w)
Siehe unter → Konsultation.

CONTAGIO MEMBRORUM (w)
Berührung der Geschlechtsteile (vgl § 206 öStGB, im Unterschied zu → coniunctio membrorum).

CONTEMPLATIONE DOMINI
Wörtlich: in Anbetracht des Geschäftsherrn; gemeint: Handeln im Hinblick auf den Geschäftsherrn. Begriff bei der → negotiorum gestio = Geschäftsführung ohne Auftrag.

CONTRA
Gegen; auch: anderer Meinung.

CONTRA BONOS MORES

Gegen die guten Sitten. Ein Vertrag, welcher gegen die guten Sitten verstößt, ist nichtig (§ 879 ABGB, § 138 BGB, Art 20 OR). Beispiele: Ausbedingung von Wucherzinsen; Veräußerung einer erhofften Erbschaft noch bei Lebzeiten des Erblassers.

CONTRA-PROFERENTEM-REGEL

Regel, derzufolge die Zweideutigkeit einer Formulierung zu Lasten desjenigen wirkt, der sich ihrer bedient hat (vgl § 915 Satz 2 ABGB, § 305c Abs 2 BGB). Siehe auch → ambiguitas contra stipulatorem.

CONTRACTUS (m)

Kontrakt(e), Vertrag/Verträge (Einzahl und Mehrzahl!).
Im römR: anerkannter, klagbarer Vertrag. Man unterscheidet – je nach Art des Zustandekommen Real-, Verbal-, Litteral- und Konsensualkontrakte.

CONTRACTUS AESTIMATORIUS (m)

Trödelvertrag. Vertrag, bei dem einem Trödler eine Sache zum Verkauf übergeben wird; der Verkäufer bedingt sich dabei einen fixen Preis aus, ein darüberhinaus erzielbarer Erlös fällt dem Trödler zu. Im römR ein → Innominatkontrakt, vgl heute §§ 1086 ff ABGB).

CONTRACTUS CONTRARIUS (m)

Gegenläufiger Vertrag; siehe unter → actus contrarius.

CONTRACTUS BILATERALES (m, Mz)

Zweiseitig verpflichtende Verträge.

CONTRACTUS BILATERALES AEQUALES (m, Mz)

Vollkommen zweiseitig verbindliche Verträge, dh Verträge, bei denen wesensnotwendig jede Partei sowohl Gläubiger als auch Schuldner der anderen ist (zB Kauf: Käufer ist Gläubiger der Ware und Schuldner des Preises, Verkäufer ist Schuldner der Ware und Gläubiger des Preises). Man spricht auch von synallagmatischen oder gegenseitigen Verträgen.

CONTRACTUS BILATERALES INAEQUALES (m, Mz)
Unvollkommen zweiseitig verbindliche Verträge. Verträge, bei denen wesensnotwendig nur eine Verpflichtung einer Partei entsteht, uU aber auch die andere Partei verpflichtet wird (zB bei einem unentgeltlichen Mandat ist zunächst nur der Auftragnehmer verpflichtet – und zwar zur Erfüllung des Auftrages; erwachsen ihm dabei aber Aufwendungen, so wird auch der Auftraggeber verpflichtet – und zwar zum Ersatz der Aufwendungen).

CONTRACTUS MOHATRAE (m)
Im römR: Sonderform eines Darlehens, bei dem der Darlehensgeber dem Darlehensnehmer eine Sache zum Verkauf übergibt, deren Erlös die Darlehenssumme bilden soll.
Der Ausdruck mohatra stammt aus dem Arabischen und bezeichnet ursprünglich im Mittelalter ein Geschäft zur Umgehung des Zinsverbotes.

CONTRACTUS MULTILATERALES (m, Mz)
Mehrseitige Verträge; Verträge, durch die mehrere Parteien untereinander verpflichtet werden (zB Gesellschaftsvertrag unter mehreren Personen).

CONTRACTUS PIGNERATICIUS (m)
Pfandvertrag; Vertrag, durch den eine Sache als Sicherheit für eine bestimmte Forderung dem Gläubiger verpfändet wird (vgl heute § 1368 ABGB).
Davon zu unterscheiden ist der Verpfändungsvertrag (Pfandbestellungsvertrag), in dem sich jemand verpflichtet, zu einem späteren Zeitpunkt für eine Forderung ein Pfand zu bestellen.

CONTRADICTIO IN ADIECTO (w)
Der im Beiwort zum Ausdruck kommende Widerspruch (zB viereckiger Kreis, schwarzer Schimmel, ruhiger Rabauke).

CONTRADICTIO IN SE (w)
Widerspruch in sich.

CONTRADOS (w)
Widerlage (nach der Legaldefinition des § 1230 ABGB: „Was

der Bräutigam oder ein Dritter der Braut zur Vermehrung des Heiratsgutes aussetzt").

CONTRA FACTA NON VALENT ARGUMENTA
Gegenüber vorliegenden Tatsachen vermögen Argumente (in bezug auf das Gegenteil) nichts.

CONTRA LEGEM
Gegen das Gesetz; zum Gesetz in Widerspruch stehend; dem Gesetz widersprechend (im Unterschied zu→ praeter legem = außerhalb des Gesetzes, nicht durch das Gesetz gedeckt).

CONTRA REM IUDICATAM NEMO AUDIETUR
Nach Rechtskraft einer Sache wird niemand mehr gehört werden.
Mit Rechtskraft einer Entscheidung ist die entschiedene Sache grundsätzlich nicht mehr Gegenstand eines weiteren Verfahrens (eine Ausnahme bildet die Wiederaufnahme eines Verfahrens, siehe → nova producta, → nova reperta).

CONTRARIAM PROBATIONEM NON ADMITTENS
Den Gegenbeweis nicht zulassend; unwiderlegbar (zB eine unwiderlegliche → praesumtio iuris ac de iure).

CONTRARIUS ACTUS (m)
Siehe → actus contrarius.

CONTRA TABULAS
Wörtlich: gegen die Tafeln. Bedeutung: ein dem Grundbuchstand nicht entsprechendes Rechtsverhältnis (zB die grundbuchswidrige Ersitzung eines Rechts). Im Röm ErbR: gegen die (Testaments-) Tafeln.

CONTRA TABULAS NULLA VALET USURPATIO
Entgegen dem Grundbuchstand gilt keine Besitznahme.

CONTRA VIM NON VALET IUS
Gegen Gewalt ist Recht wirkungslos.

CONUBIUM (s)

Eheliche Verbindung, Ehebund. Im Speziellen versteht man darunter im römR die (eigens zuerkannte) Fähigkeit eines Nichtrömers, mit einer Römerin eine vollgültige Ehe einzugehen.

CONVENTIO (w)

Vereinbarung.

CONVENTIO EST LEX

Wörtlich: das Vereinbarte ist Gesetz. Was ausgemacht wurde, gilt.

Im römR werden verbindliche Vereinbarungen auch als „private Gesetze" (leges privatae) bezeichnet.

CONVERSIO = KONVERSION (w)

Umdeutung (eines nichtigen Rechtsgeschäftes). Ist ein Rechtsgeschäft wegen eines Fehlers ungültig, so kann es uU in ein anderes Rechtsgeschäft (dessen Voraussetzungen es erfüllt) umgedeutet werden. ZB: Ein Wechsel, welcher nicht alle Formerfordernisse erfüllt, kann als Anweisung Gültigkeit haben.

Zur Konversion im öErbrecht vgl §§ 610, 1250 ABGB.

CONVOCATIO CREDITORUM (w)

Einberufung der Gläubiger (zB durch den Erben oder Verlassenschaftskurator zwecks Bekanntgabe ihrer Forderungen gem § 813 ABGB, § 1970 BGB; vgl auch Art 1165 OR).

COPULA CARNALIS (w)

Geschlechtsverkehr durch bereits erfolgte Einführung des männlichen Gliedes in die Scheide der Frau. (Im Kirchenrecht insbesondere für das Ehenichtigkeitsverfahren von Bedeutung.)

CORAM IUDICE

Vor dem (zuständigen) Richter.

CORAM PUBLICO

Vor aller Öffentlichkeit, öffentlich.

CORPUS (s)

1. Körper (zB → corpus delicti).
2. Die tatsächliche, „körperliche" Herrschaft (Gewalt) über eine bestimmte Sache, die Gewahrsame über eine Sache.

CORPUS DELICTI (s)

Körperlicher Beweis einer Übeltat; Beweisstück. ZB: das gestohlene Gut, welches in der Wohnung des Täters aufgefunden wurde. Oder: das blutige Taschenmesser, welches der Täter am Tatort vergessen hat. Mehrzahl: **Corpora delicti**.

CORPUS EX CONTINGENTIBUS (s)

Zusammengesetzte Sache (Sache, die aus mehreren, körperlich zusammenhängenden Teilen besteht).

CORPUS EX DISTANTIBUS (s)

Sachgesamtheit, Gesamtsache (Sache, die aus mehreren, körperlich selbständigen Teilen besteht, die wirtschaftlich zusammengehören). Siehe auch → universitas rerum.

CORPUS IURIS CANONICI (s)

Mittelalterliche Sammlung autoritativer kirchenrechtlicher Quellen.

CORPUS IURIS CIVILIS (s)

Vom französischen Humanisten Dionysius Gothofredus (16. Jh) stammende Bezeichnung für die unter dem oströmischen Kaiser Justinian (6. Jh n Chr) erlassenen Rechtsquellen, dh einerseits die von Justinian in Auftrag gegebene Kompilation des römischen Rechts, welche die → Institutionen, die → Digesten und den → Codex umfasst (wofür er selbst den Ausdruck corpus iuris gebrauchte) sowie andererseits die später von Justinian erlassenen Konstitutionen (→ Novellen).

CORPUS POSSESSIONIS (s)

Wörtlich: Körper (Gegenstand) des Besitzes; „körperliche" Gewalt über eine Sache.

CORRECTIS CORRIGENDIS IMPRIMATUR
Nach Erledigung der Korrekturen zum Drucke freigegeben.

CORRECTUM (s)
Das Verbesserte; Verbesserung; das Ausgebesserte. Mehrzahl: **Correcta**.

CORREUS (m)
Wörtlich: der Mitschuldige; der Mitschuldner, Gesamtschuldner, dh eine Person die gemeinsam mit anderen zu einer Leistung verpflichtet ist (siehe → Korrealität).

CORRUPTISSIMA RE PUBLICA PLURIMAE LEGES
Wenn ein Staat am verderbtesten ist, dann gibt es die meisten Gesetze (Tacitus, Annalen 3.27.3).

CREDITOR (m)
Der Gläubiger. Jemand, der von einem anderen eine Leistung zu fordern berechtigt ist. Siehe auch → debitor. **Creditum** = Schuld, Darlehen.

CRIMEN (s)
Verbrechen (schwerere Straftat). Mz: **Crimina**.
Im römR sind crimina die ein öffentliches Strafverfahren nach sich ziehenden Untaten (im Unterschied zu den privatrechtlich geahndeten → delicta).

CRIMEN EXCEPTUM (s)
Sonderverbrechen.

CRIMEN LAESAE MAIESTATIS (s)
Majestätsbeleidigung; Majestätsverbrechen (**maiestas laesa** = verletzte Hoheit).

CRIMINA CULPOSA (s, Mz)
Straftaten, zu deren Begehung nicht Vorsatz erforderlich ist, sondern bloße Fahrlässigkeit genügt (zB Straßenverkehrsdelikte).

CRIMINA DOLOSA (s, Mz)
Straftaten, zu deren Begehung Vorsatz (→ dolus) erforderlich ist (zB Mord, Diebstahl, Betrug).

CRIMINA PUBLICA (s, Mz)
Im römR: Straftaten, die eine öffentliche Strafverfolgung nach sich ziehen. Im Unterschied zu den → delicta, die vom Geschädigten selbst in einem privatrechtlichen Verfahren verfolgt werden.

CRUX (w)
Das Kreuz. **Crux interpretatorum** = Kreuz der Interpreten, ein schwieriges Auslegungsproblem.

CUI BONO
Wem zum Guten? Wem zum Vorteil? Wem zum Nutzen? (Grundsatz der kriminalistischen Ermittlungsarbeit, demgemäß der Täter unter jenen zu vermuten ist, die aus einem Verbrechen Nutzen ziehen).

CUIUS EST COMMODUM EIUS EST INCOMMODUM
Wer den Vorteil hat, trägt auch die Last. Dem der Nutzen (einer Sache) zusteht, der trägt auch den Schaden. Ähnlich: **Cuius est commodum, eius est periculum** = wer den Nutzen aus einer Sache hat, trägt auch die Gefahr des zufälligen Untergangs.

CULPA (w)
In einem weiten Sinn: Verschulden (dh die Vorwerfbarkeit eines bestimmten Verhaltens).
Im Speziellen: Fahrlässigkeit, dh Außerachtlassen der gebotenen Sorgfalt (vgl § 1294 ABGB, § 276 Abs 2 BGB, Art 41 OR). Fahrlässig handelt, wer zwar nicht vorsätzlich den Schaden herbeiführt, wohl aber die gebotene Umsicht außerachtlässt, dh sich anders hätte verhalten können und müssen.
Culpos = schuldhaft; fahrlässig.

CULPA CONCURRENS (w)
Mitverschulden des Geschädigten bei der Entstehung seines Schadens (zivilrechtlicher Begriff, vgl § 1304 ABGB, § 254 BGB, Art 44 Abs 1 OR).

CULPA IN ABSTRACTO (w)
Verschulden gemessen an einem abstrakten Sorgfaltsmaßstab (und nicht gemessen am üblichen Verhalten des Schädigers; im Unterschied zur → culpa in concreto).

CULPA IN CONCRETO (w)
Verschulden im Konkreten; im Einzelfall. Damit meint man jenes Verschulden, das darin liegt, dass sich die konkrete Person in einer fremden Angelegenheit weniger sorgfältig verhalten hat, als sie es in eigenen Angelegenheiten zu tun pflegt (→ diligentia quam in suis rebus).

CULPA IN CONTRAHENDO (w)
Verschulden beim Vertragsabschluss, Abkürzung c.i.c.
Erläuterung: Auch schon vor Vertragsabschluss besteht aufgrund des wechselseitig eingeräumten Vertrauens ein gesetzliches Schuldverhältnis, aus dem sich vertragsähnliche Pflichten (vor allem Schutz-, Aufklärungs- und Sorgfaltspflichten) gegenüber dem potentiellen Vetragspartner ergeben (vgl nun § 311 Abs 2 BGB). Die c.i.c. besteht in der Verletzung dieser Pflichten.

CULPA IN CUSTODIENDO (w)
Verschulden, das in der mangelnden Beaufsichtigung besteht (zB bei Verstoß gegen Aufsichtpflicht durch Eltern gem § 1309 ABGB, § 832 BGB).

CULPA IN ELIGENDO (w)
Verschulden, das in einer nicht sorgfältigen Auswahl besteht (vgl etwa die Haftung für Gehilfen gem § 1315 ABGB, § 831 BGB, Art 55 OR).

CULPA IN INSPICIENDO (w)
Verschulden durch nicht gehörige Überwachung und Kontrolle.

CULPA IN INSTRUENDO (w)
Verschulden durch mangelhafte Unterweisung.

CULPA IN PROCEDENDO (w)
Verschulden im Zuge der Prozessführung. Die culpa in proce-

dendo ist eine neuere Begriffsschöpfung (angelehnt an den schon seit dem 19. Jh gängigen Begriff der → culpa in contrahendo), die eine schuldrechtliche Sonderbeziehung zwischen den Parteien eines anhängigen Rechtsstreites postuliert, aus der Haftungsfolgen (zB für die missbräuchliche Stellung von Prozessanträgen, vgl auch § 408 öZPO) abgeleitet werden. Für den eigenen Rechtsvertreter besteht im Rahmen dieser prozessualen Sonderbeziehung eine Erfüllungsgehilfenhaftung (§ 1313a ABGB, § 278 BGB).

CULPA IN TESTANDO (w)
Verschulden im Zuge der Errichtung eines Testaments.
Wird eine zunächst als sicher hingestellte letztwillige Zuwendung ohne gebotene Information des Bedachten widerrufen, so kann dies, ungeachtet der prinzipiellen Möglichkeit der Aufhebung einer bereits errichteten letztwilligen Verfügung (§ 713 ABGB), eine Haftung auf den Vertrauensschaden (dh des Schadens, der bei entsprechender Information des doch nicht Bedachten nicht zustande gekommen wäre) auslösen.

CULPA LATA (w)
Grobe Fahrlässigkeit; eine auffallende Sorglosigkeit (zB bei Kombination mehrerer Risikofaktoren durch einen Schädiger: der kurzsichtige Lenker fährt alkoholisiert ohne Brille mit überhöhter Geschwindigkeit).

CULPA LATA DOLO PROXIMA EST
Grobe Fahrlässigkeit kommt dem Vorsatz nahe (ähnlich D 11.6.1.1, D 16.3.32).
Für die Frage des Umfangs des Schadenersatzes ist gem § 1324 ABGB auch heute „böse Absicht" und „auffallende Sorglosigkeit" gleich zu behandeln.

CULPA LEVIS (w)
Leichte Fahrlässigkeit; ein geringes Versehen, das auch einem an sich sorgfältigen Menschen passieren kann (im Unterschied zur → culpa lata).

CULPA LEVISSIMA (w)
Leichteste Fahrlässigkeit, ein besonders geringes Versehen. (Vgl

den Begriff der „entschuldbaren Fehlleistung" in § 2 Abs 3, § 3 Abs 3 und § 4 Abs 3 öDNHG).

CULPA MINIMA (w)
Siehe → culpa levissima.

CULPA LUXURIA (w)
Siehe → luxuria.

CUM GRANO SALIS
„Mit einem Korn Salz" (gemeint: mit Vorbehalt, mit Einschränkungen). Positiv: ein Körnchen Wahrheit enthaltend.

CUM INFAMIA
Mit Schande, mit Schimpf.

CUM IURE SUCCESSIONIS = CUM IURE SUCCEDENDI
Mit dem Rechte der Nachfolge. Beispiel: Jemand wird als Stellvertreter eines bestimmten Amtsträgers oder eines sonstigen Funktionärs mit dem ausdrücklichen Zusatz eingesetzt, dass er dieser Person nach ihrem erfolgten Ausscheiden in der Funktion nachfolgt.

CUM LAUDE
Mit Lob (Auszeichnung bei einem Zeugnis). **Magna cum laude** = mit großem Lob; **summa cum laude** = mit höchstem Lob.

CUM TACENT CLAMANT
Wörtlich: Indem sie schweigen, rufen sie.
Bedeutung: ein „beredtes Schweigen" deutet auf eine bestimmte Antwort hin. Siehe auch → qui tacet consentire videtur.

CUM TEMPORE
Wörtlich: mit einer Zeitspanne. Abkürzung: c.t.
Angabe bei Ankündigungen „mit akademischem Viertel", 15 Uhr c. t. = 15 Uhr 15. Im Unterschied zu → sine tempore = pünktlich zur angegebenen Zeit.

CUM VIRIBUS
Wörtlich: mit den Kräften; mit dem Vermögen. Unter einer **cum viribus-Haftung** versteht man eine Haftung, die sich nicht auf das gesamte Vermögen einer Person erstreckt, sondern auf bestimmte Gegenstände beschränkt ist (zB **cum viribus hereditatis**: eine auf die Nachlassgegenstände beschränkte Haftung; im Unterschied zu → pro viribus).

CURA (w)
Sorge, Sorgfalt. Siehe auch → curatela.

CURA AVERTENDI MALA FUTURA (w)
Die auf die Abwendung zukünftiger Übel gerichtete Aufmerksamkeit (Sorge).

CURA IN EDUCANDO ET INSTRUENDO (w)
Sorgfalt in der Erziehung und Ausbildung.

CURA IN ELIGENDO (w)
Sorgfalt bei der Auswahl.

CURA IN INSPICIENDO (w)
Sorgfalt bei der Überwachung.

CURA IN REGENERANDO (w)
Sorgfalt bei der Erneuerung.

CURA POSTERIOR (w)
Wörtlich: spätere Sorge. Im Sinn von: Ein nachrangiges Problem, für das man nicht sofort, sondern zu einem späteren Zeitpunkt eine Lösung sucht.

CURATELA (w)
Kuratel, Vormundschaft, Pflegschaft, Sachwalterschaft.

CURATOR (m)
Ein Vormund, Sachwalter. Eine Person, die zur Besorgung fremder Angelegenheiten berufen ist.
Beispiele im römR: **curator furiosi** = Sachwalter für einen Gei-

steskranken, **curator prodigi** = Sachwalter zugunsten eines Verschwenders (→ prodigus), **curator minoris** = Sachwalter für einen Minderjährigen (dh in Rom: einer unter 25 Jahre alten, freien Person). Vgl §§ 187 ff, 268 ff ABGB, §§ 1773 ff, 1896 ff BGB, Art 368 ff ZGB.

CURATOR ABSENTIS (m)
Sachwalter für Abwesenden, Abwesenheitskurator. Ein von Gericht bestellter Sachwalter, der Angelenheiten für eine Person zu besorgen hat, die unbekannten Aufenthalts ist (vgl § 276 ABGB, § 1911 BGB, Art 392 ff ZGB).

CURATOR AD ACTUM (m)
Ein nur für ein bestimmtes Rechtsgeschäft bestellter Kurator. Auch **curator ad hoc** genannt.

CURATOR BONORUM (m)
Vermögensverwalter (mit der Befugnis und Verpflichtung, das ihm anvertraute Vermögen zu vertreten und zu verwalten).

CURATOR SPECIALIS (m)
Besonderer Kurator; Kurator, welcher für besondere (spezielle) Fälle bestellt wird.

CURATOR VENTRIS (m)
Sachwalter für die Leibesfrucht; er hat dafür zu sorgen, dass die Rechte des noch Ungeborenen erhalten werden (vgl § 274 ABGB, § 1912 BGB). Siehe auch unter → nasciturus pro iam nato habetur.

CURAVIT
Wörtlich: Er hat Sorge getragen (Vermerk bei Herausgabe eines Textes). Abk: cur.

CURIA REGIS (w)
Das Königsgericht.

CURRICULUM VITAE (s)
Wörtlich: Lebenslauf.

Bei Anträgen, Bewerbungen etc ist häufig die Beischließung eines Curriculum vitae erforderlich. Dieses soll die wichtigsten Daten aus dem Leben der Person (Ausbildung, Berufstätigkeit etc) enthalten.

CURSUS HONORUM (m)
Die Ämterlaufbahn (im römR).
Honos = (Ehren-)Amt.

CUSTODIA (w)
Wörtlich: Bewachung, Beaufsichtigung.
Im römR versteht man darunter den Haftungsmaßstab des sog niederen Zufalls; wer für custodia haftet, hat für den (einfachen) Diebstahl der Sache einzustehen.

CUSTODIA HONESTA (w)
Früher in manchen Fällen vorgesehene, nicht entehrende Haft (zB Hausarrest, Festungshaft für Offiziere).

D

DA MIHI FACTA, DABO TIBI IUS

Liefere mir die Tatsachen, dann werde ich dir das Recht geben. Bedeutung: Im Zivilprozess ist es Sache der Streitteile, dem Gericht den Sachverhalt vorzutragen und Beweise dafür anzuführen, hingegen obliegt es dem Gericht, die rechtliche Beurteilung der Sache vorzunehmen. Siehe auch → iura novit curia.

DAMNATUR

Wird verworfen, nicht druckbar (zB Manuskript), missbilligt.

DAMNUM CIRCA REM (s)

Wörtlich: Schaden bei der Sache; Schaden, welcher an der Sache selbst besteht (zB der sog Mangelschaden bei Sachmängeln). Im Unterschied zum → damnum extra rem.

DAMNUM EMERGENS (s)

Wörtlich: der auftretende Schaden. Damit meint man den sog positiven Schaden, dh die real beim Geschädigten auftretende Vermögensminderung, vgl § 1293 Satz 1 ABGB. Im Unterschied zum entgangenen Gewinn (→ lucrum cessans).

DAMNUM EXTRA REM (s)

Schaden außerhalb der Sache; Schaden, welcher eine entferntere Folge der zum Ersatz verpflichtenden Handlung bedeutet (zB die sog Mangelfolgeschäden bei Sachmängeln). Im Unterschied zu → damnum circa rem.

DAMNUM INIURIA DATUM (s)

Im römR: Bezeichnung für rechtswidrige und schuldhafte Sachbeschädigung bzw -zerstörung (→ Lex Aquilia).

DARE, FACERE, PRAESTARE

Geben (dare), tun (facere), gewährleisten (praestare). Mit diesen drei Ausdrücken umschreiben die röm Juristen den möglichen Inhalt einer schuldrechtlichen Verpflichtung.

DATIO (w)
Übergabe (einer Sache); auch: Schulderfüllung.

DATIO IN SOLUTUM (w)
Leistung an Zahlungs Statt, Leistung an Erfüllungs Statt. Sie wirkt wie eine Zahlung und ist somit wirkliche Befriedigung des Gläubigers (§ 1414 ABGB, § 364 BGB).

DATIO SOLUTIONIS CAUSA (w)
Leistung zahlungshalber (erfüllungshalber). Hier wird unter Anrechnung auf die geschuldete Leistung eine andere Leistung erbracht.

DEBELLATIO (w)
Kriegerische Bezwingung (des feindlichen Staates); Niederringung des Kriegsfeindes, wobei das Staatsgebiet des militärisch besiegten Gegners dem Sieger einverleibt wird.

DEBILITÄT (w)
Leichtere Form der Idiotie, Schwachsinnigkeit. Dabei ist die Zurechnungsfähigkeit nicht völlig ausgeschlossen (aber uU gemindert). Die Intelligenz erreicht hiebei nicht einmal den Grad, welcher bei Abschluss der Pubertät in der Regel vorhanden ist.

DEBITOR (m)
Der Schuldner; jemand, der einem anderen zu einer Leistung verpflichtet ist. Siehe auch → creditor.
Debitum = das Geschuldete, die Schuld.

DEBITOR CESSUS (m)
Wörtlich: der abgetretene Schuldner. Der Schuldner, dessen Schuld Gegenstand einer → cessio war, dh dass der Gläubiger seine Forderung gegen ihn auf jemand anderen übertragen hat.

DEBITRIX (w)
Die Schuldnerin. Siehe → debitor.

DEBITUM VITAE (s)
Wörtlich: das dem Leben Geschuldete. (In rechtsgeschäftlichen

Urkunden betreffend Vermögensübergabe manchmal verwendeter Ausdruck; gemeint ist damit der Tod.)

DE CUIUS

Derjenige, von dem ein Recht abgeleitet wird, insbes gebräuchlich als Bezeichnung für den Erblasser.

DEDIZIEREN

Zuwenden, schenken, widmen.

DEDUCTIO AD ABSURDUM (w)

Ableitung (Beweisführung), die ins Widersinnige führt. Siehe → argumentum ad absurdum.

DEDUCTIO SERVITUTIS (w)

Vorbehalt einer Dienstbarkeit (zB jemand veräußert eine Sache, behält sich an dieser aber eine Dienstbarkeit vor; in diesem Fall erhält der Erwerber ein mit der Dienstbarkeit belastetes Eigentum).

DEDUKTIV

Vom Allgemeinen abgeleitet (auf das Besondere schließend). **Deduzieren** = vom Allgemeinen ableiten.

DE FACTO

Faktisch, tatsächlich, von den Tatsachen her (im Unterschied zu → de iure = von Rechts wegen).

DEFENSOR MATRIMONII (m)

Verteidiger des Ehebandes (der im kirchlichen Ehetrennungsverfahren jene Argumente vorzubringen hat, die für ein Fortbestehen des Ehebandes sprechen), auch **defensor vinculi** genannt.

DEFINITIO(N) (w)

Wörtlich: Abgrenzung; Begriffsbestimmung.
Siehe auch → in iure civile omnis definitio periculosa est.

DEFLORATIO(N) (w)
Entjungferung.

DEFRAUDATIO(N) (w)
Veruntreuung; Betrug. **Defraudant** = Betrüger, Veruntreuer; **defraudieren** = betrügen, veruntreuen.

DE GUSTIBUS NON EST DISPUTANDUM
Über den Geschmack lässt sich nicht streiten. „Das ist Geschmackssache."

DE INTERNIS NON IUDICAT PRAETOR
Über das Innere einer Person urteilt der Prätor nicht. Die Gedanken sind frei.

DE IURE
Von Rechts wegen, aufgrund des Rechts (im Unterschied zu → de facto).

DE IURE CONDENDO
Vom zu schaffenden Recht aus. Siehe → de lege ferenda.

DE IURE CONDITO
Vom gesetzten Recht her. Siehe → de lege lata.

DEKLARATIV = DEKLARATORISCH
Lediglich erklärend, etwas (ohnedies bereits rechtlich bestehendes) bestätigend, bezeugend. Ein deklaratives Anerkenntnis hat zB lediglich die Funktion, ein bestehendes Recht anzuerkennen, ohne dieses zu schaffen (im Unterschied zu → konstitutiv).

DELATIO(N) (w)
Das Dargebotene, das Herabgetragene, die Anzeige.
Meist im Sinn von: Erbanfall, Berufung zu einer Erbschaft.
Im röm StrafR: Denuntiation einer Straftat.

DELEATUR
Es möge vernichtet, getilgt, weggestrichen werden. Eine Art Tilgungsvermerk bei Textkorrekturen. Siehe auch → cessat.

DELEGATIO(N) (w)

1. Übertragung der Zuständigkeit (zB im VerwaltungsR Übertragung der Zuständigkeit von einer zuständigen Behörde an eine andere, an sich nicht zuständige Behörde, welche dadurch zuständig wird).
2. Abordnung, offizielle Vertreter.
3. Insbes im römR bezeichnet Delegatio auch die Anweisung (siehe → assignatio). Dementsprechend nennt man den Anweisenden auch **Deleganten** (=Assignant), den Angewiesenen **Delegaten** (=Assignat) und den Anweisungsempfänger **Delegatar** (=Assignatar).

DELEGATIO OBLIGANDI (w)

Verpflichtungsanweisung. Anweisung, bei der der Anweisende den Angewiesenen anweist, eine Verpflichtung gegenüber dem Anweisungsempfänger einzugehen.

DELEGATIO SOLVENDI (w)

Zahlungsanweisung. Anweisung, bei der der Anweisende den Angewiesenen anweist, dem Anweisungsempfänger eine Leistung zu erbringen.

DE LEGE

Von Gesetzes wegen, vom Gesetz her, aufgrund des Gesetzes.
Siehe auch → ex lege.

DE LEGE FERENDA

Vom zu schaffenden Gesetz aus, vom zu erlassenden Gesetz her, von der Rechtslage aus, wie sie sein soll.
Eine Betrachtungsweise de lege ferenda orientiert sich an einem zukünftigen Rechtszustand, den man für wünschenswert hält. Im Unterschied zu → de lege lata.

DE LEGE LATA

Vom erlassenen Gesetz her, vom Standpunkt des geltenden Rechts aus, von der Rechtslage, wie sie derzeit ist.
Lex lata = ein bereits erlassenes Gesetz.

DELICTUM = DELIKT (s)
Ein Vergehen; eine Unrechtshandlung, die Sanktionen nach sich zieht.
Im römR: mit den Mitteln des Privatrechts zu ahndende Unrechtshandlung, die den Täter zu Schadenersatz und/oder Buße zugunsten des Geschädigten verpflichtet. Mz: **Delicta**.

DELICTUM COMMUNE (s)
Allgemeines Delikt (strafrechtlicher Begriff). Bedeutung: Delikt, bei welchem als möglicher Täter jedermann in Betracht kommen kann. (Im Unterschied zu Straftaten, zu deren Begehung als mögliche Täter nur bestimmte Personen in Frage kommen, wie zB Beamte beim Amtsmissbrauch.)

DELICTUM CONTINUUM (s)
Dauerdelikt. Es ist erst dann beendet, wenn der strafgesetzwidrig herbeigeführte und mit dem Willen des Täters aufrechterhaltene Zustand zu bestehen aufgehört hat (zB Freiheitsentziehung gem § 99 öStGB, § 239 dStGB, Art 183 f schwStGB).

DELICTUM SUI GENERIS (s)
Delikt eigener Art.

DELINQUENZ (w)
Kriminalität, das Vorhandensein von Straftaten. **Delinquent** = der ein Delikt Setzende, der Straftäter.

DELINQUITUR AUTEM AUT PROPOSITO AUT IMPETU AUT CASU
Ein Delikt wird entweder mit Vorsatz oder in einer heftigen Gemütsbewegung oder durch Zufall begangen (D 48.19.11.2).

DEMENTIA = DEMENZ (w)
Schwachsinnigkeit. **Dementia senilis** = Altersschwachsinn.

DE MINIMIS NON CURAT PRAETOR
Um Kleinigkeiten (Geringfügigkeiten) kümmert sich der Prätor (der römische Gerichtsmagistrat) nicht. Auch: **De minimis lex non curat** = um Kleinigkeiten kümmert sich das Gesetz nicht.

Bedeutung: Für kleinere Streitigkeiten unterhalb einer gewissen Maßgeblichkeitsgrenze stellt die Rechtsordnung keine Konfliktregelungsverfahren zur Verfügung.

DEMOKRATIE (w)

Volksherrschaft. Staatsform, in der die Herrschaft vom Volk ausgeht.

DEMONSTRATIO FALSA (w)

Siehe unter → falsa demonstratio non nocet.

DEMONSTRATIV

Hinweisend. Im Zusammenhang mit einer Aufzählung (zB von Tatbeständen in einem Gesetz) bedeutet es „andeutungsweise, auch noch andere Möglichkeiten zulassend, nicht erschöpfend". Der Gegensatz zu demonstrativ ist → taxativ.
Demonstrativ bedeutet aber in einem anderen Sinne auch: deutlich (auf etwas) hinweisend, um etwas zu zeigen.

DENEGATIO ACTIONIS (w)

Im römR: die Verweigerung der Klage; Weigerung des Prätors, für einen bestimmten Streit eine Klage zu gewähren.

DENEGATIO IURIS (w)

Rechtsverweigerung, Untätigkeit des Gerichts, Verweigerung des Rechtsschutzes.

DE NOVO

Von neuem, wiederaufgenommen.

DENUNTIATIO(N) (w)

Anzeige einer Straftat; meist abwertend im Sinn von „Vernaderung".

DEPONIEREN

Hinterlegen. Auch: eine Aussage machen, eine offizielle Stellungnahme abgeben, etwas bestimmt und im vollen Bewusstsein seiner Bedeutung erklären.

DEPOSITUM (s)
Verwahrung, Verwahrungsvertrag, Hinterlegungsvertrag (vgl heute §§ 957 ff ABGB, §§ 688 ff BGB, Art 472 ff OR).
Deponent = der zur Verwahrung Gebende (Hinterleger).
Depositar = der in Verwahrung Nehmende (Verwahrer).

DEPOSITUM IRREGULARE (s)
Irregulärer (unregelmäßiger) Verwahrungsvertrag. Verwahrungsvertrag, bei dem eine vertretbare Sache (zB Geld) übergeben wird und dem Verwahrer – anders als beim regulären Depositum – der Gebrauch der Sache eingeräumt wird. Der Verwahrer erwirbt hier idR Eigentum an den Sachen und ist – wie beim Darlehen – bloß zur Rückgabe von Sachen derselben Art verpflichtet (vgl § 959 ABGB, § 700 BGB, Art 481 OR sowie die irreguläre Verwahrung von Wertpapieren gem § 8 öDepotG, § 15 dDepotG).

DEPUTATIO(N) (w)
Abordnung von Mitgliedern einer Vereinigung; diese ist ermächtigt, namens und im Auftrag der sie entsendenden Vereinigung Erklärungen abzugeben und zu handeln.

DERELICTIO = DERELIKTION (w)
Preisgabe (einer Sache durch den Eigentümer). Eine Dereliktion liegt vor, wenn der Eigentümer einer Sache den Besitz an ihr aufgibt und dabei den Willen hat, auch das Eigentum aufzugeben (ohne es unmittelbar an jemanden anderen zu übertragen). Siehe auch unter → occupatio und → res nullius.
Derelinquieren = preisgeben.
Res derelictae = Sachen, die vom Eigentümer preisgegeben wurden.

DERIVATIV
Von etwas abgeleitet.
Derivativer Besitzerwerb liegt vor, wenn der Besitz vom bisherigen Besitzer auf den neuen Besitzer übertragen wurde.
Derivativer Eigentumserwerb liegt vor, wenn der bisherige Eigentümer sein Recht auf den neuen Eigentümer übertragen hat (bei dem also das Eigentum „vom Recht des Vormannes abgeleitet" ist).

derogatio

Der Gegenbegriff dazu ist → originär.
Siehe auch → nemo plus iuris transferre potest quam ipse habet.

DEROGATIO(N) (w)
Aufhebung einer Rechtsregel durch eine spätere.
Formelle Derogation liegt vor, wenn die aufhebende Norm die Derogation ausdrücklich ausspricht („damit wird § X des Gesetzes Y aufgehoben"). Ergibt sich die Derogation hingegen bloß aus dem unterschiedlichen Inhalt der späteren Regelung, spricht man von einer **materiellen Derogation**.
Derogieren = aufheben; **derogatorisch** = aufhebend; **derogiert** = aufgehoben.
Beachte: Das Verb „derogieren" verlangt den dritten Fall (Dativ), zB „dieses Gesetz derogiert der bisherigen Vorschrift, dem bisherigen Gesetz".
Siehe auch → lex posterior, → lex specialis, → abrogatio.

DEROGATORISCHE KLAUSEL
Aufhebungsklausel; Bestimmung, durch die etwas bezüglich der Aufhebung einer anderen Bestimmung angeordnet wird.

DESKRIPTIV
Beschreibend.

DESUETUDO (w)
Wörtlich: Abgewöhnung.
Gewohnheitsrechtliche Außerkraftsetzung einer Rechtsregel, dh Aufhebung einer Regel durch langandauernde Nichtbeachtung durch die Rechtsgemeinschaft mit der Überzeugung, dass die Regel nicht mehr gilt. Siehe auch → consuetudo.

DESZENDENTEN (m, Mz)
Verwandte in absteigender Linie (Nachkommen: Kinder, Enkel, Urenkel usw), im Unterschied zu → Aszendenten.

DETENTIO(N) (w)
Innehabung, Gewahrsame, die bloße Sachgewalt (→ corpus) über eine Sache (vgl §§ 309, 318 f ABGB).
Der **Detentor** (= Fremdbesitzer, Inhaber) hat die Sache nicht

für sich selbst, sondern für jemanden anderen (→ alieno nomine) inne; so zB der Verwahrer (für den Hinterleger). Siehe auch
→ causa detentionis.

DETERIORATIO(N) (w)
Wertminderung, Verschlechterung einer Sache.

DETERMINISMUS (m)
Lehre von der Vorbestimmtheit. Im Strafrecht: Lehre von der Unfreiheit des menschlichen Willens (im Gegensatz zum **Indeterminismus** = **Voluntarismus**, der Lehre von der Willensfreiheit).

DEVALUATION = DEVALVATION (w)
Währungsabwertung.

DEVASTATIONSKLAGE
Dingliche Klage (→ actio in rem) des Pfandgläubigers auf Unterlassung von Einwirkungen, die das Pfandrecht beeinträchtigen bzw den Wert der Pfandsache vermindern.

DEVIATIO(N) (w)
Abweichung (vom Normalen). **Deviant** = abweichend.

DEVINKULIERUNG (w)
Aufhebung der „Sperre" von Wertpapieren (Gegenbegriff zur → Vinkulierung).

DEVOLUTION = DEVOLVIERUNG (w)
Abwälzung, Rechtsübergang.
Devolutionsantrag ist ein Rechtsbehelf im VerwaltungsverfahrensR, mit dem man bei mehr als sechsmonatiger Säumnis einer Behörde den Übergang der Zuständigkeit an die nächsthöhere Behörde bewirken kann.

DEZENTRALISATION (w)
Aufteilung von Agenden (vor allem der Verwaltung) auf kleinere, örtlich verstreute Einheiten (Gegenteil von „Zentralisation").

DEZERNAT (s)
Geschäftsbereich eines Sachbearbeiters (Dezernenten). Auch „Referat" genannt.

DEZIDIERT
Entschieden, ausdrücklich bestimmt, genau.

DIC CUR HIC
Sage, warum du hier bist. („Was hattest du am Tatort zu tun?")

DICITUR
Wörtlich: Es wird gesagt, man sagt es, man behauptet es (im Französischen: „on dit").

DICTA ET PROMISSA (s)
Zugesagtes und Versprochenes (zB durch den Verkäufer zugesicherte Eigenschaften einer Ware).

DICTUM = DIKTUM (s)
Ausspruch, Meinung, Maxime. Siehe auch → obiter dictum.

DIES (m)
Tag, auch: Termin, Befristung. Siehe auch → dies certus.

DIES AD QUEM (m)
Wörtlich: Der Tag, bis zu welchem. Bedeutung: Fristende.

DIES A QUO (m)
Wörtlich: Der Tag, von welchem an. Bedeutung: Fristbeginn.

DIES CERTUS (m)
Wörtlich: Der bestimmte (sichere) Tag.
Bedeutung: Ein Ereignis, von dem sicher ist, dass es eintritt. Bei einer **Befristung** wird von einem dies certus eine Rechtswirkung abhängig gemacht. Man unterscheidet dabei den Fall, dass auch bekannt ist, wann dieser Zeitpunkt sein wird (**dies certus, certus quando** = ein sicherer Zeitpunkt, sicher auch wann, zB „am 15.Juli 2010") und den Fall, dass zwar sicher ist, dass der Zeit-

punkt kommen wird, unsicher aber, wann (**dies certus, incertus quando**, zB „nach dem Tod des A").

DIES INCERTUS (m)

Wörtlich: Der unsichere Tag.
Bedeutung: Ein zukünftiges, ungewisses Ereignis.
Ist von einem dies incertus eine Rechtswirkung abhängig, so spricht man von einer → conditio (Bedingung).
Dabei unterscheidet man den Fall, dass zwar unsicher ist, ob das Ereignis stattfindet, sicher aber, wann das wäre (**dies incertus, certus quando** = unsicher ob, sicher wann, zB „wenn er 25 Jahre alt geworden sein wird") oder aber, dass sowohl Eintritt als auch Zeitpunkt unsicher sind (**dies incertus, incertus quando** = unsicher ob, unsicher wann, zB „wenn ich im Lotto gewonnen haben werde").

DIES INTERPELLAT PRO HOMINE

Der Termin mahnt für den Menschen.
Bedeutung: Bei Schulden mit bestimmtem Zahlungstermin bedarf es keiner Mahnung, sondern der Schuldner ist bereits dann im Verzug (→ mora debitoris), wenn er den Termin nicht einhält.
Siehe auch → lex interpellat pro homine.

DIES (LEGATI) CEDENS (m)

Anfallstag des Vermächtnisses; Tag der Entstehung des Vermächtnisanspruches (vgl § 684 ABGB, §§ 2176 ff BGB, Art 543 ZGB). Dieser ist in der Regel der Todestag des Erblassers.

DIES (LEGATI) VENIENS (m)

Wörtlich: der kommende Tag des Vermächtnisses. Tag der geschuldeten Erfüllung des Vermächtnisses (vgl § 685 ABGB, § 2181 BGB, Art 562 ZGB).

DIFFERENTIA SPECIFICA (w)

Der das Wesen ausmachende Unterschied, das unterscheidende Merkmal, die eigentümliche Charakteristik.

DIGESTA IUSTINIANI (n, Mz)
Die Digesten Justinians; jener Teil des → corpus iuris civilis, welcher in 50 libri (→ liber) Exzerpte der Schriften klassischer römischer Juristen enthält (von lat digerere = einteilen, ordnen, systematisch zusammenfassen).

DIKTATUR (w)
Alleinherrschaft; unbeschränkte Herrschaft einer Person oder einer Gruppe.
In der römischen Republik war der **Diktator** (wörtlich: der Vorsager) ein in Krisenzeiten für höchstens sechs Monate mit unbeschränkter Staatsgewalt ausgestatteter oberster Amtsträger.

DIKTION (w)
Sprechweise, Ausdrucksweise, auch: Schreibweise, Stil.

DILATORISCH
Hinhaltend, aufschiebend. **Dilatorische Einreden** sind Einreden, die einen Anspruch zwar nicht vernichten, wohl aber seine Durchsetzung für eine bestimmte Zeit hemmen (hinausschieben).

DILIGENTIA DILIGENTIS PATRIS FAMILIAS (w)
Sorgfalt eines aufmerksamen Hausvaters (diligens pater familias). Der übliche Sorgfaltsmaßstab im röm Schadenersatzrecht (iS von: „wie hätte sich ein ordentlicher Mensch in der Situation verhalten").
Unter **diligentia diligentissimi** versteht man demgegenüber die Sorgfalt eines außerordentlich sorgfältigen Menschen (die höchste denkbare Sorgfalt, → diligentia exactissima).

DILIGENTIA EXACTISSIMA (w)
Außergewöhnliche, vollkommenste Sorgfalt.

DILIGENTIA QUAM IN SUIS REBUS (w)
Die Sorgfalt, die man in der Regel in seinen eigenen Angelegenheiten anzuwenden pflegt (auch → culpa in concreto).
Vgl etwa im deutschen Recht die Haftung des kraft Gesetzes zum Rücktritt Berechtigten (§ 346 Abs 3 Z 3 BGB), des unentgeltlichen Verwahrers (§ 690 BGB), des Gesellschafters (§ 708

BGB), des Ehegatten und des Lebenspartners (§ 4 Lebenspartnerschaftsg), auch in diesen Fällen wird aber jedenfalls für grobe Fahrlässigkeit gehaftet (§ 277 BGB). Im schweizerischen Recht die Haftung des Gesellschafters gem Art 538 Abs 1 OR. Im österreichischen Recht wurde die Haftung für diligentia quam in suis rebus im Zuge der Handelsrechtsreform 2005 im Personengesellschaftsrecht abgeschafft.

DIRECTIS VERBIS
In direkten Worten (also „unverblümt", nicht symbolisch).

DISKRIMINIERUNG (w)
Ungleichbehandlung, Benachteiligung.

DISKUTABEL
Erwägenswert (Gegensatz: indiskutabel).

DISLOZIERT
Örtlich verlegt, entfernt gelegen.

DISMEMBRATIO (w)
Auflösung der Glieder; im VölkerR: Staatsuntergang durch Zerfall (in einzelne Teile).

DISPENS (w)
Nachsicht, Befreiung (von einer bestimmten Verpflichtung oder von einer bestimmten Voraussetzung).

DISPOSITIO(N) (w)
Verfügung, Übertragung oder Modifikation eines bestehenden Rechts.

DISPOSITIONSPRINZIP
Auch **Dispositionsmaxime** oder **Parteienmaxime** genannt.
Das Recht der Parteien, über den Klagsgegenstand zu verfügen. Grundsatz, wonach es jeder Partei freisteht, ob und welche Rechtsschutzansprüche sie gerichtlich geltend machen will. Gemäß § 405 öZPO ist das Gericht nicht berechtigt, einer Partei

etwas zuzusprechen, was von ihr nicht beantragt wurde (→ ultra petita). Vgl auch § 128 dZPO.

DISPOSITIV-URKUNDEN

Urkunden, welche ein Recht oder Rechtsverhältnis begründen, aufheben oder verändern (zB Testamente, Wechsel ua; im Unterschied zu Deklarativurkunden).

DISPUT (m)

Wortstreit, Wortwechsel.

DISSENS(US) (m)

Meinungsverschiedenheit, Uneinigkeit, Nichtübereinstimmen von Willenserklärungen. Gegenbegriff zu → consensus.
Tritt die Nichtübereinstimmung äußerlich in Erscheinung, spricht man von **offenem Dissens** (A sagt: „Ich verkaufe es Dir um 100." B antwortet „Ja, ich kaufe es um 50."), anderfalls von **verstecktem Dissens** (zB beide Parteien reden von Dollar, der eine meint amerikanische, der andere kanadische).

DISSENSUS IN NEGOTIO (m)

Uneinigkeit hinsichtlich der Art des abgeschlossenen Geschäftes (zB wenn der eine den Geldbetrag als Darlehen überlassen wollte, der Empfänger ihn hingegen für ein Geschenk hielt). Man spricht auch von → error in negotio.

DISSERTATION (w)

Abhandlung; im Speziellen: Doktorarbeit.
Dissertant = der an einer Dissertation Arbeitende.

DISSIMULATIO(N) (w)

Wörtlich: das Unkenntlichmachen, die Verstellung, Verheimlichung.
Als dissimuliertes (verdecktes) Geschäft bezeichnet man bei einem Schein- bzw Umgehungsgeschäft jenes Geschäft, das die Parteien eigentlich schließen wollten (vgl § 916 Abs 1 Satz 2 ABGB, § 117 Satz 2 BGB). Siehe auch → Simulation.

DISTANTIA LOCI (w)
Räumliche Entfernung von einem Ort (zB vom Gerichtsort, zivilproz Begriff).

DISTANZDELIKT
Delikt, bei dem Handlung und Erfolg zeitlich oder örtlich auseinanderfallen (zB Schuss über die Grenze).

DISTINCTIO = DISTINKTION (w)
Unterscheidung.

DIVIDENDE (w)
Wörtlich: das Aufzuteilende.
Gewinnausschüttung (insbes Beteiligung am Gesellschaftsgewinn bei Kapitalgesellschaften).

DIVISIO CANONICA (w)
Wörtlich: kirchenrechtliche Teilung. Begriff im Intestaterbrecht, wonach die Verteilung des Nachlasses eines röm-kath Geistlichen in der Weise geschieht, dass je ein Drittel der Kirche, den Ortsarmen und den Verwandten des Erblassers zufällt (früher im ö Recht durch verschiedene Hofkanzleidekrete aus dem 19. Jh geregelt, vgl noch § 761 ABGB).

DIVORTIUM (s)
Trennung, Ehescheidung.

DOCTOR (m)
Wörtlich: Gelehrter. Akademischer Grad, zB Dr. iur.: Doktor (oder Doktorin) der Rechtswissenschaften.

DOCTOR HONORIS CAUSA (m)
Doktor ehrenhalber; Titel aus einem von einer Universität verliehenen Ehrendoktorat. Abgekürzt: Dr.h.c.

DOCTOR IURIS UTRIUSQUE (m)
Akademischer Grad eines Doktors beider Rechte (nämlich des weltlichen und des kirchlichen Rechts).

DOCTRINA = DOKTRIN (w)
Lehre, Lehrmeinung.

DOGMA (s)
(Festgelegte) Lehrmeinung, Lehrsatz.
In der Theologie: kirchlicher Glaubenssatz mit dem Anspruch unbedingter Geltung.

DOGMATIK (w)
Wissenschaftliche Darstellung von Dogmen.
Im jurist Sprachgebrauch meint man damit meist die systematische Durchdringung eines bestimmten Bereiches des (geltenden) Rechts (zB Strafrechtsdogmatik, Dogmatik des ZivilR etc).

DOKTRINELLE INTERPRETATION (w)
Interpretation durch die Lehre (Wissenschaft); im Unterschied zur Interpretation durch den Rechtserzeuger (sog → authentische Interpretation), aber auch im Unterschied zur Interpretation durch die Rechtsanwender (Gerichte, Behörden).

DOLI CAPAX
Wörtlich: zur Arglist fähig; deliktsfähig.

DOLO FACIT (bzw PETIT), QUI PETIT, QUOD (STATIM) REDDITURUS EST
Arglistig handelt, wer dasjenige verlangt, was er (aus einem anderen Rechtsgrund) sogleich wieder wird zurückgeben müssen. Rechtsmissbräuchlich erscheint es, eine Sache herauszuverlangen, von der man weiß, dass sie sogleich zurückzugeben ist.

DOLO MALO
In schlechter Absicht, böswillig, arglistig (im Unterschied zu → bona fide). **Dolus malus** = die böse Absicht, im Gegensatz zum **dolus bonus** = erlaubte List.

DOLUS (m)
(Böser) Vorsatz (zB bei Begehung einer Straftat, vgl § 5 öStGB, § 15 dStGB, Art 18 schwStGB). Unter Vorsatz versteht man allgemein das Handeln mit dem Bewusstsein und dem Willen,

einen Schaden herbeizuführen; **dolos** = vorsätzlich. Siehe auch → exceptio doli.

DOLUS ALTERNATIVUS (m)

Alternativvorsatz. Der Täter sieht hiebei mehrere einander ausschließende Erfolge seiner Handlung voraus und will einen davon (egal welchen) herbeiführen. ZB: Der Täter schießt bewusst auf eine Gruppe von Menschen, ohne dass es ihm darauf ankommt, wen er trifft.

DOLUS COLORATUS (m)

Wörtlich: gefärbter Vorsatz.
Bei manchen Delikten wird neben dem allgemeinen Tatvorsatz noch eine weitere, ganz bestimmte Absicht vorausgesetzt. ZB: Der Straftatbestand des Diebstahls erfordert neben der vorsätzlich rechtswidrigen Wegnahme einer fremden beweglichen Sache auch noch die Bereicherungsabsicht.

DOLUS DIRECTUS SPECIALIS (m)

Absichtlichkeit (vgl etwa § 5 Abs 2 öStGB). Der Täter handelt absichtlich, wenn es ihm darauf ankommt, den schädlichen Erfolg seiner Handlung herbeizuführen; zB sehen § 87 öStGB, § 226 Abs 2 dStGB eine eigene Strafdrohung für absichtliche schwere Körperverletzung vor.
Unter **Dolus directus** verstehen manche auch den einfachen Vorsatz (Täter will den Schaden herbeiführen, § 5 Abs 1 HS 1 öStGB) im Gegensatz zum → dolus eventualis.

DOLUS EVENTUALIS (m)

Bedingter Vorsatz (§ 5 Abs 1 HS 2 öStGB). Dieser liegt vor, wenn der Täter einen gewissen Erfolg ernstlich für möglich hält und ihn billigend in Kauf nimmt. Grundsätzlich genügt bei Vorsatzdelikten bereits der bedingte Vorsatz.

DOLUS GENERALIS (m)

Allgemeiner Vorsatz (bezüglich eines bestimmten schädlichen Erfolgs).
Mit dolus generalis handelt ein Täter, der einen bestimmten

dolus malus

Erfolg herbeiführen will und diesen letztlich auch herbeiführt – allerdings durch andere Handlungen, als er sich vorgestellt hat.
ZB: Eine Mutter will das neugeborene Kind töten und würgt es in dieser Absicht. Um die Spuren ihrer Tat zu beseitigen, wirft sie die vermeintliche Leiche in einen Fluss. Es stellt sich in der Folge heraus, dass der Tod des Kindes erst durch Ertrinken eingetreten ist.

DOLUS MALUS (m)
Böse Absicht. Siehe unter → dolo malo.

DOLUS NON PRAESUMITUR
Vorsatz (Arglist) wird nicht vermutet.

DOLUS PRAEMEDITATUS (m)
Vorgefasste böse Absicht (vorher genau überlegter Vorsatz; zum Unterschied zum plötzlichen Vorsatz → dolus repentinus). Die Unterscheidung zwischen diesen Arten des Vorsatzes ist lediglich für die Strafbemessung, nicht aber für das Zustandekommen des Deliktstatbestandes von Belang, vgl § 32 Abs 3 öStGB, § 46 Abs 2 dStGB.

DOLUS REPENTINUS (m)
Plötzlich aufgetretener Vorsatz (im Unterschied zum → dolus praemeditatus).

DOLUS SEMPER PRAESTATUR
Für bösen Vorsatz (Arglist) haftet man immer.
Zwar steht es im PrivatR den Parteien frei, die Haftung für Schäden vertraglich auszuschließen, eine solche Haftungseinschränkung umfasst aber nie vorsätzlich zugefügte Schäden (vgl etwa § 276 Abs 3 BGB).

DOLUS SUBSEQUENS = DOLUS SUCCEDENS (m)
Nachfolgender Vorsatz, nachträglicher Vorsatz. Eine erst nach Vollendung der Tat entstandene böse Absicht zieht nicht die Folgen einer Vorsatztat nach sich, weil für den Vorsatz grundsätzlich der Zeitpunkt der Tathandlung maßgeblich ist. Gleichbedeutend: **dolus superveniens**; siehe auch → mala fides superveniens.

DOLUS SUUS NEMINEM RELEVAT
Niemandem hilft seine eigene Arglist.

DOMICILIUM (s)
Der Wohnsitz einer Person.

DOMINIUM (s)
Herrschaftsrecht, Eigentum; das umfassendste dingliche Recht; das Recht über Substanz und Nutzungen einer Sache zu verfügen (vgl §§ 354 ff ABGB, §§ 903 ff BGB, Art 641 ff ZGB).

DOMINIUM DIRECTUM (s)
Obereigentum: In der mittelalterlichen Feudalgesellschaft erschien das Eigentum an Grund und Boden zwischen dem Lehnsherrn und dem Lehnsnehmer geteilt. Das Obereigentum des Feudalherrn wird als dominium directum, das Nutzungseigentum des Lehnsnehmers als → dominium utile bezeichnet (vgl noch § 357 ABGB).

DOMINIUM EMINENS (s)
Wörtlich: herausragendes, erhabenes Eigentum. Ausdruck aus der neuzeitlichen Staatsrechtslehre, mit dem das übergeordnete Recht des Souveräns bezeichnet wird. Die Privatrechte der Bürger erscheinen als von diesem dominium eminens abgeleitete Rechte, die – etwa zu Zwecken der Enteignung im öffentlichen Interesse – auch wieder entzogen werden können.

DOMINIUM EX IURE QUIRITIUM (s)
Wörtlich: Eigentum aufgrund des Rechts römischer Bürger.
Im römR Bezeichnung für das Eigentum nach ius civile, im Unterschied zum sog bonitarischen Eigentum, welches aufgrund prätorischer Rechtsschöpfung anerkannt wurde. Der Unterschied besteht im Wesentlichen in der Art der Klage, die zur Durchsetzung des Eigentums dient: im einen Fall die (zivile) → rei vindicatio, im anderen die (prätorische) → actio Publiciana.

DOMINIUM PLENUM (s)
Vollständiges, ungeteiltes, uneingeschränktes Eigentum.

DOMINIUM UTILE (s)
Untereigentum, das Nutzungseigentum des Lehnsnehmers, im Unterschied zum → dominium directum. (Die Bezeichnung leitet sich von der → rei vindicatio utilis ab, der dinglichen Klage aus dem eigentumsähnlichen Recht des Erbpächters im römR.)

DOMINUS (m)
Herr, Herrscher, Eigentümer.

DOMINUS LITIS (m)
Wörtlich: Herr des Rechtsstreites; Herr über den Rechtsstreit. Bedeutung: der über den Prozessgegenstand Verfügungsberechtigte (Zivilprozess). In der Regel ist dies der Kläger. Die Entscheidung in der Sache selbst ist freilich dem Richter vorbehalten.

DOMINUS NEGOTII (m)
Herr des Geschäftes, Geschäftsherr. Bei der → negotiorum gestio derjenige, für den der Geschäftsführer ohne Auftrag das Geschäft besorgt (vgl §§ 1035 ff ABGB, §§ 677 ff BGB, Art 419 ff OR).

DONATIO (w)
Schenkung; die unentgeltliche Zuwendung eines Vermögenswertes (vgl §§ 938 ff ABGB, §§ 516 ff BGB, Art 239 ff OR).

DONATIO ANTE NUPTIAS (w)
Im römR: eine vor der Eheschließung aus dem Grund der Eheschließung erfolgende Schenkung des Mannes an die Frau.
Auch **donatio propter nuptias** = Schenkung wegen der Ehe.
Da sie – ähnlich der Mitgift (→ dos) – vor allem für die nacheheliche Versorgung der Ehefrau bedeutsam war, wird sie auch → contrados genannt.

DONATIO INTER VIRUM ET UXOREM (w)
Schenkung unter Ehegatten (wörtlich: unter Ehemann und Gattin). Nach römR war eine solche Schenkung absolut nichtig.

DONATIO INTER VIVOS (w)
Schenkung unter Lebenden, im Unterschied zur → donatio mortis causa.

DONATIO MORTIS CAUSA (w)

Schenkung auf den Todesfall. Schenkung, die erst mit dem Tode des Schenkenden wirksam wird (vgl § 956 ABGB, § 2301 BGB und in Art 245 Abs 2 OR.

DONATIO RECIPROCA (w)

Wechselseitige Schenkung. Einfache Schenkung mit Gegengeschenk. (Dabei besteht jede der beiden Schenkungen für sich selbst als einfache Schenkung.)

DONATIO REMUNERATORIA (w)

Belohnende Schenkung (zB aus Erkenntlichkeit, in Anerkennung von Verdiensten, vgl § 940 ABGB).

DONATIO SUB MODO (w)

Schenkung unter einer Auflage (→ modus). Sie liegt zB dann vor, wenn dem Beschenkten die Auflage erteilt wird, das Geschenkte nur auf eine bestimmte Weise zu verwenden.

DOS (w)

Heiratsgut, Mitgift. Dasjenige Vermögen, welches von der Ehegattin oder für sie von einem Dritten dem Manne zur Erleichterung des ehelichen Aufwandes übergeben bzw zugesichert wird (vgl § 1218 ABGB).

DOS NECESSARIA (w)

Wörtlich: notwendiges Heiratsgut.

Heiratsgut, zu dessen Bestellung gewisse Personen verpflichtet sind (vgl §§ 1220 ABGB).

DOS RECEPTITIA (w)

Zurückfallendes Heiratsgut.

Im römR: ein von einem Dritten bestelltes Heiratsgut, das im Falle der Beendigung der Ehe (zB bei Tod der Frau) an den Gebenden zurückzuerstatten ist (vgl heute noch § 1229 ABGB). Der Gegenbegriff dazu ist **dos adventitia**, eine Mitgift, die bei Tod der Frau dem Ehemann verbleibt.

DOS VOLUNT(U)ARIA (w)
Freiwillig bestelltes Heiratsgut. Im Unterschied zur → dos necessaria.

DOTATIO(N) (w)
Ausstattung. **Dotieren** = ausstatten (ursprünglich im Sinn von: mit Heiratsgut ausstatten).

DOTIS DICTIO = DOTIS PROMISSIO (w)
Im römR: mündliches Versprechen, eine Mitgift zu bestellen. Die dotis promissio zählt zu den → Verbalkontrakten.

DO UT DES
Wörtlich: Ich gebe, damit du gibst.
Gebräuchlich als allgemeiner Ausdruck für ein → Synallagma, dh ein wechselseitig verpflichtendes Schuldverhältnis.

DO UT FACIAS
Ich gebe, damit du etwas Bestimmtes tust. (→ facio, ut des = Ich tue, damit du gibst; → facio, ut facias = Ich tue, damit du tust.)

DOZENT (m)
Lehrender, Vortragender; insbes eine mit → venia docendi ausgestattete Person (Universitätsdozent).

DUALISMUS (m)
Wirksamkeit von zwei Mächten, Wirksamkeit von zwei Prinzipien; Zwiespältigkeit; das Nebeneinanderbestehen von zwei Einflusssphären.

DUBIOS
Zweifelhaft, nicht sicher; zB „dubiose Forderungen" (zweifelhaft, was ihre Einbringlichkeit betrifft).

DUPLICATIO = DUPLIK (w)
Gegenantwort; Erwiderung auf eine Replik (Gegeneinrede). Siehe auch → exceptio sowie → replicatio.

DUPLIZITÄT (w)
Doppeltes Vorkommen, Verdoppelung.

DUPLUM (s)
Das Doppelte, Doppelstück, Zweifaches (zB die Ausfertigung ergeht „**in duplo**" = doppelt). **Triplum** = das Dreifache; **quadruplum** = das Vierfache.

DURA LEX SED LEX
Es ist ein hartes Gesetz, aber es ist Gesetz.
Ähnlich: **Durum hoc est, sed ita lex scripta est** = Hart ist das, aber so ist das Gesetz geschrieben.

E

EADEM CAUSA (w)
Dieselbe Sache, derselbe Rechtsgrund, dieselbe Rechtsangelegenheit. Siehe auch → ne bis in idem.

EADEM SPECIES (w)
Ebendieselbe Sache (zB beim Leihevertrag muss der Entlehner die entliehene Sache als solche unversehrt zurückstellen).
Im Unterschied zu → tantundem eiusque generis ac qualitatis = ebensoviel derselben Gattung und Qualität.

EDICTUM (s)
Im römR: eine generelle Rechtsnorm, die von einem mit **ius edicendi** (Recht, Edikte zu erlassen) ausgestatteten Magistraten erlassen wurde. Für die Jurisprudenz besonders bedeutsam war das Edikt des Prätors, in dem dieser zu Beginn seines Amtsjahres bekanntgab, welche Klagen, Einreden usw er gewähren werde, sowie die für die Marktgerichtsbarkeit geltenden Edikte der kurulischen Ädilen.

EDICTUM PERPETUUM (s)
Wörtlich: ewiges Edikt.
Die vom Hochklassiker Julian 130 n Chr abgeschlossene Endversion des prätorischen Edikts (welches ab da nicht mehr verändert wurde).

EDIKT (s)
Eine obrigkeitliche Verordnung bzw ein Erlass, der öffentlich ausgehängt wird.
Unter einer **Ediktal-Ladung** versteht man zB eine Ladung der rechtlich Interessierten durch Anschlag der Ladung an einem öffentlich zugänglichen Ort.

EDITIO(N) (w)
Herausgabe.
Editionspflicht heißt die einer Partei vom Gericht auferlegte Pflicht zur Vorlage einer bestimmten, für die Sachverhaltsermitt-

lung erheblichen Urkunde (vgl §§ 303 ff ZPO, §§ 422 f dZPO, Art 50 BZP).

EDITIO PRINCEPS (w)

Erste Herausgabe eines Werkes, erste Auflage eines Buches (Begriff im Urheberrecht, vgl § 1173 ABGB).

EI INCUMBIT PROBATIO, QUI DICIT, NON QUI NEGAT

Die Beweisführung obliegt dem, der einen Anspruch behauptet, nicht aber der bestreitenden Partei (Grundsatz der Beweislastverteilung, siehe auch → actori incumbat probatio).

EIUS EST NOLLE, CUIUS EST VELLE

Wörtlich: Es ist Sache dessen, etwas nicht zu wollen, dessen Sache es ist, zu wollen. Bedeutung: Rechtserheblich ist nur das Nichtwollen einer Person, auf deren Willen es ankommt.

EIUS NULLA CULPA EST, CUI PARERE NECESSE EST

Den trifft kein Schuldvorwurf, der zwangsweise gehorchen musste (vgl den Begriff des „Befehlsnotstandes").

ELABORAT (s)

Ausarbeitung (zB eines Berichtes, Referates).

ELEGANTIA IURIS (w)

Geschmack (Feinheit, Anstand, Fairness) bei der Anwendung des Rechtes.

ELOQUENZ (w)

Beredsamkeit.

EMANCIPATIO = EMANZIPATION (w)

Im römR: Entlassung eines Hauskindes aus der väterlichen Gewalt.
Emancipatus = Freigelassener.

EMERITIERT
(Aus Altersgründen) außer Dienst gestellt, entpflichtet. Abkürzung: em. oder emerit.

EMPTIO VENDITIO (w)
Wörtlich: Kauf-Verkauf.
Im römR: Bezeichnung für den Kaufvertrag, dh den durch Einigung über Ware und Preis zustandekommenden Vertrag.
Emptor = Käufer.

EMPTIO AD GUSTUM (w)
„Kauf auf Gefallen" (Kauf auf Probe). Kauf unter Vorbehalt der Prüfung und Billigung der Ware durch den Käufer innerhalb einer bestimmten Frist (vgl §§ 1080 ff ABGB, §§ 454 f BGB, Art 223 ff OR).

EMPTIO REI SPERATAE (w)
Kauf einer erhofften Sache. Der Kauf ist dabei aufschiebend bedingt abgeschlossen: Entstehen und Umfang der Rechtswirkungen hängen davon ab, ob die Sache entsteht. ZB der Verkauf des nächsten Fohlens eines bestimmten Pferdes, oder der zukünftigen Apfelernte um einen bestimmten Preis pro Kilo. Kommt kein Fohlen auf die Welt bzw keine Ernte zustande, so hat der Käufer auch nichts zu bezahlen (vgl § 1275 ABGB). Zu unterscheiden von der → emptio spei.

EMPTIO SPEI (w)
Hoffnungskauf, Kauf einer Chance. Dabei handelt es sich um einen Glücksvertrag (vgl § 1276 ABGB), weil der Käufer den Kaufpreis bezahlen muss, unabhängig davon, ob sich die Chance realisiert (zB Kauf eines Loses). Zu unterscheiden von der → emptio rei speratae.

EO IPSO
Allein schon durch dieses selbst. Eben dadurch.

ERGA OMNES
Gegenüber allen. Von einer erga-omnes-Wirkung (zB einer rechtlichen Erklärung) spricht man, wenn die Wirkung nicht

auf bestimmte Personen (zB die Parteien des Vertrages, → inter partes) beschränkt ist, sondern gegenüber jedermann besteht.

ERGO
Daher, folglich, also (vgl den berühmten Satz von Descartes: **cogito, ergo sum** – ich denke, also bin ich).

ERRANTIS VOLUNTAS NULLA EST
Der Wille eines Irrenden ist nichtig (C 1.18.8; vgl aber §§ 871 ff ABGB, §§ 119 ff BGB, Art 23 ff OR).

ERRATUM (s)
Irrtum, Versehentliches (zB Druckfehler). Mz: **Errata**.

ERROR (m)
Irrtum. Nichtübereinstimmung von Vorstellung und Wirklichkeit (spielt im Zivilrecht bei Rechtsgeschäften, im Strafrecht bei der Lehre vom Vorsatz eine wesentliche Rolle).

ERROR CALCULI NON NOCET
Ein Rechenfehler schadet nicht.
Beispiel: Ein Rechenfehler des Richters im Urteil erwächst nicht in Rechtskraft, sondern ist zu berichtigen (vgl § 419 öZPO, § 319 dZPO).

ERROR CAUSAM DANS (m)
Wörtlich: Irrtum, welcher einen Rechtsgrund gibt. Damit bezeichnet man den sog wesentlichen Irrtum, das ist ein Irrtum, ohne den ein bestimmtes Rechtsgeschäft nicht zustandegekommen wäre (vgl § 871 ABGB, § 119 Abs 1 BGB, Art 23 f OR).

ERROR ESSENTIALIS (m)
Wesentlicher Irrtum. Siehe unter → error causam dans.

ERROR FACTI (m)
Irrtum über eine Tatsache. Im Unterschied zum → error iuris.

ERROR INCIDENS (m)
Wörtlich: ein dazwischenkommender Irrtum. Irrtum in Neben-

umständen, unwesentlicher Irrtum. Irrtum, welcher bei Vertragsabschluss nicht die Hauptsache, sondern einen Nebenumstand betrifft. Das Geschäft wäre ohne diesen Irrtum wohl abgeschlossen worden, jedoch anders (vgl § 872 ABGB).

ERROR IN IUDICANDO (m)
Irrtum beim Urteilen, Irrtum bei der rechtlichen Beurteilung in materieller Hinsicht (dh was die Rechte und Pflichten in der Hauptsache betrifft; im Unterschied zum → error in procedendo = Verfahrensirrtum).

ERROR IN MATERIA (m)
Irrtum über die Beschaffenheit einer Sache.

ERROR IN NEGOTIO (m)
Irrtum im Rechtsgeschäft, falsche Vorstellung von der Art des Vertrages (zB A will B eine Sache zur Verwahrung geben; B meint, A wolle sie ihm schenken).

ERROR IN OBIECTO = ERROR IN CORPORE (m)
Irrtum im Objekt, Irrtum über die Identität des Gegenstandes. ZB: Jemand irrt sich im Gegenstand des Kaufvertrages, indem er den von ihm zu kaufenden Gegenstand beim Kaufabschluss unrichtig benennt.
Der error in obiecto spielt auch im Strafrecht eine Rolle: Irrtum über die Person oder den Gegenstand der Tat. ZB: A schießt auf B, den er irrtümlich für seinen Feind C hält.

ERROR IN PERSONA (m)
Irrtum in der Person. ZB: Jemand kauft von einem Maler ein Bild, nur weil er ihn mit einem (gleichnamigen) berühmten Kollegen verwechselt.

ERROR IN PROCEDENDO (m)
Irrtum im Verfahren, ein das Verfahren betreffender Mangel (Nichteinhaltung von Verfahrensvorschriften, zB falsche Besetzung des Gerichts, fehlende Beiziehung eines Verteidigers zur Hauptverhandlung etc). Im Gegensatz zum → error in iudicando = Irrtum in der rechtlichen Beurteilung.

ERROR IN QUALITATE (m)
Eigenschaftsirrtum. Irrtum in der Qualität (zB bei einem Schmuckkauf bezüglich der Echtheit des Materials).

ERROR IN SUBSTANTIA (m)
Irrtum, welcher sich auf die Beschaffenheit einer Sache (Materie, Stoff) bezieht. ZB: Jemand kauft einen Gegenstand aus Bronze, den er irrtümlich für vergoldet hält. Siehe auch → error in qualitate sowie → error in materia.

ERROR IURIS (m)
Rechtsirrtum. Ein Irrtum über die Rechtslage, im Unterschied zum → error facti.

ERROR IURIS NOCET
Ein Rechtsirrtum schadet (dem sich im Irrtum Befindlichen).
Im Allgemeinen kann sich niemand entschuldigend auf Unkenntnis des Gesetzes berufen, sobald ein Gesetz gehörig kundgemacht worden ist (vgl § 2 ABGB, § 9 öStGB, § 17 dStGB, vgl jedoch Art 20 schwStGB).

ERROR PROBABILIS (m)
Entschuldbarer Irrtum, wahrscheinlicher Irrtum, ein dem Irrenden nicht vorwerfbarer Irrtum (vgl § 9 Abs 1 öStGB, § 17 Satz 1 dStGB, Art 20 schwStGB). Auch: **error iustus**.

ERUIEREN
Nachforschen, ermitteln, feststellen.

ESKALATION (w)
Allmähliche Steigerung; stufenweise Steigerung (zB eines Konfliktes durch zunehmende Feindseligkeit).

ESSENTIALE (s)
Wesentlicher Bestandteil (zB eines Vertrages). Mz: **Essentialia**.
Essentiell = wesentlich.

ESSENTIALIA NEGOTII (s, Mz)
Wesentliche Elemente eines Rechtsgeschäftes; das sind solche, die

wesensnotwendig (begriffsnotwendig) für das Zustandekommen des Geschäftes sind.

Über die essentialia negotii muss eine Einigung bestehen, damit ein Vertrag überhaupt zustande kommen kann (zB beim Kaufvertrag die Einigung über Ware und Preis). Im Unterschied zu den → accidentalia negotii.

ET ALII

Und andere (Vermerk beim Zitat von mehreren Herausgebern, von denen nur einer namentlich und die übrigen pauschal genannt werden). Abkürzung: et al.

ET CETERA

Wörtlich: und das weitere; und so weiter. Abkürzung: etc.

ETHNOZID (m, s)

Vernichtung einer ethnischen Gemeinschaft (Volksgruppe). Siehe auch → Genozid.

ETIAM TACERE EST RESPONDERE

Auch ein („beredtes") Schweigen ist eine Antwort. Siehe auch → cum tacent clamant sowie → qui tacet consentire videtur.

ET VOLENTI FIT INIURIA

Auch dem Wollenden geschieht Unrecht (betrifft zB Fälle der unwirksamen Einwilligung eines Verletzten, zB zur Euthanasie). Siehe hingegen unter → volenti non fit iniuria (§ 90 öStGB, § 228 dStGB).

EVENTUALANTRAG

Ein vorsichtshalber für den Fall des Eintretens einer bestimmten Situation gestellter Antrag. Siehe unter → in eventu.

EVENTUALEINREDE (w)

Eine vorsichtshalber für den Fall des Nichtzutreffens einer anderen Einrede erhobene Einrede (Verteidigung des Beklagten). Siehe → in eventu.

EVIDENZ (w)
Augenschein, Offensichtlichkeit.
In Evidenz halten = (als Information) bereithalten.

EVIKTION (w)
Abstreitung; „Entwehrung" einer Sache durch einen Dritten.
Im römR versteht man darunter den Entzug einer Sache durch erfolgreiche Geltendmachung eines dinglichen Rechts (zB dem Käufer wird die Ware vom Eigentümer mit → rei vindicatio herausverlangt). Unter Gewährleistung für Eviktion versteht man demgemäß die Haftung für rechtliche Mängel bei entgeltlicher Überlassung einer Sache (vgl heute §§ 922 ff ABGB, § 435 BGB, Art 192 ff OR). Evinzieren = eine Sache aufgrund eines dinglichen Rechts erfolgreich im Prozess streitig machen.

EVOZIEREN
Aufrufen; vorladen.

EX ABRUPTO
Plötzlich; unversehens; aus dem Abgebrochenen; aus dem Zusammenhang herausgerissen, abrupt.

EX AEQUO
Gleichrangig, auf demselben Platz (zB eine ex aequo-Nominierung: eine Nominierung, bei der zwei Personen gleichrangig genannt werden).

EX AEQUO ET BONO
Nach billigem und gutem Ermessen. Nach dem Billigkeitsrecht, siehe → aequitas sowie → bonae fidei iudicia.

EX ALIA CAUSA
Aus einem anderen Rechtsgrund (zB der Käufer hat eine Sache „ex alia causa", wenn er sie nur deshalb behalten kann, weil er sie ein zweites Mal – diesmal vom Eigentümer – gekauft hat).

EX ANTE
Im Vorhinein; Betrachtungsweise aus der Sicht vor einem bestimmten Ereignis. Im Gegensatz zu → ex post.

EX ARBITRATU BONI VIRI
Nach dem Ermessen eines unparteiischen Sachverständigen (wörtlich: eines guten Mannes).

EX CATHEDRA
Wörtlich: vom Lehrstuhl aus. Im Kirchenrecht ist darunter eine päpstliche Lehrentscheidung zu verstehen (ex cathedra Petri = vom Petrusstuhl aus).
Allgemein im Sinn von: autoritativ etwas festlegen. Ex cathedra wird auch abschätzig im Sinn von: willkürlich „von oben herab" verwendet (daher auch „abkanzeln").

EXCEPTIO (w)
Einrede. Ein vom Beklagten vorgebrachter Umstand, der einen Anspruch hemmt oder vernichtet.
ZB die Einrede der Rechtskraft einer Entscheidung.

EXCEPTIO COMPENSATIONIS (w)
Aufrechnungseinrede; Einrede des Beklagten, dass seine Schuld (oder ein Teil davon) durch Aufrechnung (→ compensatio) erloschen ist.

EXCEPTIO DILATORIA (w)
Aufschiebende Einrede. Einrede, die den Anspruch nicht vernichtet, wohl aber seine Geltendmachung hinausschiebt (zB Einrede der Stundung der Forderung); im Unterschied zur → exceptio peremptoria.

EXCEPTIO DOLI (w)
Einrede der Arglist. Einrede, in der ein doloses Verhalten des Klägers geltend gemacht wird.
Bezieht sich der Vorwurf der Arglist auf einen früheren Zeitpunkt, spricht man von einer **exceptio doli praeteriti** oder **exceptio doli specialis**, zB Vorwurf der betrügerischen Erschleichung eines Rechts.
Bezieht sich der Vorwurf hingegen auf die Klageführung selbst, so spricht man von einer **exceptio doli praesentis** oder **exceptio doli generalis**, zB die Einrede des Rechtsmissbrauchs, wenn der Kläger von seinem Recht in arglistiger Weise nur zu dem Zweck

Gebrauch macht, um eine Schädigung zu erwirken (vgl § 1295 Abs 2 ABGB, § 826 BGB, Art 41 Abs 2 OR).

EXCEPTIO FIRMAT REGULAM
Die Ausnahme bestätigt die Regel. (Keine Regel ohne Ausnahme.)

EXCEPTIO LITIS PENDENTIS (w)
Die Einrede der Anhängigkeit eines Rechtsstreites (Zivilprozess).

EXCEPTIO MALE GESTI PROCESSUS (w)
Die Einrede des schlecht geführten Prozesses (Zivilprozess).

EXCEPTIO NON (NONDUM) ADIMPLETI CONTRACTUS (w)
Die Einrede des (noch) nicht erfüllten Vertrags.
(Diese hat zB bei einer Vorleistungspflicht der Beklagte, wenn der Kläger auf die Gegenleistung klagt, noch bevor er die eigene Leistung erbracht hat; vgl § 1052 ABGB, § 320 BGB, Art 82 OR).

EXCEPTIO NON RITE ADIMPLETI CONTRACTUS (w)
Die Einrede des nicht gehörig erfüllten Vertrags.
Sie steht dann zu, wenn zwar geleistet wurde, die Leistung aber mangelhaft erfolgte.

EXCEPTIO PACTI (w)
Einrede im Hinblick auf ein geschlossenes → pactum (zB exceptio pacti de non petendo = Einrede des Erlasses oder der Stundung).

EXCEPTIO PEREMPTORIA (w)
Zerstörende, rechtsvernichtende Einrede. Einrede, mit der ein den Anspruch vernichtender Umstand geltend gemacht wird.
Auch **exceptio perpetua** (dauernde Einrede) genannt; im Unterschied zur → exceptio dilatoria.

EXCEPTIO PIGNERATICIA (w)
Im römR Einrede eines Pfandberechtigten (zB gegen eine → rei vindicatio des Eigentümers), dass ihm die Sache verpfändet wurde.

EXCEPTIO PLURIUM CONCUMBENTIUM (w)

Einrede des Mehrverkehrs. Widerlegung der Vaterschaftsvermutung, indem nachgewiesen wird, dass die Kindesmutter während der Empfängniszeit auch mit anderen Männern sexuell verkehrte (war zB im preussischen Recht des 19. Jh vorgesehen, nicht mehr geltendes Recht).

EXCEPTIO QUOD METUS CAUSA (w)

Einrede, dass ein Rechtsgeschäft unter dem Eindruck von Furchterregung erreicht wurde (vgl § 870 ABGB, § 123 Abs 1 Fall 2 BGB, Art 29 ff OR).
Erklärung: Nach römR machte ungerechte Furcht und Zwang ein formgültiges Geschäft nicht schlechthin unwirksam, gab aber dem Beklagten die Möglichkeit, die Tatsache des Zwanges durch exceptio geltend zu machen.

EXCEPTIO REI IUDICATAE (w)

Einrede der Rechtskraft einer Entscheidung. Einrede der bereits entschiedenen Sache. Sie ergibt sich aus einer rechtskräftigen Entscheidung, wenn derselbe Anspruch unter denselben Personen in einem späteren Rechtsstreit erneut vom Kläger gestellt wird.

EXCEPTIO REI IN IUDICIUM DEDUCTAE (w)

Einrede der Streitanhängigkeit. Einrede, dass über die streitgegenständliche Angelegenheit bereits (anderswo) ein Verfahren anhängig ist.

EXCEPTIO REI NON SIC SED ALITER GESTAE (w)

Einrede, laut welcher eine Rechtssache nicht so (wie abgemacht), sondern auf eine andere Weise erledigt wurde.

EXCEPTIO REI SIBI ANTE PIGNERATAE (w)

Im römR: Einrede eines vorrangigen Pfandberechtigten, der gegenüber einem nachrangigen Pfandberechtigten geltend macht, dass ihm die Sache früher als dem anderen verpfändet wurde.
Bei gleichzeitiger Verpfändung kann erfolgreich eine **exceptio rei sibi quoque pigneratae** = Einrede, dass ihm die Sache auch (zur selben Zeit) verpfändet wurde, erhoben werden.

EXCEPTIO REI VENDITAE ET TRADITAE (w)

Die Einrede des Beklagten, dass ihm die Sache vom Kläger verkauft und übergeben worden war.
Wurde der Verkäufer erst nach Verkauf und Übergabe der Ware Eigentümer derselben (zB durch Erbfall), so dringt er dennoch mit der Eigentumsklage gegen die Käuferseite nicht durch, weil ihm diese entgegenhalten kann, dass ihr die Sache von ihm verkauft und übergeben worden war (§ 366 Satz 2 ABGB).
Im römR: Einrede des sog bonitarischen Eigentümers gegen den „noch-zivilen" Eigentümer.

EXCEPTIO RETENTIONIS (w)

Die Einrede des Beklagten, dass er zur Zurückbehaltung (→ retentio) der Sache berechtigt ist (vgl §§ 471, 1052 ABGB, §§ 273 f, 1000 BGB, Art 895 ff ZGB, Art 268 ff, 299c OR).

EXCEPTIO VERITATIS (w)

Wörtlich: Einrede der Wahrheit. Wahrheitsbeweis bei Beleidigungen.

EXCEPTIO VITIOSAE POSSESSIONIS (w)

Einrede des unechten Besitzes (welcher durch verbotene Eigenmacht erlangt wurde, und zwar durch Gewalt, List oder durch Missbrauch einer Bittleihe = → vi – clam – precario).

EXCEPTIONES PERSONAE COHAERENTES (w, Mz)

Die mit der Person zusammenhängenden Einreden. Erläuterung: Im römR stehen dem Bürgen gegen den Gläubiger mit Ausnahme der rein persönlichen Einreden alle Einwendungen zu, welche der Hauptschuldner hätte gebrauchen können. Rein persönliche Einwendungen sind zB prozessuale Einwendungen, die mit der Verwandtschaft zwischen Gläubiger und Hauptschuldner zusammenhängen.

EXCESSUS MANDATI (m)

Überschreitung des Auftrags; auch: Überschreitung der Grenzen der erteilten Vollmacht (vgl §§ 1009, 1016 ABGB, §§ 177 ff BGB, Art 38 f OR).
Im StrafR: der Exzess des Angestifteten; der Anstifter haftet für die

Überschreitung des Auftrages nicht, wenn also der Angestiftete ein schwereres oder anderes Delikt, als vom Anstifter beabsichtigt war, vollbringt.

EXCIPIENDO
Durch Einrede.

EX CAUSA MANDATI
Aus dem Rechtsgrund des erteilten Auftrages.
Bei Schäden, die der Auftragnehmer in Ausführung des Auftrages erleidet, unterscheidet man Schäden ex causa mandati (= die in einem engeren Zusammenhang mit dem Auftrag stehenden Schäden, für die der Auftraggeber aufzukommen hat) und Schäden ex occasione mandati (= bloß anlässlich der Auftragsausführung entstandene Schäden, die zum allgemeinen Lebensrisiko zählen und deshalb nicht vom Auftraggeber zu ersetzen sind, vgl §§ 1014f ABGB).

EX COMMISSIONE-BESCHEID
Mündliche Verkündung eines Bescheides sogleich im Anschluss an die diesbezügliche mündliche Verhandlung.

EX CONTRACTU
Auf einem Vertrage beruhend. Als → obligatio ex contractu bezeichnet man eine aus einem Vertragsverhältnis abgeleitete Verpflichtung.

EX DELICTO
Aus einem (begangenen) Delikt. Als → obligatio ex delicto bezeichnet man eine aus einem Delikt herrührende Verbindlichkeit (zB zu Schadenersatz).

EX EADEM CAUSA
Aus derselben Ursache, aus demselben Rechtsgrund.

EXECUTIO = EXEKUTION (w)
Vollstreckung (eines Urteils oder Bescheides); auch: Hinrichtung.

EXECUTIO IURIS NON HABET INIURIAM
Die Vollstreckung eines Rechts ist kein Unrecht (D 47.10.13.1).

EXEKUTIVE (w)
Vollziehende Gewalt im Staate.
Auch im besonderen: Sicherheitsorgane.

EXEMPLA TRAHUNT
Beispiele leiten, Beispiele lehren. Aus Beispielen kann man Schlüsse ziehen. Auch: **exempla docent**.

EXEMPLI CAUSA
Beispielshalber.

EXEMPLI GRATIA
Beispielshalber (in engl Texten gebräuchlich). Abkürzung: e.g.

EXEMT
Herausgenommen, befreit, in besonderer Position.

EXEMTIO(N) (w)
Wörtlich: Herausnahme. Befreiung; besondere (Ausnahms-) Stellung (zB Steuerfreiheit, Ausnahme von einer Gerichtsbarkeit). **Eximieren** = befreien, ausnehmen.

EXEQUATUR (s)
Wörtlich: Er möge ausüben.
Völkerrechtlicher Begriff: zB Zulassung des neuernannten Konsuls durch Festlegung seiner räumlichen und sachlichen Zuständigkeit. („Dem Konsul X wurde das Exequatur erteilt.") Das Exequatur erfolgt durch den Empfangsstaat, während die Ernennung des Konsuls durch den Heimatstaat erfolgt.

EXEQUIEREN = EXEKUTIEREN
Vollstrecken, ausführen, Exekution führen.

EX FIRMIS PRINCIPIIS
Aus festen Grundsätzen.

EXHEREDATIO (w)
Enterbung (von Pflichterben); nur aus bestimmten Gründen zulässig, vgl §§ 768 ff ABGB, §§ 2333 ff BGB, Art 477 ff ZGB.

EXHEREDATIO BONA MENTE (w)
Enterbung im guten Sinn (in guter Absicht). Entziehung des Pflichtteils gegenüber dem sehr verschuldeten oder verschwenderischen Pflichterben, wenn begründete Besorgnis besteht, dass der ihm gebührende Pflichtteil ganz oder zum Großteil seinen Kindern entgehen würde (§ 773 ABGB, § 2338 BGB, Art 480 ZGB).

EXHIBITIO(N) (w)
Vorlage, Vorweisung, Ausstellung. **Exhibieren** = vorweisen, darlegen.

EXHIBITIONISMUS (m)
Neigung zum Zurschautragen.
In der Kriminalistik: Die (lustbetonte) Entblößung der Geschlechtsteile in der Öffentlichkeit.

EXHUMIERUNG (w)
Ausgrabung einer Leiche.

EXHYMINIERUNG (w)
Entjungferung (→ Defloration).

EX INIURIA IUS NON ORITUR
Aus Unrecht kann kein Recht erwachsen.

EXISTENT
Tatsächlich, wirklich bestehend.

EXISTIMATIO (w)
Ehre, soziale Anerkennung einer Person.
Im römR besteht die Sanktion mancher unerwünschter Verhaltensweisen darin, dass der Täter infam wird, dh seine Ehre verliert.

EXITUS (m)
Der Tod (wörtlich: Ausgang, Ende).

EXKLUDIEREN
Ausschließen.

EXKULPIEREN
Entschuldigen, die subjektive Vorwerfbarkeit eines Verhaltens ausschließen.

EXKURS (m)
Ausflug, Abschweifung. Meist iS von: Ausführliche Erörterung bezüglich einer Nebensache.

EX LEGE
Wörtlich: aus dem Gesetz. Im Sinne von: Schon aufgrund des Gesetzes, unmittelbar auf dem Gesetz beruhend (zB eine bestimmte Rechtsfolge tritt nicht kraft Vereinbarung der Parteien, sondern bereits ex lege ein). Siehe auch → eo ipso.

EX NIHILO NIHIL
Aus nichts (kommt) nichts. Im Sinne von: Ein nichtiges Geschäft hat keine Rechtswirkungen.

EX NUNC
Von jetzt an. Man spricht von einer „Wirksamkeit ex nunc", wenn die Wirkungen eines bestimmten Ereignisses ab diesem Ereignis eintreten, nicht aber für die Vergangenheit. Im Gegensatz zu → ex tunc = rückwirkend.

EX OCCASIONE
Aufgrund der Gelegenheit. Siehe auch → ex causa mandati.

EXODUS (m)
Der Auszug, das Weggehen (auch: das Vertriebenwerden).

EX OFFICIO (OFFO)
Von Amts wegen (im Unterschied zu „über Antrag der Partei").

ZB: „ex offo-Verteidiger" = beigestellter Pflichtverteidiger im Unterschied zum selbst gewählten „Wahlverteidiger".

EX OPINIONE NECESSITATIS

In der Meinung, dass eine rechtliche Notwendigkeit gegeben sei.

Opinio necessitatis = **opinio iuris** (eine der Voraussetzungen für die Entstehung von Gewohnheitsrecht, siehe → consuetudo).

EX PACTO ILLICITO NON ORITUR ACTIO

Aus einer unerlaubten Vereinbarung entsteht keine Klage (vgl § 879 ABGB, § 138 BGB, Art 20 OR).

EXPATRIIEREN

Ausbürgern.

EXPEDIATUR (s)

Wörtlich: Es werde abgesendet. Absendungsanordnung.

Expedieren = abfertigen, absenden; **expeditiv** = rasch in der Abfertigung und Erledigung.

EXPENSAR (s)

Kostenverzeichnis.

Expensen = Auslagen, Aufwendungen.

EX PERSONA

Wörtlich: Aus der Person.

Aus persönlichen Gründen, aus Gründen, die in der Person des Betreffenden gelegen sind. Im Unterschied zu → ex re.

EXPLICITE = EXPLIZIT

Ausdrücklich, nicht miteinbezogen, nicht mitinbegriffen. Im Gegensatz zu → implicite (miteingeschlossen, stillschweigend mitinbegriffen).

EXPLIZIEREN

Verdeutlichen, ausdrücklich erklären, erläutern.

EX POST
Im Nachhinein, aus dem hernach Folgenden heraus; die Beurteilung einer Situation, nachdem sie eingetreten ist.

EXPRESSA CAUSA (w)
Der ausdrücklich erklärte Rechtsgrund (zB der Rechtsgrund für ein Begehren, den man in der Klage angeben muss).

EXPRESSIS VERBIS
Mit ausdrücklichen Worten, ausdrücklich (zB eine ausdrückliche Willenserklärung, vgl § 863 ABGB).

EX PROFESSO
Aufgrund des Erklärten, erklärtermaßen.

EXPROMISSIO (w)
Übereinkommen mit dem Gläubiger, wodurch jemand eine bestehende fremde Schuld als Alleinzahler übernimmt (vgl § 1344 ABGB, §§ 414 ff BGB, Art 175 ff OR).
Im römR bezeichnet expromissio allgemein die Zusage der Erfüllung einer bereits bestehenden Verbindlichkeit in Form einer → stipulatio.

EXPROPRIATION (w)
Enteignung, obrigkeitlicher Entzug des Eigentums.
(Gem § 365 ABGB ist eine Enteignung nur im öffentlichen Interesse und gegen angemessene Entschädigung zulässig, vgl auch Art 5 Staatsgrundgesetz über die allgemeinen Rechte der Staatsbürger).

EX RATIONE LEGIS
Nach dem Sinn des Gesetzes; aus der Absicht des Gesetzgebers heraus.
Wenn Zweifel über die Auslegung eines Gesetzes bestehen, kann zur Klärung die → ratio legis, dh die Absicht des Gesetzgebers bzw der Zweck des Gesetzes herangezogen werden (sog teleologische Interpretation).

EX RE
Wörtlich: aus der Sache.
Aus Gründen, die in der Sache gelegen sind. Im Unterschied zu
→ ex persona.

EXSZINDIERUNG (w)
Wörtlich: Auslöschung, Vernichtung.
Die Exszindierungsklage ist eine exekutionsrechtliche Klage, mit der die Einstellung der Exekution aufgrund Widerspruches Dritter begehrt wird (zB wenn die Sache, in die Vollstreckung geführt wurde, gar nicht dem Verpflichteten, sondern einem unbeteiligten Dritten gehört, vgl § 37 Abs 1 EO, § 771 dZPO).

EX TESTAMENTO
Aufgrund des Testamentes (hat zB der Erbe Anspruch auf Ausfolgung der Nachlassgegenstände).

EXTABULATION (w)
Löschung eines Rechtes durch Austragung im Grundbuch (zB Löschung des Eigentums einer Person). Im Unterschied zu
→ Intabulation = Einverleibung, Eintragung.

EXTENSIV
Ausgedehnt; **extensive Interpretation** liegt vor, wenn eine Gesetzesstelle (im Rahmen ihres Wortlautes) weit ausgelegt wird. Im Unterschied zu → restriktiv.

EXTERRITORIALITÄT (w)
Außerhalb des Territoriums Stehen.
Im Völkerrecht gebräuchlicher Ausdruck für: außerhalb der Gerichtsbarkeit des Aufenthaltsstaates stehen. So sind im internationalen Verkehr die Repräsentanten fremder Staaten (Staatsoberhäupter, akkreditierte Diplomaten) nicht der Hoheitsgewalt ihres Aufenthaltsstaates (sondern bloß jener ihres Heimatstaates) unterworfen.

EXTRANEUS (m)
Außenstehende Person. Externer. Mz: **Extranei**.

Im StrafR: eine Person, die eine von einem Sonderdelikt vorausgesetzte Eigenschaft nicht erfüllt.

EXTRA CAUSAM MANDATI
Außerhalb des Auftrages. Siehe auch unter → excessus mandati.

EXTRA ORDINEM
Außer(halb) der Reihe, außerordentlich, außertourlich.

EXTRA PERICULUM
Außer Gefahr, außerhalb der Gefahr.

EX TUNC
Von damals an, zurückwirkend. Man spricht von einer Wirksamkeit ex tunc, wenn ein bestimmtes Ereignis rückwirkend ist, dh dass nachträglich so getan wird, als ob etwas von Anfang an schon so gewesen wäre. Im Unterschied zu → ex nunc.

EX TURPI CAUSA NON ORITUR ACTIO
Aus einer verwerflichen Sache entsteht keine Klage.

EX USU
Aus der Übung, aus dem Gebrauch (zB entstehend).

EX VARIIS CAUSARUM FIGURIS
Wörtlich: aus verschiedenen Arten von Rechtsgründen.
Im römR: Bezeichnung für Schuldverhältnisse, die weder auf Vertrag, noch auf Delikt beruhen (D 44.7.1). Man unterscheidet dabei quasivertragliche (→ quasi ex contractu) und quasideliktische (→ quasi ex delicto) Ansprüche.

EX VOLUNTATE
Aufgrund eigenen Willens (zB Eintritt einer bestimmten Rechtswirkung ex voluntate, im Gegensatz zu → ex lege).

EXZERPT (s)
Schriftlicher Auszug aus einem Konzept.
Exzerpieren = einen schriftlichen Auszug anfertigen.

F

FACIO, UT DES
Ich mache etwas, damit du (als Gegenleistung) etwas gibst.
Siehe → do ut des und → do ut facias.

FACIO, UT FACIAS
Ich mache etwas, damit du (als Gegenleistung) etwas machst.
Siehe → do ut des und → do ut facias.

FACTA CONCLUDENTIA (s, Mz)
Schlüssige Handlungen, dh Handlungen, aus denen man eine bestimmte Willenserklärung ableiten kann (zB wer Waren vor die Kassierin hinlegt, erklärt damit schlüssig, dass er sie kaufen will; vgl § 863 ABGB). Im Gegensatz zu expliziten Erklärungen, siehe auch → explicite.

FACTA LOQUUNTUR
Die bloßen Tatsachen sprechen schon.

FACULTAS ALTERNATIVA (w)
Ersetzungsbefugnis; alternative Ermächtigung. Begriff im Schuldrecht, wonach ein Schuldner zu einer bestimmten Leistung verpflichtet ist, sich aber auch durch eine andere Leistung, zu der er aber nicht verpflichtet ist, befreien kann.

FACULTAS DOCENDI (w)
Erteilte Lehrbefähigung an Universitäten.

FACULTAS LEGENDI (w)
Auch **venia legendi** bzw **facultas docendi**. Die Lehrbefugnis (für ein wissenschaftliches Fach) an der Universität; man erwirbt sie aufgrund der sog **Habilitation** = Erteilung der Lehrbefugnis.

FAKSIMILE (s)
Wörtlich: mach ähnlich. Eine dem Original optisch völlig entsprechende Nachbildung (zB eines Manuskriptes).

FACTUM = FAKT(UM) (s)
Geschehen, Tat, Tatsache. Mz: **Facta** (Fakten).

FAKTIZITÄT (w)
Tatsächlichkeit.

FAKTOTUM (s)
Allesmacher; jemand, der in allem helfend einspringen kann, „Mädchen für alles".

FAKULTATIV
Zur Wahl offen gelassen, zur Wahl freigestellt. Gleichbedeutend: → optional.

FALSA DEMONSTRATIO NON NOCET
Eine unrichtige Bezeichnung schadet nicht. Begriff aus der Rechtsgeschäftslehre: Irrt sich eine Partei nur in der Bezeichnung, so kommt das Geschäft nichtsdestoweniger mit dem Inhalt zustande, den beide Parteien beabsichtigt haben. Auch bei einem Testament ist eine (erweisliche) bloße Fehlbezeichnung eines Gegenstandes durch den Erblasser unbeachtlich, es gilt das Gewollte.

FALSIFIKAT (s)
Fälschung; Gefälschtes (zB eine gefälschte Banknote).

FALSO (FALSE)
Fälschlich (im Sinne von: fälschlich so bezeichnet; zB „Müller, falso Müllner").

FALSUM (s)
Das Unrichtige, das Falsche.

FALSUS PROCURATOR (m)
Der falsche Verwalter, der Scheinvertreter, Vertreter ohne Vertretungsmacht: jemand, der sich gegenüber dem Verhandlungspartner fälschlich als Bevollmächtigter ausgegeben oder der seine Vollmacht überschritten hat (§§ 1009, 1016 ABGB, §§ 177 ff BGB, Art 38 f OR).

FAMA (w)
Gerücht. **Fama crescit eundo** = das Gerücht wächst im Gehen, das Gerücht wird (beim Weitererzählen) immer ungeheuerlicher. **Fama necat virum** = ein (böses) Gerücht bringt den Mann um, ein Gerücht kann tödlich sein.

FAVOR DEFENSIONIS (m)
Wörtlich: Wohlwollen zugunsten der Verteidigung. Die prozessrechtlichen Vorteile, die der Angeklagte gegenüber dem Ankläger hat (zB das Recht des letzten Wortes, welches dem Angeklagten und seinem Verteidiger im Strafprozess vor der Urteilsverkündung eingeräumt ist).

FAVOR TESTAMENTI (m)
Wörtlich: „Wohlwollen zugunsten des Testaments." Eine Auslegung, die die Gültigkeit eines Testamentes (auch bei Erklärungsmängeln) möglichst bestehen lässt bzw eine Auslegung, die dem im Testament ausgedrückten Willen des Erblassers möglichst entspricht.

FAZIT (s)
Das Ergebnis, die Endsumme, die Schlussfolgerung.

FECIT
Abkürzung: fec. Bedeutung: „hat gemacht." (Hinweis auf den Urheber, zB eines Bildes, einer Urkunde, einer Banknote etc).

FENUS NAUTICUM (s)
Seedarlehen. Ein Geschäft des römR mit Finanzierungs- und Versicherungsfunktion: Zum Zweck eines Seetransports wird ein Darlehen gewährt, das nur bei heiler Rückkehr zurückzuzahlen ist. Dabei können höhere Zinsen als sonst – gleichsam als Risikoprämie – vereinbart werden.

FIAT
Wörtlich: Es geschehe; es werde.

FIAT IUSTITIA ET PEREAT MUNDUS
Es geschehe Gerechtigkeit, selbst wenn die Welt daran zugrunde

geht. Häufig im Sinn von: dem Recht ist unter allen Umständen zum Siege zu verhelfen, selbst wenn hiedurch größtes Unheil gestiftet würde. Die ursprüngliche Bedeutung des Satzes könnte aber auch sein: Es geschehe Gerechtigkeit und Hochmut (mundus = das Elegante, weltliche Prachtentfaltung) gehe zugrunde.

FIAT IUSTITIA NE PEREAT MUNDUS

Es geschehe Gerechtigkeit, damit die Welt **nicht** zugrunde gehe.

FICTA POSSESSIO (w)

Fiktiver, wirklichkeitswidrig angenommener Besitz. Siehe unter → fictus possessor.

FICTIO = FIKTION (w)

Die wirklichkeitswidrige Annahme einer bestimmten Tatsache; wird im Recht häufig eingesetzt, um bestimmte Rechtswirkungen auch dann eintreten zu lassen, wenn eine der Tatbestandsvoraussetzungen fehlt. Da es sich bei der Fiktion um eine bewusste Entscheidung der Rechtsordnung handelt, einen Sachverhalt so zu behandeln, als ob er ein anderer wäre, ist hier (anders als bei der → praesumtio) auch kein Gegenbeweis möglich. Beispiel für eine Fiktion ist der Satz → nasciturus pro iam nato habetur.

FICTUS POSSESSOR QUI DOLO MALO DESIIT POSSIDERE

Wirklichkeitswidrig wird als Besitzer angesehen, wer den Besitz an der Sache böswillig aufgegeben hat (um einer Verurteilung aus der Eigentumsklage zu entgehen).

Bedeutung: Im römR war eine Verurteilung aus der Eigentumsklage (→ rei vindicatio) grundsätzlich nur möglich, wenn der Beklagte im Besitz der Sache war. Hatte er den Besitz jedoch dolos aufgegeben, so wurde er so behandelt, als ob er noch besäße (vgl § 378 ABGB).

FICTUS POSSESSOR QUI (DOLO MALO) LITI SE OBTULIT

Wirklichkeitswidrig wird als Besitzer angesehen, wer sich (böswillig) in den Prozess (scil die Eigentumsklage) eingelassen hat.

Bedeutung: Im römR wurde jemand, der sich dolos als Beklagter in eine Eigentumsklage einließ (zB um dem Besitzer die Verheimlichung der Sache zu ermöglichen), so verurteilt, als ob er die Sache besäße (vgl § 377 ABGB).

FIDEICOMMISSUM = FIDEIKOMMISS (s)

Darunter versteht man im Allgemeinen ein unveräußerliches Gut, welches innerhalb der Familie nach einer bestimmten Ordnung erblich ist, nachdem es Gegenstand einer → fideikommissarischen Substitution war.

Ursprünglich bedeutet fideicommissum im römR ein formloses Vermächtnis, bei dem der Erblasser gegenüber dem Erben eine Bitte äußert, etwas Bestimmtes zu tun (zB einen Sklaven nach seinem Tod freizulassen). Daraus entwickelt sich das **fideicommissum hereditatis**, die formlose Anordnung an den Erben, die Erbschaft an einen Begünstigten (den sog **Fideikommissar**) weiterzuvermachen.

FIDEICOMMISSUM EIUS QUOD SUPERERIT (s)

Nacherbschaft auf den Überrest.

Darunter versteht man eine → fideikommissarische Substitution, bei der (erste) Erbe zu Lebzeiten frei über den Nachlass verfügen kann und nur den Rest der Erbschaft einem Nacherben vererben muss.

FIDEIKOMMISSARISCHE SUBSTITUTION (w)

Unter einer fideikommissarischen Nacherbschaft versteht man die Anordnung des Erblassers an den Erben, die angetretene Erbschaft nach seinem Tod (sc des Erben) einem zweiten ernannten Erben zu überlassen (vgl § 608 ABGB, §§ 2100 ff BGB, Art 488 ff ZGB). Dem ersten Erben kommt damit bezüglich des Nachlasses nach österreichischem Recht bloß die Stellung eines Fruchtnießers zu (§ 613 ABGB); vgl auch §§ 2112 ff BGB, Art 531, 545 ZGB.

FIDEIUSSIO (w)

Im römR die wichtigste Form der Bürgschaft, welche durch eine → stipulatio des Bürgen gegenüber dem Gläubiger zustandekommt, dass die Schuld des Hauptschuldners „auf die Treue" des Bürgen genommen sei, dh dass er für ihre Erfüllung einstehen werde (vgl §§ 1346 ff ABGB, §§ 765 ff BGB, Art 492 ff OR).

FIDEIUSSOR INDEMNITATIS (m)
Schadlosbürge, Entschädigungsbürge, Rückbürge. Der Rückbürge bürgt dem Bürgen für den Fall, dass der Bürge aus der Bürgschaft zu Schaden kommt (vgl § 1348 ABGB, Art 498 Abs 2 OR).

FIDEIUSSOR SUCCEDANEUS (m)
Nachbürge, Bürgesbürge, Afterbürge.
Der Nachbürge bürgt dem Gläubiger für die Erfüllung der Verpflichtung des Bürgen (vgl § 1350 ABGB, Art 498 Abs 1 OR).

FIDUCIA (w)
Treuhand. Darunter versteht man ein Rechtsverhältnis, bei dem der Treugeber dem Treuhänder ein Recht (zB Eigentum) überträgt, damit dieser mit diesem Recht entsprechend der Treuhandabrede verfahre. Nach außen hin kommt dem Treuhänder als Rechtsinhaber volle Verfügungsmacht hinsichtlich des übertragenen Rechts zu, im Innenverhältnis zum Treugeber ist er aber verpflichtet, sich an die Treuhandabrede zu halten.

FIDUCIA CUM AMICO CONTRACTA (w)
Die mit einem Freund abgeschlossene Treuhand.
Im römR: die Übertragung des Eigentums an einer Sache an einen Freund, wobei sich aus der Treuhandabrede ergibt, wie mit der Sache zu verfahren sei.

FIDUCIA CUM CREDITORE CONTRACTA (w)
Die mit einem Gläubiger abgeschlossene Treuhand, Sicherungsübereignung.
Im römR: die Übertragung des Eigentums an einer Sache vom Schuldner an den Gläubiger zum Zweck der Sicherung einer Forderung des Gläubigers gegen den Schuldner. Wird die Schuld beglichen, so hat der Gläubiger das Eigentum wieder rückzuübertragen.

FIDUZIAR (m)
Treuhänder. **Fiduziant** = Treugeber.

FIKTION (w)
Die bewusst wirklichkeitswidrige Behandlung eines Sachver-

halts, als ob ein anderer Sachverhalt vorliegen würde. **Fiktiv** = nur gedacht, nicht wirklich (zB fiktiver Ernennungsstichtag bei Beamten, der nach Einrechnung von Vordienstzeiten ermittelt wird).
Siehe im Übrigen → fictio.

FILIA FAMILIAS (w)

Im römR: Haustochter; Tochter, die unter der → patria potestas des Hausvaters steht.
Filius familias = Haussohn.

FINALISIEREN

Den Schluss bilden, abschließen (zB „Der Vertrag wurde finalisiert"). **In fine** = am Schluss (zB bei Angabe einer Gesetzesstelle: § 55 Abs 3 in fine).

FINITUM (s)

Das fest Umgrenzte, das Abgeschlossene.

FISCUS = FISKUS (m)

Wörtlich: der Geldkorb. Ursprünglich: das kaiserliche Sondervermögen (im Gegensatz zum staatlichen → aerarium); im Allgemeinen versteht man darunter die Staatskasse.
Fiskalisch = den Staat, die staatliche Finanzverwaltung betreffend; aber auch: den Staat als privat Wirtschaftenden betreffend (zB Fiskalgeltung der Grundrechte).

FISCUS NON ERUBESCIT

Der Fiskus errötet nicht (wenn er Einnahmen aus anrüchigen Geschäften erzielt).

FLAGELLANT (m)

Geißler (im MA: religiöse Sekte; heute Bezeichnung für bestimmte Art sexueller Perversion).

FÖDERAL

Bundesstaatlich; in Form eines Bundesstaates (Föderation), dh einer Organisationsform, bei der eine gewisse Eigenständigkeit

(Autonomie) der den Gesamtstaat bildenden Einzelstaaten (in Gesetzgebung und/oder Vollziehung) aufrecht erhalten wird.

FORENSISCH
Das Gericht betreffend, gerichtlich.

FORMALITER
Förmlich, der Form nach.

FORTITER IN RE SUAVITER IN MODO
Bestimmt in der Sache, doch sanft in der Art des Vorgehens.

FORUM CONNEXITATIS (s)
Gerichtsstand des sachlichen Zusammenhangs.

FORUM CONTRACTUS (s)
Gerichtsstand des Vertragsabschlussortes.

FORUM CONVENIENS (s)
Der in Betracht kommende Gerichtsstand, dh das zuständige Gericht.

FORUM CONVENTIONALE (s)
Vereinbarter Gerichtsstand, Gerichtszuständigkeit, welche durch die Parteien vereinbart wurde. Vgl § 104 JN, §§ 38 ff dZPO, Art 9 GestG. Siehe auch → forum prorogatum.

FORUM DELEGATUM (s)
Gerichtsstand kraft Übertragung der Zuständigkeit durch eine höhere Instanz (vgl §§ 30 ff JN, §§ 36 f dZPO). Gleichbedeutend **forum mandati** = Gerichtsstand kraft Auftrags.

FORUM DELICTI COMMISSI (s)
Gerichtsstand der begangenen Tat; demgemäß ist dasjenige Gericht örtlich zuständig, in dessen Sprengel die Tat begangen wurde (vgl § 32 dZPO, Art 25 ff GestG).

FORUM DIGNITATIS (s)
Gerichtsstand der amtlichen Stellung. Zuständigkeit, die sich aus

einer bestimmten amtlichen Stellung des Beklagten ergibt (vgl etwa § 69 JN, § 15 dZPO).

FORUM DOMICILII (s)
Gerichtsstand des Wohnortes der beklagten Partei (vgl § 66 JN, § 13 dZPO, Art 3 GestG).

FORUM MILITIS (s)
Örtlicher Gerichtsstand für den Soldaten (Garnisonsort, vgl § 68 JN).

FORUM PROROGATUM (s)
Vereinbarter Gerichtsstand; eine Gerichtszuständigkeit, welche durch Parteienvereinbarung entsteht, sodass ein an sich unzuständiges Gericht zuständig wird (vgl § 104 JN, §§ 38 ff dZPO, Art 9 GestG; siehe auch → forum conventionale).

FORUM REI (s)
Gerichtsstand (des Wohnsitzes) des Beklagten. Dies ist der sog allgemeine Gerichtsstand (vgl § 66 JN, § 13 dZPO, Art 3 GestG). **Reus** = der Beschuldigte, Beklagte.

FORUM REI SITAE (s)
Gerichtsstand der gelegenen Sache (so ist bei Streitigkeiten um unbewegliches Gut und für Streitigkeiten in Bestandsachen dasjenige Gericht zuständig, in dessen Sprengel die streitgegenständliche Liegenschaft gelegen ist, vgl §§ 81, 83 und 91 JN, §§ 24 ff, 29a, 29b dZPO, Art 19 f, 23 GestG.

FORUM SOLUTIONIS (s)
Gerichtsstand des vereinbarten Erfüllungsortes. Dieser soll dem Kläger die Möglichkeit geben, die Klage dort einzubringen, wo er die vereinbarte Leistung erwarten durfte (vgl § 88 JN, § 29 dZPO).

FORUM VAGABUNDORUM (s)
Gerichtsstand der unsteten Personen. Für diese gilt jener Gerichtsstand, der durch den Ort ihres jeweiligen Aufenthaltes

im Inland gegeben ist (vgl § 67 Satz 1 JN, § 16 dZPO, Art 4 GestG).

FRAKTION (w)
Bruchteil, Parteigruppe.

FRAUS (w)
Betrug, Arglist.
Fraus creditorum = arglistige Benachteiligung der Gläubiger.
Fraus legis = Handeln, mit dem ein Gesetz bzw Gesetzeszweck arglistig umgangen wird.

FRUCTUS (m, Mz)
Früchte; wiederkehrende Erträgnisse, die aus einer Sache bestimmungsgemäß gewonnen werden.
Man unterscheidet im römR **fructus naturales** = natürliche Früchte (zB Äpfel) und **fructus civiles** = Früchte aufgrund eines Rechtsverhältnisses (zB Mietzins).

FRUCTUS NEGLECTI (m, Mz)
Wörtlich: vernachlässigte Früchte; Früchte, die aus einer Sache zu ziehen verabsäumt wurden.

FRUCTUS PERCEPTI (m, Mz)
Gezogene Früchte.
Im Unterschied zu fructus percipiendi = zu ziehende Früchte, zu ziehen verabsäumte Früchte (→ fructus neglecti).

(SERVUS) FUGITIVUS (m)
Geflüchteter (Sklave).

FUMUS BONI IURIS (m)
Überzeugung von der Möglichkeit, dass ein bestimmtes Recht besteht.

FUNDUS INSTRUCTUS (m)
Wörtlich: ausgestattetes Landgut.
Liegenschaft einschließlich des Zugehörs (zB Gutsinventar: Darunter versteht man das Zugehör eines landwirtschaftlichen Gutes,

das sind die zum ordentlichen Fortbetrieb einer Wirtschaft erforderlichen Vorräte und Gebrauchsgegenstände (vgl § 296 ABGB, § 926 BGB).

FUNGIBEL

Vertretbar, austauschbar. Man spricht von fungiblen Sachen (wie zB Geld, Getreide), wenn Sachen nach Maß, Zahl oder Gewicht bestimmt zu werden pflegen, dh die Individualität des einzelnen Stückes unmaßgeblich ist; im Unterschied zu unvertretbaren Sachen (wie ein individuell bestimmtes Schmuckstück, ein bestimmtes Gemälde).

FURIOSUS (m)

Geisteskranker.

FURIOSI VOLUNTAS NULLA EST

Der Wille eines Geisteskranken ist nichtig (D 29.2.47, D 50.17.40). Ein Geisteskranker ist unfähig, einen rechtserheblichen Willen zu bilden.

FUR MANIFESTUS (m)

Der offenkundige Dieb. Im römR: ein Dieb, der → in flagranti oder im Rahmen einer förmlichen Hausdurchsuchung (der sog **quaestio lance et licio**) ertappt wurde.

FUR SEMPER IN MORA

Der Dieb ist immer in Verzug. Bedeutung: der Dieb ist vom Augenblick der Begehung der Tat an bezüglich der Rückgabeverpflichtung fortwährend in Verzug. Folglich haftet er auch für jedweden zufälligen Untergang des Diebsgutes. Auch: **fur semper moram praestare debet** = der Dieb muss immer für Verzug einstehen.

FURTUM (s)

Im römR: Deliktstatbestand, welcher neben dem Diebstahl (dh nach heutigem Verständnis: die unbefugte Ansichnahme einer fremden beweglichen Sache in Bereicherungsabsicht, vgl § 127 öStGB, § 242 dStGB, Art 139 schwStGB) ua auch die Veruntreuung, Unterschlagung und Fundverheimlichung einer fremden beweglichen Sache umfasst.

Man unterscheidet zwischen **furtum manifestum** = offensichtlichem („handhaftem") Diebstahl (etwa wenn der Dieb auf frischer Tat ertappt wird) und **furtum nec manifestum** = nicht offensichtlichem Diebstahl.

FURTUM POSSESSIONIS (s)

Besitzdiebstahl. Ein Sachentzug, dessen Rechtswidrigkeit lediglich in der eigenmächtigen Besitzverschaffung besteht. ZB die heimliche Entziehung der eigenen Sache aus dem Besitz eines anderen.

FURTUM USUS (s)

Gebrauchsdiebstahl (zB Dienstmädchen nimmt gegen den Willen der Dienstgeberin deren Kleid aus dem Kasten und benützt es für einen Sonntagsausflug, will es jedoch hernach wieder ordnungsgemäß zurückstellen). Er ist idR nicht strafbar; Ausnahmen: zB § 136 öStGB, § 248b dStGB (unbefugter Gebrauch von Kraftfahrzeugen).

FUSIO(N) (w)

Wörtlich: Verschmelzung.
Rechtliche Zusammenfassung mehrerer Unternehmen zu einem einzigen Unternehmen. Auch „Fusionierung" genannt.

G

GENERALPRÄVENTION (w)
Vorbeugung im Interesse der Allgemeinheit.
Bemessung der Strafe mit Rücksicht auf ihre Abschreckungswirkung hinsichtlich der Allgemeinheit. Im Unterschied zur → Spezialprävention.

GENIUS LOCI (m)
Der den Ort beherrschende Geist (der Einfluss eines Ortes auf Denken und Handeln von Menschen).

GENOZID (m, s)
Völkermord. Verbrecherische Tötung ganzer Gruppen von Menschen aufgrund ihrer nationalen, religiösen oder ethnischen Zugehörigkeit. Siehe auch → Ethnozid.

GENUS (s)
Die Art, die Gattung.
Im ZivilR Bezeichnung für einen nur der Gattung nach bestimmten Leistungsgegenstand, dh dass der zu leistende Gegenstand zunächst nicht individuell festgelegt wurde (zB „eine Kiste Heineken-Bier").
Aufgrund der Vereinbarung einer **Genus-Schuld** sind für die Parteien die einzelnen Stücke innerhalb der Gattung für die Erfüllung gleich geeignet. Im Unterschied zu → species.

GENUS NON PERIT
Wörtlich: Die Gattung geht nicht unter.
Bei einer Gattungsschuld bleibt der Schuldner solange zur Leistung verpflichtet, solange noch Sachen dieser Gattung geleistet werden können. Auch: **genera non pereunt** sowie **genus perire non censetur**.
Siehe auch → Konkretisierung.

GESETZESKONKURRENZ
Allgemein: Mehrere Gesetzesbestimmungen treffen auf einen bestimmten Fall zu.
Im StrafR: Die Verwirklichung mehrerer Straftaten durch

denselben Täter. Siehe auch → **Idealkonkurrenz** und **Realkonkurrenz**.

GRAMMATISCHE INTERPRETATION (w)
Auslegung des Gesetzes nach der „eigentümlichen Bedeutung der Worte in ihrem Zusammenhange" (§ 6 ABGB). Insofern es auf den „Zusammenhang der Worte" iSd Stellung einer Bestimmung innerhalb der Ordnung des Gesetzes ankommt, spricht man auch von logisch-systematischer Interpretation.

GRAVAMEN (s)
Schwerwiegender, belastender Umstand. Mz: **Gravamina** (auch im Sinne von: Beschwerdepunkte). **Gravierend** = erschwerend, belastend (zB bei der Strafbemessung die Rückfälligkeit des Täters).

GREX (m)
Die Herde.

H

HABEAS CORPUS
Wörtlich: Du mögest den Körper haben.
Das im angloamerik Recht geltende Habeas-corpus-Recht besagt, dass die Festnahme und Inhaftierung einer Person grundsätzlich nur bei Vorliegen eines richterlichen Haftbefehls erfolgen darf.

HABITATIO (w)
Dienstbarkeit der Wohnung, dingliches Wohnrecht. Eine Personalservitut, durch die der Berechtigte das dingliche Recht des Gebrauchs einer Wohnung eingeräumt erhält (vgl § 521 ABGB, § 1093 BGB, Art 776 ff ZGB).

HANC REM MEAM ESSE AIO
„Ich behaupte, dass diese Sache die meine ist" (Rechtsbehauptung des Klägers im älteren röm Eigentumsstreit).

HAUPTINTERVENTION (w)
Das Eintreten desjenigen in den Prozess, der die Sache oder das Recht, worüber zwischen anderen Personen ein Rechtsstreit anhängig ist, für sich in Anspruch nimmt (§ 16 öZPO, §§ 64 f dZPO; im Unterschied zur → Nebenintervention).

HEREDIS INSTITUTIO (w)
Einsetzung einer Person zum Erben.

HEREDIS INSTITUTIO EST CAPUT ET FUNDAMENTUM TESTAMENTI
Die Erbeinsetzung ist das Haupt und die Grundlage des Testaments (Gaius Inst 2.229).
Nach römR muss die Erbeinsetzung am Beginn des Testaments stehen; ohne Erbeinsetzung ist das Testament unwirksam.

HEREDIS INSTITUTIO EX RE CERTA (w)
Wörtlich: Die Einsetzung als Erbe in Bezug auf eine bestimmte Sache. Erläuterung: Nach römR ist es unzulässig, dass der Erblasser den Erben auf eine bestimmte Sache (nicht aber bezüglich einer Quote der Verlassenschaft) einsetzt; um die Gültigkeit des

Testaments zu erhalten, wird der Hinweis auf die certa res als nicht beigesetzt angesehen.
Heute ist eine solche Verfügung hingegen als → Legat zu betrachten (§ 535 ABGB, § 1939 iVm § 2087 Abs 2 BGB, Art 484 ff ZGB).

HEREDITAS IACENS (w)
„Ruhender Nachlass" (erbrechtlicher Begriff). Das Vermögen des Erblassers in der Zeit zwischen seinem Tod und dem Antritt der Erbschaft durch den Erben (vgl heute § 547 ABGB § 1960 BGB, Art 560 ZGB).

HEREDITATIS PETITIO (w)
Erbschaftsklage. Klage gegen den Besitznehmer der Erbschaft durch den, der ein gleiches oder besseres Erbrecht zu haben behauptet (vgl §§ 823 f ABGB, § 2018 BGB, Art 598 ff ZGB).

HIC ET NUNC
Hier und jetzt.

HISTORISCHE INTERPRETATION (w)
Auslegung einer Rechtsnorm nach jenem Verständnis, welches der Norm zur Zeit ihrer Entstehung beigemessen wurde (zB unter Verwendung der Gesetzgebungsmaterialien und anderer zeitgenössischer Quellen). Man spricht in diesem Zusammenhang auch davon, den Willen des „historischen Gesetzgebers" zu ermitteln.
In einem weiteren Sinn handelt es sich auch bei der Erarbeitung der historischen Grundlagen einer Norm (Vorarbeiten, Einflüsse älteren Rechts etc) um historische Interpretation.
Siehe auch → teleologische Interpretation.

HONESTE VIVERE, NEMINEM LAEDERE, SUUM CUIQUE TRIBUERE
(Dies sind die Gebote des Rechtes:) Ehrenhaft leben, niemanden verletzen und jedem das Seine gewähren. In D 1.1.10.1 überlieferte Aussage des röm Juristen Ulpian.

HOMO LIBER BONA FIDE SERVIENS (m)
Im römR: ein irrtümlich als Sklave dienender freier Mensch.

HONORIS CAUSA

Ehrenhalber (Beifügung bei einem ehrenhalber verliehenen Titel). Abkürzung: h.c; zB Dr.h.c.

HYPOTHECA (w)

(Besitzloses) Pfandrecht.
Im römR versteht man darunter im engeren Sinn das besitzlose Pfandrecht (vgl D 13.7.9.2, I 4.6.7), wiewohl der Ausdruck auch für Pfandrecht allgemein (synonym mit → pignus) verwendet wird. Heute bezeichnet man mit Hypothek das – besitzlose, durch Eintragung im Grundbuch zustandekommende – Pfandrecht an einer Liegenschaft (§ 448 ABGB, vgl §§ 1113 ff BGB, Art 793 ff ZGB).

HYPOTHECAE TACITAE (w)

Stillschweigende Hypotheken; Pfandrechte, die ohne ausdrückliche Vereinbarung der Parteien zustandekommen. Im römR etwa das Pfandrecht des Vermieters an den → invecta illata. Siehe auch → pignus tacitum.

Hypothecae legales = gesetzliche Pfandrechte (vgl etwa § 1101 ABGB, §§ 562 ff BGB).

I

IACTUS MISSILIUM (m)
Münzwurf (Sachen, die als Geschenk unter eine Volksmenge geworfen werden).

IBIDEM
Ebenda, am selben Ort (bei Zitaten). Abkürzung: ibid.

IDEALKONKURRENZ (w)
Strafrechtlicher Begriff: das Zusammentreffen mehrerer Straftaten in Tateinheit. Dies liegt vor, wenn ein Täter durch eine Tathandlung mehrere Delikte verwirklicht.

IDEM (m)
Derselbe. Abkürzung: Id.

IDENTITÄT (w)
Wesensgleichheit, Übereinstimmung, ein und dasselbe Sein. **Ident** (identisch) = übereinstimmend, gleichzuhaltend. **Identifizieren** (Hauptwort: **Identifikation**) = feststellen, dass die Gleichheit gegeben ist (zB dass eine bestimmte Person tatsächlich die ist, für die sie sich ausgibt).

ID EST
Das ist, das heißt. Abkürzung: i.e.

ID QUOD ACTUM FUIT SEQUI DEBEMUS
Wir müssen dem folgen, was vereinbart wurde (was die Parteien mit ihrer Vereinbarung bezweckt haben). Maxime zur (ergänzenden) Auslegung von Vertragsbestimmungen.
Id quod actum est = das von den Parteien Vereinbarte.

ID QUOD FACERE POTEST
Wörtlich: das, was er leisten kann.
Bei manchen Klagen im römR wird bei der Festlegung der Urteilssumme auf die individuelle Vermögenssituation des Beklagten abgestellt (→ beneficium competentiae).

ID QUOD INTEREST
Das (Vermögens-)Interesse (nicht geschädigt zu werden).
Unter Interesse versteht man heute im Schadenersatzrecht den Schaden, der nach subjektiver Berechnung im Vermögen des Geschädigten eingetreten ist (im Unterschied zB zum gemeinen Wert).

IGNORANTIA IURIS NOCET
Unkenntnis des Rechts schadet. Rechtsunkenntnis schützt nicht vor Strafe (vgl § 2 ABGB, § 9 öStGB, § 17 dStGB, vgl auch Art 20 schwStGB). Siehe auch → error iuris.

IGNORANTI POSSESSIO NON ACQUIRITUR
Wörtlich: Dem Nichtwissenden wird kein Besitz erworben. Erläuterung: Auch zB bei der Besitzerwerbung durch Stellvertreter ist für den Besitzerwerb des Vertretenen grundsätzlich erforderlich, dass dieser Besitzwillen hat.

ILLEGITIM
Ungesetzlich, unrechtmäßig; auch: unehelich.
Im Gegensatz zu → legitim.

ILLIQUIDITÄT (w)
Zustand des nicht flüssig Seins; meist iS von (momentane) Zahlungsunfähigkeit.
Von einer **illiquiden Forderung** spricht man hingegen im Zusammenhang mit der Kompensierbarkeit, wenn eine Forderung nicht sofort durchsetzbar ist (zB infolge mangelnder Fälligkeit, nicht gegebener Beweisbarkeit des Anspruchs etc).
Siehe auch → non liquet.

ILLUSTRANDI CAUSA
Der Verdeutlichung halber, der Erläuterung wegen.

IMBEZILLITÄT (w)
Leichtere Form der Idiotie. Schwachsinn, der die Zurechnungsfähigkeit nicht immer ausschließt, sie jedoch mindert. Der Intelligenzgrad erreicht hierbei nicht den Grad, welcher zu Beginn der Pubertät in der Regel vorhanden ist.

IMMANENT
Innewohnend, inbegriffen, in etwas enthalten sein.

IMMEDIAT
Unmittelbar; zB **Immediatgesuch** = unmittelbar an die höchste Behörde gerichtetes Gesuch.

IMMEMORABILE TEMPUS (s)
Unvordenkliche Zeit.

IMMEMORABILIS POSSESSIO (w)
Unvordenklicher Besitz (außerordentlich weit zurückreichender Besitz).

IMMIGRANT (m)
Einwanderer.

IMMINENT
Unmittelbar bevorstehend (zB bei der Notwehr das Erfordernis des imminenten Angriffs = des unmittelbar drohenden Angriffs).

IMMISSIONEN (w)
Die von einem Grundstück auf ein anderes Grundstück ausgehenden Einwirkungen, wie zB Rauch, Ruß, Geruch, Gas, Erschütterungen, Lärm, Abwässer etc (vgl insbes §§ 364 Abs 2 und 364 a ABGB, § 906 BGB, Art 684 ZGB).

IMMOBILIEN
Unbewegliche Güter, Grundstücke, Liegenschaften (vgl §§ 293, 295 ff ABGB, §§ 873 ff BGB, Art 655 ZGB).

IMMUNITÄT (w)
Im juristischen Sinne das Ausgenommensein von der Gerichtsbarkeit, insbes der Schutz vor Strafverfolgung. Immunität genießen zB Mitglieder politischer Vertretungskörper (jedenfalls für Handlungen im Zusammenhang mit ihrer politischen Tätigkeit), der Bundespräsident, aber auch akkreditierte Diplomaten.

IMPENSAE NECESSARIAE (w, Mz)
Notwendige Aufwendungen; Aufwendungen, welche zur fortwährenden Erhaltung der Substanz einer Sache dienen (vgl § 331 Fall 1 ABGB).

IMPENSAE UTILES (w, Mz)
Nützliche Aufwendungen; Aufwendungen, welche zur Vermehrung des Nutzens einer Sache dienen (vgl § 331 Fall 2 ABGB).

IMPENSAE VOLUPTUARIAE (w, Mz)
Luxusaufwendungen; Aufwendungen, die zum Vergnügen bzw zur Verschönerung dienen (vgl § 332 ABGB).

IMPERIUM (s)
Herrschaft, Herrschaftsbefugnis, Hoheitsrecht.
Auch im Sinn von: (Welt-)Reich, Kaiserreich. Im Öffentlichen Recht versteht man heute darunter die Befugnis einer Behörde, hoheitlich Befehls- und Zwangsakte zu setzen.

IMPETUOS
Angriffslustig; stürmisch.

IMPLANTATIO (w)
Einpflanzung (durch Verwurzelung hergestellte Verbindung von Pflanzen und einem Grundstück).

IMPLICITE = IMPLIZIT
Mitgemeint, miteinbezogen, inbegriffen.

IMPLIZIEREN
Mithineinziehen, einbegreifen.

IMPONDERABILIEN (w, Mz)
Unwägbarkeiten. Umstände, die sich (im Vorhinein) nicht abschätzen oder ermessen lassen.

IMPOSSIBILIUM NULLA EST OBLIGATIO
Eine Verpflichtung hinsichtlich etwas Unmöglichem ist ungültig

(D 50.17.185). Unmögliches kann nicht Gegenstand einer wirksamen Verpflichtung sein.
Dieser Satz bezieht sich in der Regel auf die anfängliche, objektive Unmöglichkeit einer Leistung (vgl § 878 ABGB, Art 20 OR). Vgl jedoch nun allgemein § 275 Abs 1 BGB.

IMPOTENTIA COEUNDI (w)
Unfähigkeit, den Geschlechtsverkehr normal auszuführen.

IMPOTENTIA GENERANDI (w)
Zeugungsunfähigkeit (die Fähigkeit, den Beischlaf normal auszuführen, kann dabei durchaus vorhanden sein).

IMPRESSUM (s)
Wörtlich: Aufgedrucktes.
Rechtlich vorgeschriebene Angaben über den Namen des Verfassers, Verlegers und Druckers einer Druckschrift.

IMPRIMATUR (s)
Es werde gedruckt (Druckerlaubnis für die Herstellung eines Buches).
Siehe auch unter → correctis corrigendis imprimatur.

IMPRIMI POTEST
Es kann gedruckt werden.

IMPUBERES (m, w, Mz)
Unmündige. Im römR: Knaben unter 14, Mädchen unter 12 Jahren. **Impuberes infantia maiores** = Unmündige, die über das Kindesalter (→ infans) hinaus sind.

IMPUGNATIONSKLAGE
Vollstreckungsbekämpfungsklage, womit vom Verpflichteten eine Voraussetzung für die Exekutionsbewilligung bekämpft wird (vgl § 36 EO, § 768 dZPO).

IMPUTATIO(N) (w)
Zurechnung, Zuweisung. Auch: haltlose, ungerechtfertigte Anschuldigung.

IN ABSENTIA
In Abwesenheit. („Das Verfahren wurde in absentia durchgeführt" bedeutet, dass das Verfahren in Abwesenheit des Angeklagten durchgeführt wurde.)

IN ABSTRACTO
Im Allgemeinen betrachtet (losgelöst vom Einzelfall). Im Unterschied zu → in concreto.

INACCURAT = INAKKURAT
Ungenau.

IN ACTU
Im Laufe einer Tätigkeit, in Aktion befindlich.

INAPPELLABEL
Nicht mehr (durch Rechtsmittel) anfechtbar, endgültig.

IN ARTICULO MORTIS
Im Zeitpunkt des Todes, im Augenblick des Todes.

IN BONIS MEIS
In meinem Vermögen befindlich, zu meinem Vermögen gehörig. Im römR Bezeichnung für Sachen, die im sog bonitarischen Eigentum stehen.

IN CAMERALIBUS
In Sachen, welche die „**cameralia**" betreffen = Inbegriff der für den Verwaltungsbeamten zur Sachbearbeitung erforderlichen Wissensgebiete.

IN CAMERA CARITATIS
An einem stillen Ort, hinter verschlossener Tür, unter Ausschluss der Öffentlichkeit.

IN CASU
Im Einzelfall, im vorliegenden Fall.

INCERTAE PERSONAE (w, Mz)
Ungewisse Personen.

INCLUSUM SCRIBATUR
Wörtlich: Das Eingeschlossene möge geschrieben werden.
Bei Konzepten wird häufig durch (eckige) Einklammerung von Worten oder Sätzen („inclusum") ausgedrückt, dass das in der Klammer Stehende geschrieben werden soll, um auf diese Weise unnotwendige Wiederholungen im Text zu ersparen.

INCOGNITO = INKOGNITO
Unerkannt, unter fremdem Namen auftretend.

IN COMPLEXU
In der Gesamtheit, als Ganzes betrachtet.

IN CONCRETO
Auf den vorliegenden Fall bezogen, im einzelnen Fall, konkret.

IN CONTINENTI
Im Zusammenhang mit etwas anderem stehend, unmittelbar folgend.

IN CONTUMACIA
In Abwesenheit (wörtlich: bei Widerspenstigkeit). Eine Verurteilung in contumacia ist eine Verurteilung einer abwesenden Person.
Kontumazialverfahren: die (nur ausnahmsweise zulässige) Durchführung der Hauptverhandlung in Abwesenheit des Angeklagten. Siehe auch → in absentia.

IN CORPORE
Körperlich, als leibliche Person.
Korporativ: als Körperschaft, im Verband mit anderen gemeinsam.

INDEBITUM (s)
Etwas Nichtgeschuldetes.
Indebitum solutum = eine (irrtümlich) geleistete Nichtschuld. Siehe auch unter → condictio indebiti.

INDEBITE
Ungeschuldet (ohne dass eine Verbindlichkeit besteht).

INDEMNITÄT (w)
Schadloshaltung.
Im Speziellen: Straflosigkeit der Abgeordneten für die im Parlament getätigten Äußerungen.

INDEX PROHIBITORUM LIBRORUM (m)
Verzeichnis jener Bücher, welche die röm-kath Kirche zu lesen verbietet („ein Buch steht auf dem Index").

IN DIEM ADDICTIO (w)
Bessergebotsklausel (beim Kaufvertrag, vgl §§ 1083 ff ABGB). Siehe unter → addictio in diem.

INDIGENAT (s)
Staatsangehörigkeit, Heimatrecht, Bürgerrecht.

INDIGNITAS (w), INDIGNITÄT
Unwürdigkeit. Im ErbR: die Erbunwürdigkeit einer Person (vgl §§ 540 ff ABGB, §§ 2339 ff BGB, Art 540 f ZGB).
Indigniert = verärgert bzw entrüstet sein.

INDIKATION (w)
Anzeige, Angezeigtsein. Umstände, aus denen die Anwendung bestimmter Methoden angezeigt erscheint.

INDIVIDUALISIERUNG (w)
Bei einer Gattungsschuld (→ genus): die Auswahl des konkret zu leistenden Gegenstandes. Durch die Individualisierung wird die Gattungsschuld in wesentlichen Belangen einer Stückschuld (→ Speziesschuld) gleichgestellt. Auch → Konkretisierung oder → Konzentration genannt.

INDIZ (s)
Anzeichen. In der Kriminalistik: verdachterregender Umstand oder Hinweis. Mehrzahl: Indizien.

Indizieren = ein Anzeichen setzen, etwas anzeigen, etwas vermuten lassen.

IN DORSO

Auf der Rückseite.

INDOSSAMENT (s)

Ein idR auf der Rückseite („in dorso") eines Wechsels aufscheinender schriftlicher Vermerk, durch den der Wechselgläubiger (Inhaber des Wechsels) seine Rechte auf einen anderen überträgt (vgl Art 11 – 20 öWechselG, Art 968 f OR).

IN DUBIO

Im Zweifel, im Zweifelsfalle.

IN DUBIO CONTRA ACTOREM

Im Zweifelsfall gegen den Kläger.
Im Zivilprozessrecht kommt grundsätzlich dem Kläger die Beweislast zu, folglich ist zu Ungunsten des Klägers zu entscheiden, wenn der Beklagte das vom Kläger Vorgebrachte bestritten hat und Zweifel bezüglich der den Anspruch begründenden Umstände bestehen.

IN DUBIO CONTRA PROFERENTEM

Im Zweifel gegen den Hervorbringer. Im Zweifel ist eine Formulierung zulasten desjenigen auszulegen, der sich ihrer bedient hat (→ contra-proferentem-Regel).

IN DUBIO CONTRA STIPULATOREM

Im Zweifel gegen den Stipulator (das ist im römR der Gläubiger, der bei der → stipulatio den Inhalt des Versprechens formuliert hat). Siehe auch → ambiguitas contra stipulatorem.

IN DUBIO MITIUS

Im Zweifel das Mildere (das Günstigere).
Grundsatz im Strafprozess, wonach der Richter in Zweifelsfällen immer das für den Angeklagten günstigere Urteil fällen muss.

IN DUBIO PRO REO
Im Zweifel für den Angeklagten (= die sog Unschuldsvermutung).
Prozessgrundsatz, wonach das Gericht in Fällen, in denen die Schuld des Angeklagten nicht zweifelsfrei erwiesen ist, ihn nicht verurteilen, sondern freisprechen muss.

INDULGENZ (w)
Erlassung einer Strafe; Strafnachsicht. **Indulgent** = nachsichtig.

INDULT (m)
Nachsicht (Befreiung, Vergünstigung). Frist zur Erfüllung einer Verbindlichkeit.

IN DUPLO
Zweifach; in doppelter Ausfertigung.

IN EFFECTU
In der Wirkung, im Ergebnis.

IN EFFIGIE
Bildlich.

IN EVENTU
Eventuell, im Eventualfall, gegebenenfalls, unter (bestimmten) Umständen. ZB: Der Verteidiger stellt bei Gericht den Antrag, den Angeklagten freizusprechen, für den Fall aber – in eventu –, dass der Richter ihn für schuldig befinden sollte, ihn wegen Vorliegens verschiedener Milderungsgründe lediglich zu einer bedingten Strafe zu verurteilen (Eventualantrag).

IN EXTENSO
Ausführlich, ausgiebig, extensiv.

IN EXTREMIS
Im äußersten Fall, in letzter Minute.

IN FACTO
In der Tat, tatsächlich.

INFALLIBILITÄT (w)
Die Unfehlbarkeit (des Papstes). **Infallibel** = unfehlbar. Der Papst ist nach röm-kath Kirchenrecht in Glaubens- und Lehrfragen, wenn er „ex cathedra" spricht, unfehlbar.

INFAMIA (w), INFAMIE
Ehrlosigkeit, Niederträchtigkeit. **Infam** = niederträchtig, schändlich.

INFANS (m)
Im römR: Person, die noch keine Formalakte sprechen kann = Kind.

IN FAVOREM MATRIMONII
Zugunsten der Ehe, für die Aufrechterhaltung der Ehe.

INFERIOR
Minderwertig, untergeordnet, bedeutungslos.

IN FIDEM
Für die Treue, wortgetreu. (Beglaubigungsformel bei Herstellung von Abschriften).

IN FINE
Am Ende, am Schluss (zB bei Angabe einer Gesetzesstelle: § 5 Abs 3 in fine).

IN FLAGRANTI
Wörtlich: im „brennenden" (Zustand).
Bedeutung: Auf frischer Tat.

IN FORMALI
Der Form nach, förmlich. **Informell** heißt hingegen formlos.

IN FRAUDEM LEGIS
Unter Umgehung des Gesetzes.
Die Vornahme eines Geschäftes mit dem Ziel, eine gesetzliche Bestimmung zu umgehen, ihren Normzweck zu vereiteln oder sie zu missbrauchen.

IN FUTURO
In Hinkunft, in Zukunft. Auch: **pro futuro** = für die Zukunft.

IN FUTURUM
In die Zukunft wirkend. Gegensatz: → in praeteritum = in die Vergangenheit wirkend.

IN GENERE
Der Gattung nach, im Allgemeinen.

INGENUUS (m)
Im römR: ein frei geborener Mensch (im Unterschied zu → libertus = Freigelassener).

INGERENZ (m)
Einflussnahme, Einflussnahmemöglichkeit.
Im StrafR besagt das Ingerenzprinzip, dass man in verschiedenen Fällen durch eine Einflussnahme bzw die Einmischung in eine bestimmte Situation Handlungspflichten auf sich nimmt, deren Unterlassung zu einer Strafbarkeit führen können (vgl § 2 öStGB, § 13 dStGB).
Ingerent = eine Person, die sich einmischt; jemand, der auf eine Entwicklung Einfluss nimmt.

IN GLOBO
Im Gesamten, insgesamt.

INGREDIENS (s)
Zutat, Bestandteil. Mz: **Ingredientia** bzw **Ingredienzen**.

INHIBIEREN
Einhalt tun, verbieten, verhindern.

IN HONOREM
Zu Ehren.

IN INTEGRUM RESTITUTIO (w)
Wiedereinsetzung in den vorigen Stand. Siehe unter → restitutio in integrum.

INITIATIVE (w)
Der Anstoß zu einer Handlung, der Beginn einer Handlung; auch: Unternehmungsgeist, Entschlusskraft.

INITIATOR (m)
Der den Beginn Setzende, der eine Handlung zuerst in Angriff Nehmende.

IN IURE
Vor dem Ort, an dem Recht gesprochen wird. Im römR bezeichnet man damit jenen Teil des Zivilprozesses, der vor dem Prätor stattfindet (im Gegensatz zu → apud iudicem).

INIURIA (w)
Wörtlich: Unrecht.
Im römR versteht man darunter einerseits die Qualifikation einer Handlung als rechtswidrig und schuldhaft (iniuria als allgemeine Voraussetzung für Delikte) sowie andererseits im Speziellen ein eigenes privatrechtliches Delikt der Ehrverletzung (Beleidigung).

INIURIANT (m)
Beleidiger.

INIURIE (w)
Beleidigung. **Verbalinjurie** = Beleidigung durch eine Äußerung.

INIUSTA POSSESSIO (w)
Unechter, fehlerhafter Besitz. Das ist im römR ein Besitz, der fehlerhaft begründet wurde, dh vi (gewaltsam), clam (heimlich) oder precario (durch eine Bittleihe) zustandekam (vgl § 345 ABGB); vgl auch § 858 BGB, Art 927 ZGB. Gleichbedeutend: → possessio vitiosa. Im Gegensatz zu → iusta possessio.

IN IUS VOCATIO (w)
Im römR: die Ladung des Beklagten vor Gericht.

IN IURE CESSIO (w)
Abtretung (eines Rechts) vor Gericht. Im römR: ein förmliches Rechtsgeschäft, durch das jemand sein Recht (zB Eigentum an

einer Sache) vor dem Prätor an einen Erwerber überträgt. **In iure** = vor dem Ort, an dem Recht gesprochen wird.

INKAPAZITÄT (w)
Unfähigkeit.

INKLUDIEREN
Miteinbeziehen, miteinschließen.

INKOHÄRENT
Unzusammenhängend.

INKOMMODIEREN
Mühe bereiten, belasten, belästigen.

INKOMPATIBILITÄT (w)
Unvereinbarkeit, Unverträglichkeit (zB Unmöglichkeit, zwei bestimmte Ämter in einer Person zu vereinigen).
Im Gegensatz zu → Kompatibilität.
Inkompatibel = unvereinbar.

INKOMPETENT
Unzuständig.

INKRIMINIERT
Angeschuldigt, zur Last gelegt (zB eine „inkriminierte Handlung").

INKULPANT (m)
Der Anschuldigende.

INKULPAT (m)
Der Angeschuldigte. **Inkulpieren** = anschuldigen.

IN LINEA CRIMINALI
Auf krimineller Ebene.

IN MEDIAS RES
Mitten in die Dinge hinein (im Unterschied zu „ab ovo" = von

den frühesten Anfängen an), sogleich zum Kernpunkt der Sache kommend.

IN MEMORIAM
Zur Erinnerung, zum Gedächtnis.

IN NATURA
In Natur, im Naturzustand. Siehe auch → Naturalrestitution.

INNOMINATKONTRAKT (m)
Unbenannter Vertrag, atypischer Vertrag. Im römR: synallagmatischer Vertrag, der nicht unter die anerkannten (und „benannten") Verträge fällt.
Siehe auch → sui generis.

IN NUCE
Wörtlich: in der Nuss.
Im Kern, in Kürze, kurz und bündig (auch im Sinn von: der Anlage nach bereits bestehend).

IN PARI CAUSA MELIOR EST CONDITIO POSSIDENTIS
Bei gleichem Rechtsgrund ist die (rechtlich) günstigere Stellung die des Besitzenden. Siehe auch unter → beatus possidens.

IN PARI TURPITUDINE MELIOR EST CAUSA POSSIDENTIS
Bei gleich schändlichem Rechtsgrund ist die Lage des Besitzenden die günstigere.

IN PECTORE
Wörtlich: in der Brust (noch nicht ausgesprochen, etwas lediglich im Inneren bereit halten). Ital: **in petto**.

IN PERPETUUM
Für ewig, für immer.

IN PERSONA
Persönlich, selbst.

IN PLENO
In der Vollversammlung.

IN PRAETERITUM
In die Vergangenheit wirkend, rückwirkend.
Gegensatz: → in futuro = in Zukunft; → in futurum = in die Zukunft (wirken).

IN PRAXI
In der Praxis, im wirklichen Leben.

IN PUNCTO
Hinsichtlich, betreffend, bezüglich.

INQUIRIEREN
Streng verhören, untersuchen.

INQUISITIONSMAXIME (w)
Untersuchungsgrundsatz im Strafprozess, wonach das Gericht von Amts wegen auch ohne Antrag die zur Wahrheitsfindung erforderlichen Tatsachen ermitteln muss.

IN REBUS SEXUALIBUS
In Dingen, welche das Geschlechtsleben betreffen.

IN REM VERSIO (w)
Vermögensvermehrung, Bereicherung. Siehe unter → versio in rem.

INSCRIPTIO (w)
Aufschrift, Inschrift, Titel.
Im → Corpus iuris civilis: Angabe der Quelle eines Fragmentes.

IN SCRIPTIS
Schriftlich (Begriff im Vertragsrecht).

INSEMINATION (w)
Besamung. Bei der sog künstlichen Besamung spricht man von **homologer Insemination**, wenn dabei der Samen des Ehemannes

verwendet wird, sowie von **heterologer Insemination**, wenn dabei der Samen eines anderen Mannes verwendet wird (vgl öFortpflanzungsmedizinG 1992).

INSINUIEREN
Hineindrängen, etwas eindringen lassen, einschmeicheln.
Auch im Sinn von: unterschwellig etwas mitteilen, unterschwellig eine Beschuldigung oder einen Vorwurf erheben.

IN SITU
In der (gegebenen) Lage; auch: an Ort und Stelle.

IN SOLIDUM
Auf das Ganze (haftend); gesamtschuldnerisch (verpflichtet sein).
Im Unterschied zu → pro parte = bloß für den Anteil.
Siehe auch → Solidarschuld.

INSOLVENZ (w)
Zahlungsunfähigkeit. Diese liegt vor, wenn der Schuldner nicht mehr in der Lage ist, seinen (fälligen) Zahlungsverpflichtungen nachzukommen. **Insolvent** = zahlungsunfähig.

IN SPE
Wörtlich: in der Hoffnung auf …; zukünftig (also derzeit noch nicht, aber voraussichtlich, zB Minister in spe).

IN SPECIALISSIMO MODO
Auf ganz besondere Art und Weise.

IN SPECIE
Im Besonderen. Im Unterschied zu → in genere.

IN STATU ABEUNDI
Im Zustande des Scheidens (Abtretens, Austrittes, Weggehens).

IN STATU NASCENDI
Im Zustande (Begriffe) des Entstehens (also noch nicht fertiggestellt).

INSTITUTIONEN-LITERATUR
Einführungsliteratur; leitet sich ab von den „Institutionen" des röm Juristen Gaius, welche eine systematische Einführung in das römische Privatrecht darstellen. Die Gaius-Institutionen bilden auch die Grundlage für die Institutionen Justinians, welche als autoritatives Anfängerlehrbuch fungieren sollten (siehe → corpus iuris civilis).

INSTRUMENTA ANTIQUA (s, Mz)
Wörtlich: alte Urkunden.
Urkunden, aus welchen der Rechtserwerb des Übergebers hervorgeht.

INSTRUMENTA NOVA (s, Mz)
Wörtlich: neue Urkunden.
Urkunden, durch welche der Übergeber sein Recht auf den Erwerber überträgt.

INSTRUMENTA SCELERIS (s, Mz)
Die Tatwerkzeuge (zB Tatwaffen, vgl § 26 öStGB, §§ 74 ff dStGB) Siehe auch → producta sceleris.

INSULT (m)
(Schwere) Beleidigung, Belästigung.
Insultieren = (schwer) beleidigen, angreifen.

INSURREKTION (w)
Aufstand, Erhebung, Empörung.

IN SUSPENSO
In Schwebe, im Schwebezustand, noch nicht entschieden.

INTABULATION (w)
Eintragung (= Einverleibung) eines Rechts in die „öffentlichen Bücher" (Grundbuch, Bergbuch, Eisenbahnbuch ua).
Die Intabulation im Grundbuch stellt den erforderlichen Modus (Vorgang) für den Erwerb dinglicher Rechte (Eigentum, Pfandrecht, Dienstbarkeiten) an Liegenschaften dar (vgl §§ 431 ff ABGB, §§ 873 ff BGB, Art 656 ZGB).

INTEGER
Unversehrt, unbescholten, untadelig (zB eine „integre Person").

INTEGRATION (w)
Wiederherstellung eines Ganzen, Eingliederung, Verbindung einer Vielheit von Personen oder Gruppen zu einer Einheit.

INTEGRIEREND
Den Zusammenhalt fördernd; zu einem Ganzen notwendig gehörend.

INTELLECTUS POSSIDENDI (m)
Wörtlich: Einsichtskraft des Besitzens. Damit meint man im römR die Einsichtsfähigkeit, die nötig ist, um einen Besitzwillen zu fassen.

INTENTIO(N) (w)
Vorhaben, Absicht.
Intentio testatoris = Absicht des Erblassers; **intentio legis** = Absicht des Gesetzes.

INTER ABSENTES
Unter Abwesenden, gegenüber Abwesenden.

INTER ALIOS
Unter anderen, gegenüber Dritten.
Im Unterschied zu → inter partes.

INTER ARMA SILENT LEGES
Unter den Waffen schweigen die Gesetze. Im Krieg gibt es kein Recht (außer dem völkerrechtlich für den Kriegsfall geltenden „Kriegsrecht").

INTERCESSIO = INTERZESSION (w)
Wörtlich: Dazwischentreten. Übernahme der Haftung für eine fremde Schuld (zB durch Pfandbestellung, Bürgschaft).
Als völkerrechtlicher Begriff: erlaubte Beeinflussung.

INTERCESSIO CUMULATIVA (w)
Zusätzliche Schuldübernahme, Schuldbeitritt. Die Übernahme der Haftung für eine fremde Schuld, wobei der ursprüngliche Schuldner weiterhin verpflichtet bleibt.

INTERCESSIO PRIVATIVA (w)
Befreiende Schuldübernahme. Übernahme der Haftung für eine fremde Schuld, durch die der bisherige Schuldner befreit wird (nur mit Zustimmung des Gläubigers möglich).

INTERDICTIO (w)
Wörtlich: Untersagung. Im römR: prätorisches Verfügungsverbot, das über einen → prodigus (Verschwender) verhängt wurde.

INTERDICTUM (s)
Interdikt; im römR eine bestimmte Art von Rechtsbehelf. Interdikte werden insbes zum Schutz des Besitzes (Besitzinterdikte) gewährt.

INTERDICTUM RECUPERANDAE POSSESSIONIS (s)
Interdikt zur Wiedererlangung des Besitzes. Besitzschutzverfahren des fehlerhaft aus dem Besitz Vertriebenen, mit dem er die Zurückversetzung in die vorige Lage und Schadloshaltung begehrt (vgl § 346 ABGB, § 861 BGB, Art 927 ZGB).

INTERDICTUM RETINENDAE POSSESSIONIS (s)
Interdikt zur Aufrechterhaltung des bestehenden Besitzes. Besitzschutzverfahren, mit dem der fehlerfreie Besitzer die Untersagung der Störung seines Besitzes begehrt (vgl § 339 ABGB, § 862 BGB, Art 928 ZGB).

INTERESSE (s)
Ausmaß eines (Vermögens-)Schadens.
Siehe unter → id quod interest.

INTERESSENJURISPRUDENZ
Methodische Richtung der Rechtswissenschaft, die die Aufgabe des Rechts darin sieht, Konflikte zu lösen, indem aus der gesetzlichen Regelung Wertungen dahingehend entnommen werden,

welche Interessen schützenswert sind. Dabei wird – wenn auch ausgehend von den gesetzlichen Wertungen – für die Beurteilung des Einzelfalls ein relativ weiter Auslegungsspielraum des Interpreten angenommen.

INTERIM
In der Zwischenzeit, vorläufig. **Interimistisch** = einstweilig.

INTERMISSIONES (w, Mz)
Wörtlich: Unterbrechungen. Lichte Momente eines Geisteskranken. Siehe auch → lucida intervalla.

INTERNATIONAL
Zwischenstaatlich.

INTERNUM (s)
Das Innere, eine innere Angelegenheit. Mz: **Interna**.

INTER PARTES
Unter den Parteien, zwischen den Parteien. Unter einer inter-partes-Wirkung versteht man eine Rechtswirkung, die nur zwischen den Parteien (zB des Vertrages) eintritt. Im Unterschied zu → erga omnes.

INTERPELLATIO(N) (w)
Förmliche Anfragestellung (zB parlamentarische Interpellation); auch: Mahnung, die vom Gläubiger an den Schuldner gerichtete Aufforderung zur Erfüllung einer Obligation.

INTERPOLATIO(N) (w)
(Text-)Einfügung, Einschaltung, Einschub.

INTER PRAESENTES
Unter Anwesenden.

INTERPRETATIO(N) (w)
Auslegung. Feststellung des Sinnes einer Bestimmung (vgl etwa §§ 6f, 914f ABGB, §§ 133, 157 BGB, Art 18 OR).
Siehe auch → authentische Interpretation, → doktrinelle Inter-

pretation, → historische Interpretation und → teleologische Interpretation.

INTERPRETATIO BENIGNA (w)
Wohlwollende Auslegung, meist im Sinn von: zugunsten der Partei.

INTERPRETATIO EXTENSIVA (w)
Ausdehnende Auslegung. Sie liegt vor, wenn ein Wort (im Rahmen seiner möglichen Bedeutung) weit ausgelegt wird, sodass alle nur möglichen Bedeutungen miteinbezogen werden.

INTERPRETATIO GRAMMATICA (w)
Siehe unter → grammatische Interpretation.

INTERPRETATIO LEGALIS (w)
Legalinterpretation; Interpretation durch das Gesetz. Siehe unter → authentische Interpretation sowie → Legaldefinition.

INTERPRETATIO PER CONIECTURAM (w)
Auslegung unter Zuhilfenahme einer Vermutung, Auslegung mittels einer Mutmaßung.

INTERPRETATIO RESTRICTIVA (w)
Einschränkende, enge Auslegung. Diese liegt vor, wenn der Gesetzestext so verstanden wird, dass ein bestimmtes Wort (innerhalb seiner möglichen Bedeutungen) eng ausgelegt wird.

INTERPRETATIONE LEGUM POENAE MOLLIENDAE SUNT POTIUS QUAM ASPERANDAE
Bei Auslegung der Gesetze sind (im Zweifelsfall) die Strafen eher in einem milderen, als in einem schärferen Ausmaß zu verhängen.

INTERUSURIUM (s)
Wörtlich: Zwischenzins.
Rabatt, Diskont, Vorteil, welcher aus der früheren Zahlung einer später fälligen Summe oder der früheren Übergabe einer nutzbaren Sache für den Empfänger erwächst.

INTER VIVOS

Unter Lebenden. Etwa „Rechtsgeschäfte unter Lebenden" wie zB Kauf, Tausch, Miete ua, im Unterschied zu „Rechtsgeschäften von Todes wegen" (→ mortis causa), wie zB Erbvertrag, Testament ua.

INTERZESSION (w)

Siehe unter → intercessio.

INTESTABEL

Unfähig, als Zeuge zu wirken oder ein Testament zu errichten (zB aus Mangel an Besonnenheit, wegen unreifen Alters, wegen gerichtlich erklärter Verschwendungssucht etc).

INTESTATERBE

Gesetzlicher Erbe; Erbe, welcher infolge Intestaterbfolge erbt (zB Kinder, Gatte, Eltern des Erblassers). Im Unterschied zu Erbfolge aufgrund letztwilliger Verfügung (testamentarische Erbfolge).

INTESTATERBRECHT

Nichttestamentarisches Erbrecht, gesetzliches Erbrecht, gesetzliche Erbfolge. Diese tritt va dann ein, wenn kein Testament vorhanden ist. Es erben hiebei die jeweils nächsten Anverwandten.

INTIMIEREN

Amtlich ausfertigen, ankündigen, bekanntmachen, vorbringen; vortragen.

Intimationsbescheid (Intimierungsbescheid) nennt man die Ausfertigung eines Bescheides, die durch eine andere als die willensbildende Behörde erfolgt (zB werden Bescheide des Bundespräsidenten idR durch den zuständigen Bundesminister intimiert).

INTIMUS (m)

Enger Vertrauter.

IN TOTO

In der Gesamtheit, im Ganzen, zur Gänze.

INTRA MUROS
Wörtlich: innerhalb der Mauern; innerhalb der vier Wände, nicht öffentlich.

IN TRIPLO
In dreifacher Ausfertigung.

INTUS HABET
Er hat es in sich; auch: er hat es begriffen.

INVECTA (ET) ILLATA (s, Mz)
Die vom Mieter eines Bestandobjekts eingebrachten Einrichtungsgegenstände und sonstigen Fahrnisse.
Nach römR hatte der Vermieter einer städtischen Wohnung an den invecta illata des Mieters ein stillschweigendes Pfandrecht (→ pignus tacitum) zur Sicherung seiner Ansprüche aus dem Mietvertrag. Heute gibt es verschiedentlich gesetzliche Sicherungsrechte (Pfandrechte bzw Retentionsrechte) des Vermieters (vgl § 1101 ABGB, §§ 562 ff BGB, Art 268 ff OR).

INVENTAR(IUM) (s)
Verzeichnis; insbes: Verzeichnis der Nachlassgegenstände (→ beneficium inventarii).

IN VINCULIS ESSE
In Fesseln sein. Auch: „gebundene Hände" haben.

INVITATIO AD OFFERENDUM (w)
Aufforderung (Einladung) zur Abgabe eines Anbots (eines → Offertes), zB bei Bauvergaben bzw Ausschreibungen.

INVITO BENEFICIUM NON DATUR
Eine Rechtswohltat kann niemandem gegen seinen Willen zustatten kommen (dh sie wird niemandem aufgedrängt).

IN-VITRO-FERTILISATION (w)
Künstliche Befruchtung (einer Eizelle). **In vitro** = im Glas.

INVITUS AGERE NEMO COGITUR
Niemand wird gegen seinen Willen gezwungen, eine Klage einzubringen. Siehe auch → Dispositionsmaxime.

INVOLVIEREN
In etwas miteinbeziehen, miteinschließen; umfassen.

INZEST (m)
Blutschande. (Verbotene) sexuelle Beziehungen zwischen nächsten Verwandten.

INZIDENTALVERFAHREN (s)
Wird im Zuge einer Hauptverhandlung eine strafbare Handlung gesetzt (zB falsche Zeugenaussage), so kann (nach ö Recht) sogleich über diese verhandelt werden (vgl §§ 277 ff öStPO). Allgemein: Verfahren bezüglich einer Angelegenheit, welche zufällig im Rahmen eines Verfahrens, welches eine andere Angelegenheit betrifft, aufgekommen ist.
Incidenter = zufällig, bei einer Gelegenheit sich ergebend.

IPSE FECIT
Er selbst hat es getan (gemacht).

IPSISSIMA VERBA (s, Mz)
(Seine) ureigenste(n) Worte.

IPSO FACTO
Durch die Tat selbst, allein schon durch die Tat.

IPSO IURE
Durch das Recht selbst (unmittelbar eintretend), aus dem Recht selbst (unmittelbar entstehend), ohne weiteres, automatisch.

IPSO IURE COMPENSATUR
Es wird bereits durch das Recht selbst aufgerechnet. Es wird automatisch (bei Vorliegen der Kompensationserfordernisse) aufgerechnet. Forderung und Gegenforderung heben sich kraft Rechtsvorschrift im Moment ihres Zusammentreffens auf (vgl

§§ 1438 ff ABGB); im Gegensatz zur Aufrechnung durch Aufrechnungserklärung (vgl §§ 387 BGB, Art 120 ff OR).

IRRELEVANZ (w)
Gegenteil von → Relevanz. Unerheblichkeit, Unwichtigkeit, Unbeachtlichkeit.
Irrelevant = unerheblich; unwichtig, unbedeutend; nicht ins Gewicht fallend.

IS DAMNUM DAT QUI IUBET DARE
Derjenige fügt den Schaden zu, der ihn zuzufügen anordnet.

ITEM
Ebenso.

ITER (s)
Weg; auch: Wegerecht (→ Servitut).

IUDEX (m)
Richter. Im römR handelt es sich dabei um einen Privatmann, der vom → Prätor angewiesen wird, über eine bestimmte Streitsache nach Maßgabe des vom Prätor erstellten Prozessprogramms zu entscheiden.

IUDEX AD QUEM (m)
Wörtlich: Richter an den (sc die Berufung geht). Richter des Rechtsmittelgerichts.

IUDEX A QUO (m)
Wörtlich: Richter von dem (sc die Entscheidung stammt, gegen die berufen wird). Richter der ersten Instanz, gegen dessen Entscheidung ein Rechtsmittel erhoben wird.

IUDEX DAMNATUR CUM NOCENS ABSOLVITUR
Der Richter wird verurteilt, wenn der Schuldige freigesprochen wird.

IUDEX INHABILIS (m)
Wörtlich: der ungeeignete Richter. Der von Gesetzes wegen aus-

geschlossene Richter (zB wegen Verwandtschaft mit dem Angeklagten oder den Parteien).

IUDEX NON CALCULAT
Der Richter rechnet nicht (vgl D 49.8.1.2). Bloße Rechenfehler in einem Urteil erwachsen nicht in Rechtskraft, sondern sind zu berichtigen (vgl § 419 öZPO, § 319 dZPO).

IUDEX SUSPECTUS (m)
Wörtlich: der verdächtige Richter. Der aus Gründen der Befangenheit abzulehnende Richter (zB weil er mit der Partei befreundet oder verfeindet ist).

IUDICIUM (s)
Rechtsstreit, auch: Richterspruch, Urteil. Mehrzahl: **Iudicia**.

IUDICIUM BONAE FIDEI (s)
Im römR: ein Verfahren nach Treu und Glauben; eine Klage, bei der der → iudex die Rechte und Pflichten der Parteien nach der → bona fides festzulegen hat. Mz: **iudicia bonae fidei**.

IUDICIUM DUPLEX (s)
Doppelter Rechtsspruch.
Erläuterung: Wenn ein Urteil auch vom unterliegenden Teil, und zwar gegen den obsiegenden Gegner, in Vollzug gesetzt werden kann (zB bei einem Teilungsurteil).

IUDICIUM RESCINDENS (s)
Ungültig machendes Verfahren; das Verfahren über einen Wiederaufnahmeantrag im Zivilprozess.

IUDICIUM RESCISSORIUM (s)
Das (neuerliche) Verfahren in einer Sache, in der eine Wiederaufnahme genehmigt wurde; die Entscheidung in der Hauptsache aufgrund eines Wiederaufnahmeverfahrens.

IUDICIUM STRICTI IURIS (s)
Wörtlich: strengrechtliche Klage.

Im römR: ein Verfahren, in dem der Ermessensspielraum des Richters geringer ist als bei einem → iudicium bonae fidei.

IURA DISCONTINUA (s, Mz)
Wörtlich: unterbrochene Rechte. Rechte, welche infolge ihrer Beschaffenheit nur selten ausgeübt werden können. Sie lassen ihrer Natur nach eine fortwährende Ausübung nicht zu und müssen während der Ersitzungszeit wenigstens dreimal ausgeübt werden (vgl §§ 1471, 1484 ABGB).

IURA IN RE ALIENA (s, Mz)
Wörtlich: Rechte an einer fremden Sache.
Damit sind die sog beschränkten dinglichen Rechte gemeint, die dem Berechtigten an einer fremden Sache beschränkte Nutzungs- und Herrschaftsrechte einräumen (zB Dienstbarkeiten, Pfandrecht, Baurecht).

IURA MERAE FACULTATIS (s, Mz)
Rechte bloßer Willkür (vgl § 1459 ABGB). Siehe unter → actus merae facultatis.

IURA NOVIT CURIA
Wörtlich: Die Kurie (das Gericht) kennt das Recht.
Rechtsgrundsatz, wonach davon ausgegangen werden kann, dass die rechtsanwendende Behörde das Recht kennt.

IURA PRAEDIORUM (s, Mz)
Grunddienstbarkeiten. Servituten, die zugunsten des Eigentümers des berechtigten Grundstücks den Eigentümer des mit der Servitut belasteten Grundstücks verpflichten, etwas zu dulden oder zu unterlassen.

IURA PRAEDIORUM RUSTICORUM (s, Mz)
Rustikal- oder Feldservituten. Dazu zählen im römR Wege-, Weide- und Wasserrechte.

IURA PRAEDIORUM URBANORUM (s, Mz)
Urbanal- oder Gebäudeservituten. Dazu zählen im römR die servitus stillicidii (Dachtraufendienstbarkeit), die servitus flumi-

nis (Regenwasserableitungsrecht), die servitus altius non tollendi (Verbot des Höherbauens), die servitus tigni immittendi (Recht, einen Balken in die Mauer des Nachbarn zusetzen) etc.

IURE CONVENTIONIS
Nach dem Recht der getroffenen Vereinbarung.

IURE CREDITI-EINANTWORTUNG
Erbrechtlicher Begriff: Bei unbedeutendem Nachlass und überwiegendem Schuldenstand wird keine Erbschaftsabhandlung durchgeführt, sondern der Nachlass den Gläubigern an Zahlungs Statt überlassen (vgl § 73 öAußerstreitG).

IURE GESTIONIS
Kraft Rechtes der Geschäftsführung.

IURE IMPERII
Kraft Hoheitsrechtes.

IURE PROPRIO
Kraft eigenen Rechtes.

IURE SUO UTI NEMO COGITUR
Niemand ist verpflichtet, von dem ihm zustehenden Recht Gebrauch zu machen.

IURIS CIVILIS ADIUVANDI GRATIA
Um das Zivilrecht durchzusetzen, um ihm nachzuhelfen. Siehe → ius praetorium.

IURIS CIVILIS CORRIGENDI GRATIA
Um das Zivilrecht zu berichtigen. Siehe → ius praetorium.

IURIS CIVILIS SUPPLENDI GRATIA
Um das Zivilrecht zu ergänzen.
Erläuterung: Im römR hatte das → ius praetorium, dh jene Rechtsnormen, die durch den Prätor eingeführt wurden, die Aufgabe, das ius civile (das „überkommene alte Recht") durchzuführen, aber auch es zu ergänzen und nötigenfalls zu korrigieren. Muta-

tis mutandis kann man dies hinsichtlich jeder Rechtsanwendung bzw Rechtsfortentwicklung sagen.

IURISCONSULTUS (m)
Rechtsgelehrter.

IURIS DERELICTIO (w)
Das Aufgeben eines (Privat-)Rechts; freiwilliger Rechtsverzicht. Siehe auch → derelictio.

IURISDICTIO VOLUNTARIA (w)
Freiwillige Gerichtsbarkeit; Außerstreitverfahren. Hierbei üben die Gerichte eine Art Verwaltungstätigkeit aus; sie haben dabei eine gewisse Schutzfunktion (zB Festsetzung von → Alimentationen; Erbschafts- und Vormundschaftsangelegenheiten).

IURIS IGNORANTIA NOCET, FACTI NON NOCET
Unkenntnis des Gesetzes schadet, Unkenntnis von Tatsachen jedoch nicht.
Siehe auch unter → error iuris nocet.

IURISPRUDENTIA = JURISPRUDENZ (w)
Rechtswissenschaft.

IURIS (QUASI) POSSESSIO (w)
Rechtsbesitz; Besitz eines bestimmten Rechtes (Ausübung eines Rechtes), das mit der Innehabung einer Sache verbunden ist. ZB das Gehen oder Befahren bei der Servitut; auch hierbei sind, wie beim Sachbesitz, → corpus = äußere Handlung und → animus = Willen des Ausübenden, erforderlich.

IURIS UTRIUSQUE
Beider Rechte (gemeint: weltliches und kirchliches Recht); zB Doktor beider Rechte.

IURIS VINCULUM (s)
Rechtliches Band, welches die an einem bestimmten Schuldverhältnis beteiligten Personen verbindet. Mit dem Bild des iuris vinculum wird ausgedrückt, dass schuldrechtliche Rechte und

Pflichten grundsätzlich an die Person des jeweiligen Schuldners bzw Gläubigers gebunden sind.

IUS (s)
Recht. Im objektiven Sinn: Summe von Regeln; im subjektiven Sinn: Anspruch, Befugnis.
Im römR auch: der Ort, an dem Recht gesprochen wird (→ in iure).

IUS AD BELLUM (s)
Das Recht, Krieg zu führen; im klassischen Völkerrecht ein Recht des souveränen Staates.

IUS AD REM (s)
Wörtlich: Recht auf eine Sache. Im Mittelalter eine eigene Kategorie eines Rechts, das zwar kein dingliches Recht ist, wohl aber einen Anspruch auf Begründung eines dinglichen Rechts mit sich bringt (zB Anspruch, ein bestimmtes Lehen zu erhalten).
In der Neuzeit bedeutet ius ad rem auch einfach Forderung (schuldrechtlicher Anspruch), im Gegensatz zum dinglichen Recht (→ ius in re).

IUS AEQUUM (s)
Billigkeitsrecht.
Im Unterschied zum → ius strictum. Siehe → aequitas.

IUS CANONICUM (s)
Kirchenrecht, kirchliches Recht, Recht der röm-kath Kirche. Zu unterscheiden vom Staatskirchenrecht, jenem Teil des Öffentlichen Rechts, welcher kirchliche Angelegenheiten betrifft.

IUS CIVILE (s)
Im römR ein mehrdeutiger Begriff, der bedeuten kann:
a) Recht der röm Bürger untereinander (im Gegensatz zum → ius gentium).
b) althergebrachtes Recht (im Gegensatz zu dem durch → praetor und andere Gerichtsmagistrate geschaffenes **ius honorarium**).
c) das Privatrechtsverhältnisse betreffende und kennzeichnende Recht (als Gegensatz zum → ius publicum). In diesem Sinn

spricht man auch heute von Zivilrecht (Privatrecht, Bürgerliches Recht) im Unterschied zu → ius publicum = Öffentliches Recht.

IUS COGENS (s)

Zwingendes Recht. Recht, welches durch Vereinbarungen Privater nicht abgeändert werden kann. Man spricht auch von nichtdispositivem Recht. Gegenbegriff: → ius dispositivum.

Unter **relativ zwingendem** Recht versteht man Normen (zB im ArbeitsR, im KonsumentenschutzR etc), die nur zugunsten der schwächeren Partei (des Arbeitnehmers, des Konsumenten etc) geändert werden können, die also gesetzliche Mindeststandards darstellen.

IUS COMMUNE (s)

Gemeines Recht. Recht, welches allgemein gilt. In der frühen Neuzeit wurde darunter das allgemein geltende römisch-kanonische Recht verstanden.

IUS COMMUNE EUROPAEUM (s)

Das gemeineuropäische Recht. Damit meint man entweder jene Normen, die einst in weiten Teilen Europas einheitlich gegolten haben (→ ius commune im hist Sinn), oder aber die im Rahmen der europäischen Integration (EU) geschaffenen oder zu schaffenden einheitlichen Regeln.

IUS COMPASCENDI (s)

Mitweiderecht. Das Recht der Mitweide des Eigentümers des dienstbaren Grundstücks (§ 502 ABGB).

IUS DISPOSITIVUM (s)

Nachgiebiges Recht. Recht, welches durch Vereinbarungen Privater abgeändert werden kann. Gegensatz: → ius cogens.

IUS DIVINUM (s)

Göttliches Recht (kirchenrechtlicher Begriff). Das unmittelbar auf göttliche Autorität gegründete Recht.

IUS EST ARS BONI ET AEQUI
Recht ist die Kunstfertigkeit des Guten und Gerechten.
Die berühmte Definition des Rechts durch den röm Juristen Celsus, die an den Beginn der Digesten (D 1.1.1.1) gestellt wurde.

IUS EST IN ARMIS
Wörtlich: Das Recht ist in den Waffen. Bedeutung: Macht geht vor Recht, auch: Man muss sich das Recht uU auch gewaltsam erkämpfen.

IUS GENERALE (s)
Allgemeines Recht.

IUS GENTIUM (s)
Wörtlich: Recht der Stämme (Völker). Völkerrecht.
Im römR allgemein: das im Privatrechtsverkehr mit → Peregrinen geltende Recht. So definiert etwa Gaius D 1.1.9: **ius gentium est quod naturalis ratio inter omnes homines constituit** = „Völkergemeinrecht" ist das Recht, das die natürliche Vernunft für alle Menschen bestimmt hat.

IUS IN BELLO (s)
Das Recht im Krieg; die im Krieg anzuwendenden Regeln des Völkerrechts.

IUS IN RE (s)
Ein Recht an einer Sache; dingliches Recht. Dabei handelt es sich um ein Herrschaftsrecht, das auf eine (idR körperliche) Sache bezogen ist und gegenüber jedermann (mittels → actio in rem) durchsetzbar ist.

IUS NATURALE (s)
Natürliches Recht, Naturrecht.
Unter Naturrecht versteht man heute im allgemeinen Recht, welches seine Geltung nicht daraus ableitet, dass es von Menschen in einem bestimmten Erzeugungsverfahren (zB im Rahmen eines Gesetzgebungsverfahrens) geschaffen wurde, sondern daraus, dass es (inhaltlich) mit Forderungen „der Natur", „der natür-

lichen Vernunft", „dem Sittengesetz", „dem göttlichen Recht" oder ähnlichem übereinstimmt. Die Legitimität des Rechts ergibt sich folglich aus der Übereinstimmung mit höheren („metajuristischen") Wertungen.
Im Unterschied zum → ius positivum.

IUS NATURALE EST QUOD NATURA OMNIA ANIMALIA DOCUIT
Naturrecht ist das, was die Natur allen Lebewesen gelehrt hat. Ulpians Definition des Naturrecht in D 1.1.1.3.

IUS NECESSITATIS (s)
Recht der Notwendigkeit, Notrecht (Rechtfertigung einer Handlung mit ihrer Unabweislichkeit etc).

IUS NON SCRIPTUM (s)
Ungeschriebenes Recht (zB Gewohnheitsrecht).

IUS OFFERENDI AC SUCCEDENDI (s)
Wörtlich: Recht des Anbietens und Nachfolgens. Angebotsrecht, Einlösungsrecht.
Befugnis eines nachrangigen Hypothekargläubigers, die Forderung eines vorrangigen Pfandgläubigers einzulösen (dh sie ihm zu bezahlen) und dadurch in die Rechte des vorrangigen Gläubigers (Pfandrecht inklusive Verwertungsrecht) einzutreten (vgl § 462 ABGB, § 1249 BGB).

IUS ORIGINIS (s)
Recht der Herkunft. Im zwischenstaatlichen Recht: das nationale Recht des Ausländers.

IUS PARTICULARE (s)
Das nur für einen bestimmten Teil (des Staates) geltende Recht.

IUS POENALE (s)
Strafrecht im objektiven Sinn, dh die Gesamtheit der Rechtsnormen, welche bestimmen, ob und inwieweit menschliches Verhalten Strafe nach sich zieht. Hiezu gehören materielles Strafrecht, Strafprozessrecht, Strafvollzugsrecht etc.

IUS POSITIVUM (s)
Gesetztes Recht; aufgrund menschlichen Willens geschaffenes Recht (im Unterschied zum → ius naturale).

IUS POSSIDENDI (s)
Das Recht zu besitzen, das Besitzrecht. Siehe unter → Possessorium und → Petitorium.

IUS PRAETORIUM EST QUOD PRAETORES INTRODUXERUNT ADIUVANDI VEL SUPPLENDI VEL CORRIGENDI IURIS CIVILIS GRATIA
Prätorisches Recht ist das Recht, das die Prätoren eingeführt haben, um das → ius civile zu unterstützen, zu ergänzen oder zu korrigieren (Papinian D 1.1.7.1).
Erklärung: Durch das sog Amtsrecht (**ius honorarium**) des Prätors werden in der römR zahlreiche Regelungen geschaffen, die das althergebrachte → ius civile in vielfältiger Weise überlagern.

IUS PRIMAE NOCTIS (s)
„Recht der ersten Nacht." Legendäres Recht des Grundherrn, nach erfolgter Trauung die erste Nacht mit der Braut zu verbringen und ihr beizuwohnen. Tatsächlich überliefert sind grundherrschaftliche Abgaben für die Zustimmung zur Vermählung bei untertänigen Brautleuten.

IUS PRIVATUM (s)
Privatrecht, dh die Summe der Rechte und Pflichten der Bürger unter sich (vgl § 1 ABGB). Siehe auch unter → ius civile.

IUS PRIVATUM SUB TUTELA IURIS PUBLICI LATET
Das Privatrecht steht unter der Obhut des Öffentlichen Rechtes.

IUS PROMOVENDI SALUTEM PUBLICAM (s)
Das Recht auf Förderung des öffentlichen Wohls (Aufgabe der inneren Verwaltung im Staate).

IUS PROTIMISEOS (s)
Vorkaufsrecht. Das dem Verkäufer eingeräumte Recht, dass der Käufer, wenn er die Sache wieder verkaufen will, sie vorerst ihm

zur Einlösung anbietet (vgl § 1072 ABGB, §§ 463 ff, 1094 ff BGB, Art 681 ff, 959 ZGB, Art 216 Abs 3 OR).

Im römR stellt das **pactum protimiseos** eine Abrede dar, derzufolge die Sache überhaupt nur dem Verkäufer verkauft werden darf.

IUS PUBLICUM (s)

Öffentliches Recht; dasjenige Recht, welches das Interesse der Gesamtheit wahrzunehmen hat (im Unterschied zum Privatrecht). Beispiele: Strafrecht, Verwaltungsrecht, Verfassungsrecht ua.

IUS PUBLICUM PRIVATORUM PACTIS MUTARI NON POTEST

Öffentliches Recht kann durch Vereinbarungen Privater nicht geändert werden. Diese Aussage Papinians (D 2.14.38) weist auf die Charakteristik des Öffentlichen Rechts als → ius cogens hin.

IUS PUBLICUM EST QUOD AD STATUM REI ROMANAE SPECTAT, PRIVATUM QUOD AD SINGULORUM UTILITATEM

Öffentliches Recht ist, was sich auf den Zustand des römischen Staates bezieht, Privatrecht, was die Interessen einzelner betrifft. Diese Aussage Ulpians (vgl D 1.1.1.2) unterscheidet Öffentliches Recht und Privatrecht anhand der wahrgenommenen Interessen und kann insofern als Ausdruck der sog Interessentheorie zur Unterscheidung von Öffentlichem Recht und Privatrecht gelten.

IUS PUNIENDI (s)

Recht zu bestrafen. Strafrecht im subjektiven Sinn. Im Unterschied zum → ius poenale, aus dem sich das ius puniendi ableitet.

IUS QUAESITUM (s)

Wohlerworbenes Recht. Mz: **iura quaesita**.

IUS RECIPROCUM (s)

Recht der Gegenseitigkeit, gegenseitiges Recht (siehe unter → Reziprozität und → Retorsion).

IUS RESPONDENDI (EX AUCTORITATE PRINCIPIS) (s)

Im römR: das einem Rechtsgelehrten vom Kaiser eingeräumte Recht, mit kaiserlicher Billigung Rechtsgutachten zu erteilen.

IUS SANGUINIS (s)

Wörtlich: Das Recht des Blutes.
Anknüpfung von Rechten einer Person (zB Erwerb der Staatsangehörigkeit) an deren Abstammung von einem Staatsangehörigen. Im Unterschied zu → ius soli.

IUS SCRIPTUM (s)

Geschriebenes (gesatztes) Recht; im Unterschied zum Gewohnheitsrecht, welches durch Gewohnheit (durch längere Ausübung) entstanden ist (= **ius non scriptum**).

IUS SINGULARE (s)

Besonderes Recht, Sonderrecht, einen Ausnahmefall betreffendes Recht. Recht, welches auf gewisse Personen oder auf gewisse Sachen beschränkt ist.

IUS SOLI (s)

Wörtlich: Recht des Bodens.
Anknüpfung von Rechten einer Person (zB Erwerb der Staatsangehörigkeit) an deren Geburt auf dem Territorium dieses Staates. Im Unterschied zu → ius sanguinis. Auch **Territorialitätsprinzip** und **ius loci** genannt.

IUS SPECIALE (s)

Das nur auf einzelne Personen oder Sachen bezughabende Recht (zB Handelsrecht als Sonderprivatrecht gegenüber dem Bürgerlichen Recht als Allgemeinprivatrecht).

IUS STRICTUM (s)

Strenges Recht, im Gegensatz zum Billigkeitsrecht (→ aequitas). Im römR: das althergebrachte → ius civile, das durch Nützlichkeitserwägung, Amtsrecht des Prätors uä erst „gemildert" werden muss.

IUS SUCCESSIONIS = IUS SUCCEDENDI (s)
Recht der Nachfolge, Recht nachzufolgen. Siehe auch → cum iure successionis.

IUSSUM (s)
Im römR: Anordnung, Befehl (va an einen Gewaltunterworfenen); auch: Ermächtigung (zB an den Geschäftspartner eines Gewaltunterworfenen, mit diesem ein bestimmtes Geschäft zu schließen, für das der Gewalthaber mittels → actio quod iussu haftet).

IUS TOLLENDI (s)
Wegnahmerecht (zB als Entschädigung für die auf eine bestimmte Sache gemachten Aufwendungen, vgl § 332 HS 2 ABGB, § 997 BGB).

IUS UTRUMQUE (s)
Beiderlei Recht (weltliches und kirchliches). Siehe → Doctor iuris utriusque.

IUS VARIANDI (s)
Recht zu verändern (abzuändern), Auswahlrecht.

IUS VICINITATIS (s)
Nachbarrecht (gesetzliche Eigentumsbeschränkungen im Interesse der Nachbarn, vgl §§ 364 Abs 2, 364 a, 364 b, 850 ff ABGB, §§ 906 ff BGB, Art 684 ff ZGB).

IUS (CIVILE) VIGILANTIBUS SCRIPTUM EST
Das (zivile) Recht ist für die Wachsamen geschrieben worden (D 42.8.24).
Bedeutung: Man muss sich um die Durchsetzung seines Rechts auch selbst kümmern; die Rechtsordnung stellt dem Berechtigten Behelfe zur Verfügung, ergreifen muss er sie selbst.

IUS VITAE NECISQUE (s)
Das Recht über Leben und Tod.

IUSTA CAUSA POSSESSIONIS (w)
Gültiger Rechtsgrund des Besitzes, zB gültiger Kauf, Tausch,

Schenkung, Darlehen. Eine iusta causa possessionis ist nach ö Recht Voraussetzung für den sog rechtmäßigen Besitz (→ possessio ex iusta causa, vgl § 316 ABGB). Siehe auch unter → iustus titulus.

IUSTA CAUSA TRADITIONIS (w)

Gültiger Rechtsgrund für die Übergabe, dh ein rechtmäßiger Übergabegrund, der geeignet ist, den Eigentumserwerb zu begründen, wie zB Kauf, Tausch, Schenkung, Darlehen (vgl §§ 380, 423 f ABGB, anders jedoch §§ 873, 929 BGB).

IUSTA CAUSA USUCAPIONIS (w)

Gültiger Rechtsgrund für den Erwerb durch Ersitzung (→ usucapio).

IUSTA POSSESSIO (w)

Echter Besitz, fehlerfreier Besitz.

Der Besitz ist nach römR echt, wenn er → nec vi nec clam nec precario, dh weder gewaltsam, noch heimlich noch aufgrund aufgrund einer jederzeit widerruflichen Bittleihe zustandegekommen ist (vgl heute § 345 ABGB, § 858 BGB, Art 927 ZGB).

Echter Besitz ist eine Voraussetzung für Besitzschutz. Der Gegenbegriff dazu ist **possessio iniusta** = → possessio vitiosa = fehlerhafter Besitz.

IUSTITIA COMMUTATIVA (w)

Ausgleichende Gerechtigkeit, Austauschgerechtigkeit. Ist verwirklicht, wenn zB beim Austausch von Leistungen Leistung und Gegenleistung → äquivalent sind.

IUSTITIA DISTRIBUTIVA (w)

Austeilende Gerechtigkeit. Sie liegt vor, wenn bei der Zuteilung von Rechten, Vermögenswerten etc proportional vorgegangen wird (zB gleiche Rechte für alle, bei der Festlegung von Lasten aber Berücksichtigung der jeweiligen Leistungsfähigkeit etc).

IUSTITIA EST CONSTANS ET PERPETUA VOLUNTAS IUS SUUM CUIQUE TRIBUENDI

Gerechtigkeit besteht in dem beständigen und ewigen Streben, jedem sein Recht zu gewähren.
Diese Gerechtigkeitsdefinition findet sich bei Ulpian D 1.1.10 pr. In einer ganz ähnlichen Form steht am Beginn der Justinianischen Institutionen 1.1 pr: **iustitia est constans et perpetua voluntas ius suum cuique tribuens.**

IUSTITIA REGNORUM FUNDAMENTUM

Gerechtigkeit ist die Grundlage der Reiche (ua Inschrift auf dem Burgtor vor der Neuen Hofburg in Wien).

IUSTITIUM (s)

Gerichtsstillstand. Siehe unter → Justitium.

IUSTUM PRETIUM (s)

Gerechter Preis. Siehe unter → pretium iustum.

IUSTUS TITULUS (m)

Gültiger Rechtsgrund. Der derivative Erwerb dinglicher Rechte erfordert nach ö Recht – neben dem → modus (Übergabe, bei unbeweglichen Sachen Eintragung im Grundbuch) – einen gültigen Rechtstitel, der den Erwerb rechtfertigt (vgl §§ 380, 424f, 449, 480, 1461 ABGB, anderes gilt jedoch gem §§ 873, 929, 1205 BGB). Siehe auch unter → iusta causa possessionis und → iusta causa traditionis.

J

JUDIKAT (s)
Gerichtsentscheidung. Siehe unter → Spruch-Repertorium.

JUDIKATUR (w)
Rechtsprechung. **Judizieren** = Recht sprechen, richten, Urteil fällen.

JUDIZIELL
Richterlich.

JUNKTIM (s)
Wörtlich: vereint.
Die Verbindung zwischen zwei Dingen. **Junktimierung** = Das Herstellen einer Verbindung zwischen zwei Angelegenheiten, sodass über sie unter Einem verhandelt und entschieden wird.

JURISDIKTION = IURISDICTIO (w)
Gerichtsbarkeit, Rechtsprechung(sbefugnis).

JURISDIKTIONSNORM (w)
Gesetz über die Ausübung der Gerichtsbarkeit und die Zuständigkeit der ordentlichen Gerichte in bürgerlichen Rechtssachen (Gesetz vom 1. 8. 1895, RGBl Nr. 111). Abkürzung: JN.

JURISPRUDENZ = IURISPRUDENTIA (w)
Rechtswissenschaft.

JURISTISCHE PERSON
Ein von der Rechtsordnung mit Rechtspersönlichkeit ausgestattetes Gebilde (zB Körperschaften öffentlichen Rechts, Vereine, Kapitalgesellschaften etc). Eine juristische Person ist somit fähig, Trägerin von (eigenen) Rechten und Pflichten zu sein.
Siehe auch → persona moralis.

JUSTITIUM (s)
Gerichtstillstand. Stillstand der Rechtspflege zB in Umbruchszeiten oder im Kriegsfall (§ 161 öZPO, § 245 dZPO). Durch ihn

wird die Rechtsverfolgung ausgeschlossen. Während dieser Zeit besteht auch eine Hemmung der Verjährung und Ersitzung (vgl § 1496 ABGB, Art 134 Z 6 OR sowie allgemeiner § 206 BGB).

JUSTIFIZIEREN
Dem rechtmäßigen Zustand zuführen. Auch: Hinrichtung des Delinquenten.

JUSTITIAR(IUS) (m)
Sachbearbeiter in Rechtsangelegenheiten (zB → Syndikus einer Großfirma).

K

KADUZITÄT (w)
Heimfall. Gibt es keine erbberechtigten Personen, fällt ein Nachlass an den Staat (vgl § 760 ABGB, § 1936 BGB), in der Schweiz an den jeweiligen Kanton bzw an die von der kantonalen Gesetzgebung bezeichnete Gemeinde (vgl Art 466 ZGB). Siehe auch → bona caduca.

KAMERALISTIK (w)
Rechnungsführung, bei der die Ein- und Ausgaben mit einem bestimmten Haushaltsplan abgestimmt werden.
Früher: Wissenschaft von den Finanzen.

KANDIDAT (m)
Bewerber, Anwärter (von candidus = weiß).

KANON (m)
Kirchliche Rechtsnorm (siehe auch → Codex iuris canonici). Davon leitet sich der Ausdruck **Kanonistik** für die Wissenschaft vom Kirchenrecht ab.

KANZLER (m)
Leiter der Kanzlei bzw der Regierung. In Österreich ist der Bundeskanzler der Vorsitzende der Bundesregierung (vgl Art 69 ff B-VG).

KAPTATIVFRAGEN
Fangfragen, verfängliche Art der Fragestellung. Fragen, in denen eine vom Beschuldigten nicht zugestandene Tatsache als bereits zugestanden vorausgesetzt wird (gem § 164 Abs 4 öStPO, Art 41 BStP unzulässig).

KARENZ (w)
Wörtlich: Enthaltsamkeit, Verzicht, Wartezeit; meist im Sinn von: Unterbrechung eines Dienstverhältnisses (zB infolge einer Schwangerschaft) unter Wegfall der Bezüge.

KASSATION (w)
Aufhebung eines Urteils durch die Oberinstanz.
Kassatorisch = aufhebend („von kassatorischer Wirkung").

KASSATORISCHE KLAUSEL
Verfallsklausel (zB Vertragsbestimmung, wonach die gesamte Forderung dann fällig ist, wenn die Teilzahlungen nicht pünktlich geleistet werden = Terminsverlust).
Im öErbR versteht man darunter die Anordnung des Erblassers, wodurch er dem Erben oder Legatar unter Androhung des Entzugs eines Vorteils verbietet, den letzten Willen zu bestreiten (§ 720 ABGB).

KASUISTIK (w)
Eine Vielzahl von Fallentscheidungen.
Abwertend: Die zu sehr auf Einzelfälle abgestellte Regelung bei der Gesetzesfassung. (Wird auch häufig im Sinne von „Spitzfindigkeit" oder „Wortspalterei" gebraucht.)

KATEGORISCHER IMPERATIV (m)
Ein unbedingt gültiges ethisches Prinzip. Der kategorische Imperativ bei Kant lautet: Handle so, dass das Gesetz deines Handelns sich als allgemeines Gesetz eignen würde.

KAUSALITÄT (w)
Ursächlichkeit, Verursachung. Die Ursächlichkeit eines Geschehnisses (Handlung, Unterlassung) für einen bestimmten Erfolg.
Kausal = ursächlich. Siehe auch → conditio sine qua non.

KAUSALNEXUS (m)
Ursächlicher Zusammenhang, Zusammenhang zwischen Ursache und Wirkung.

KAUTEL (w)
Vorsicht, Vorbehalt, Vorsichtsmaßregel.
Unter **Kautelarjurisprudenz** versteht man jenen Teil der Rechtswissenschaft, der sich mit der Rechtsvorsorge, dh mit der Verhinderung von Rechtsstreitigkeiten (zB durch klares Formulieren von Verträgen) beschäftigt.

KAUTION (w)
Sicherstellung, Sicherheitsleistung. Siehe unter → cautio.

KLAMOROS
Wörtlich: schreiend, lärmend. Aufsehen erregend.

KLAUSUR (w)
Geschlossene Sitzung („hinter verschlossenen Türen"); auch: Prüfungsarbeit.

KOALITION (w)
Vereinigung, Bündnis, Zusammenschluss.

KODEX (m)
Gesetzbuch. Siehe unter → codex.

KODIFIKATION (w)
Zusammenfassende systematische Regelung eines bestimmten Rechtsgebietes (zB das ABGB für das Gebiet des PrivatR, das StGB für das Gebiet des materiellen StrafR).

KODIZILL (s)
Darunter versteht man eine letztwillige Anordnung, die keine Erbeinsetzung (wie das Testament), sondern andere Verfügungen (zB nur Legate) enthält (§ 553 ABGB, vgl auch § 1939 BGB).

KOGNATION (w)
Blutsverwandtschaft, leibliche Verwandtschaft (römR). Im Unterschied zu → Agnation.

KOGNITION (w)
Richterliche Erkenntnis.

KOHABITATION (w)
Beischlaf.

KOINZIDENZ (w)
Zufälliges Zusammentreffen (Zusammenfallen) von Gedanken, Taten oder Ereignissen.

KOLLATION (w)
Siehe unter → collatio.

KOLLATIONIEREN
Die Abschrift mit der Urschrift (Original) auf die Identität des Inhalts hin vergleichen.

KOLLAUDIERUNG (w)
Das Erteilen einer Benützungsbewilligung. Amtliche Kommissionierung (Bestätigung) eines Bauwerks, womit dieses nach entsprechender Prüfung von der Baubehörde endgültig genehmigt wird. Auch Schlusskollaudierung genannt.

KOLLEGIALORGAN (s)
Organ, das aus einer Mehrzahl von Personen besteht und in dem die Willensbildung gemeinsam durch Beschlüsse (in der Regel: Mehrheitsbeschlüsse) erfolgt.

KOLLEKTIVSCHULD (w)
Gesamtschuld (das Verschulden einer Gesamtheit). Theorie, wonach eine Gemeinschaft für die Taten einzelner ihrer Mitglieder verantwortlich zu machen ist. Im Unterschied zur Individualschuld = Schuld eines einzelnen.

KOLLIDIEREN
Zusammenstoßen, zusammenfallen, überschneiden. **Kollision** = Zusammentreffen, Zusammenstoß.

KOLLISIONSKURATOR (m)
Sachwalter (Kurator), welcher bestellt werden muss, wenn ein gesetzlicher Vertreter (zB Eltern eines Minderjährigen) mit der von ihm zu vertretenden Person ein Geschäft abschließen will (und somit Interessenskollisionen zu befürchten sind, vgl §§ 271 f ABGB und die Vertretungsbeistandschaft nach Art 392 Z 2 ZGB).

KOLLISIONSNORM (w)
Eine Regel, welche bestimmt, welche von mehreren in Betracht kommenden Rechtsordnungen in einem konkreten Fall anzuwenden ist. So geben etwa die Normen des Internationalen Privat-

rechts Auskunft darüber, welche Rechtsordnung bei einem Privatrechtsfall mit Auslandsberührung anzuwenden ist.

KOLLOQUIUM (s)
Gespräch; auch: Prüfungsgespräch.

KOLLUSION = COLLUSIO (w)
Wörtlich: das Zusammenspiel.
Sittenwidriges Zusammenwirken zum Nachteil eines Anderen, insbes sittenwidriges Zusammenwirken zwischen Vertreter und Drittem zum Nachteil des Vertretenen. **Kollusionsgefahr** = Verabredungsgefahr, Verdunkelungsgefahr.

KOMMANDITIST (m)
Gesellschafter einer Kommanditgesellschaft (KG), welcher für die Schulden der KG nur mit seiner Vermögenseinlage haftet. Hingegen haftet der → Komplementär der KG mit seinem gesamten Vermögen.

KOMMENTAR (m)
Erläuterung, Erklärung.

KOMMISSIONÄR (m)
Geschäftsvermittler, der es gewerbsmäßig unternimmt, Waren oder Wertpapiere für Rechnung eines anderen (des Kommittenten) im eigenen Namen zu kaufen oder zu verkaufen. Das Geschäft des Kommissionärs heißt Kommissionsgeschäft (vgl §§ 383 ff UGB, Art 425 ff OR).

KOMMISSIVDELIKTE
Begehungsdelikte (welche durch Handlungen begangen werden, die gegen ein Verbot verstoßen, zB Diebstahl), im Unterschied zu Unterlassungsdelikten (Omissivdelikte).

KOMMODAT (s)
Siehe unter → Commodatum.

KOMMORIENTENPRÄSUMTION (w)
Rechtsvermutung, dass mehrere bei einem Ereignis verstorbene

Personen zum selben Zeitpunkt gestorben seien (greift ein, falls sich die reale Reihenfolge des Todes nicht mehr feststellen lässt).

KOMMUNE (w)
Gemeinde. **Kommunal** = die Gemeinde betreffend.

KOMPATIBILITÄT (w)
Vereinbarkeit. Gegensatz zu → Inkompatibilität.

KOMPENSATION (w)
Aufrechnung, gegenseitige Aufhebung von wechselseitig gegenüberstehenden Forderungen (vgl § 1438 ABGB, §§ 387 ff BGB, Art 120 ff OR). Siehe auch unter → compensatio.

KOMPETENT
Zuständig (zB örtlich oder sachlich).

KOMPETENZ-KOMPETENZ (w)
Damit bezeichnet man die Zuständigkeit für die Festlegung von Zuständigkeiten. In Österreich kommt die Kompetenz-Kompetenz dem Bund als Verfassungsgesetzgeber zu.

KOMPILATION (w)
Sammlung (Aneinanderreihung) von Schriften.

KOMPLEMENTÄR (m)
Gesellschafter einer Kommanditgesellschaft (KG), der mit seinem gesamten persönlichen Vermögen haftet („persönlich haftender Gesellschafter").

KOMPLIZE (m)
Spießgeselle, Mittäter, der in eine Straftat Mitverwickelte.

KONDEMNATORISCH
Verurteilend (zB durch Urteil, Straferkenntnis).
Siehe auch unter → absolutorisch.

KONDITION (w)
Bedingung; Beschaffenheit, Zustand.

Siehe auch unter → conditio.

KONFIDENT (m)
Vertrauensmann.

KONFINIEREN
Örtlich abgrenzen, absperren.

KONFISKATION (w)
Staatlicher Entzug des Eigentums zu Strafzwecken (zB Einziehung von Gegenständen oder Produkten des begangenen Verbrechens).
Konfiszieren = strafweise einziehen, enteignen.

KONFÖDERATION (w)
Staatenbündnis.

KONFRONTATION (w)
Gegenüberstellung.
Konfrontieren = gegenüberstellen.

KONGRESS (m)
Zusammenkunft, Versammlung, Tagung.

KONJURATION = CONIURATIO (w)
Verschwörung. **Konjurant** = Verschwörer (**coniurare** = verschwören).

KONKLUDENTE HANDLUNGEN
Schlüssige Handlungen. Handlungen, aus denen man (bei Berücksichtigung der Begleitumstände) auf einen bestimmten Willen schließen kann. Der Wille zu einem Rechtsgeschäft kann „ausdrücklich" (expressis verbis) oder durch „konkludente Handlungen" (stillschweigend) geäußert werden (vgl § 863 ABGB, §§ 545, 625 BGB, Art 1 Abs 2 OR).
Siehe auch unter → facta concludentia.

KONKORDAT (s)
Staatsvertrag zwischen Kirche und Staat.

KONKRETISIERUNG (w)
Handlung, durch die etwas im Einzelnen näher ausgeführt wird. Auch: Bestimmung des konkreten Leistungsgegenstandes bei einer → Genus-Schuld; diese erfolgt idR durch Aussonderung des geschuldeten Gegenstandes, spätestens aber mit der Übergabe einer konkreten Sache.
Mit Konkretisierung wird die Gattungsschuld in wesentlichen Belangen einer Stückschuld (→ Spezies-Schuld) gleichgestellt.

KONKUBINAT (m)
Geschlechtsgemeinschaft, die nicht die Voraussetzungen einer gültigen Ehe erfüllt. Siehe → concubinatus.

KONKURRENZ (w)
Wettbewerb.
Von **Klagen- bzw Anspruchskonkurrenz** spricht man, wenn mehrere Klagen bzw Ansprüche zur Verfügung stehen. Können diese Klagen bzw Ansprüche nebeneinander angestellt werden, so handelt es sich um **kumulative Konkurrenz**. Schließt hingegen das Geltendmachen der einen die andere Klage aus, so liegt **alternative (= elektive) Konkurrenz** vor.

KONKURS (m)
Wörtlich: Zusammenlauf (scil der Gläubiger).
Gerichtliches Verfahren, in dem die Gläubiger eines zahlungsunfähigen Schuldners aus dessen Vermögen quotenmäßig befriedigt werden. Siehe auch → concursus.

KONNEXITÄT (w)
(Innerer) Zusammenhang, (innere) Verbindung.

KON(N)UBIUM (s)
Eheliche Verbindung, Ehebund.
Siehe → conubium.

KONSENS (m)
Einwilligung, Einverständnis, Willensübereinstimmung. Siehe unter → consensus.

KONSENSQUORUM (s)
Prozentsatz der Mitglieder eines Kollegialorgans, welche zustimmen müssen, damit ein rechtsgültiger Beschluss zustandekommen kann (Mehrheitserfordernis).

KONSENSUALKONTRAKT (m)
Vertrag, welcher bereits durch bloße Willenseinigung der Partner bindend zustande kommt. Anders als bei den Realverträgen ist hier die Übergabe der betreffenden Sache nicht notwendig für das Entstehen vertraglicher Rechte und Pflichten.
Im römR zählen → emptio venditio (Kaufvertrag), → locatio conductio (Miete, Pacht, Werk- und Dienstvertrag), → mandatum (Auftragsvertrag) und → societas (Gesellschaftsvertrag) zu den Konsensualverträgen.

KONSOLIDATION = CONSOLIDATIO (w)
Wörtlich: Festigung; Erwerb des Eigentums an einer Sache durch jemanden, der an dieser bereits ein beschränktes dingliches Recht hat. Siehe auch → nemini res sua servit.

KONSORTIUM (s)
Vereinigung von (natürlichen oder juristischen) Personen, die durch aufeinander abgestimmtes Verhalten bestimmte Zwecke verfolgen; Zweckverbund von Geschäftsleuten bzw Unternehmen zur Durchführung bestimmter Geschäfte.
Im römR ist das → consortium ursprünglich die unter den Nachkommen eines → pater familias nach dessen Tod fortgesetzte Hausgemeinschaft (consortium ercto non cito).

KONSPIKUITÄT (w)
Anschaulichkeit, Klarheit (**conspicuus** = anschaulich.).

KONSPIRATION (w)
Verschwörung.
Konspirieren = sich verschwören.

KONSTITUTION (w)
Verfassung; staatliche Grundordnung. In der Rechtsgeschichte auch: kaiserliche oder päpstliche Anordnung.

KONSTITUTIV
Rechtsbegründend, rechtserzeugend; im Gegensatz zu → deklarativ. ZB: An einer Liegenschaft erwirbt man ein dingliches Recht (zB Eigentum oder Servitut) durch grundbücherliche Eintragung. Die Grundbuchseintragung hat also konstitutive Wirkung.

KONSULTATION = CONSULTATIO (w)
Das Einholen eines Rates; Beratung.

KONSUMTION (w)
Wörtlich: Verzehrung. Verbrauch.
Im StrafR versteht man unter Konsumtion, dass ein Straftatbestand einen anderen so mitumfasst, dass dieser gegenüber jenem nicht mehr ins Gewicht fällt.

KONTOKORRENT-VERHÄLTNIS (s)
Schuldverhältnis zwischen zwei Personen, bei dem jeweils (zu bestimmten Zeiträumen) die wechselseitig bestehenden Forderungen abgerechnet und ausgeglichen werden.

KONTRADIKTORISCH
Widersprechend, einander ausschließend. Ein kontradiktorisches Verfahren ist ein (prozessuales) Verfahren, bei dem beide (gegnerischen) Parteien gehört werden müssen.

KONTRAHENT (m)
Der einen Vertrag Abschließende, der Vertragspartner. Auch: Gegner.

KONTRAHIEREN
Einen Vertrag schließen.

KONTRAHIERUNGSZWANG (m)
Gesetzliche Bestimmung, aufgrund derer der Anbieter bestimmter Leistungen gezwungen ist, mit jedem (zahlungsfähigen) Interessierten einen Vertrag über diese Leistung zu schließen.

KONTRAKT (m)
Vertrag.

KONTRAVENTION (w)
Zuwiderhandlung, Verstoß, Übertretung.

KONTRIBUENT (m)
Beitragender, Steuerpflichtiger.

KONTRIBUTION (w)
Völkerrechtlicher Begriff: außerordentliche Auflagen in Geld, welche die Besatzungsmacht (Okkupant) dem besetzten Gebiet vorschreibt.

KONTROVERSE (w)
Auseinandersetzung, Meinungsverschiedenheit, (wissenschaftliche) Streitfrage.

KONVALESZENZ (w)
Heilung. Von Konvaleszenz spricht man, wenn ein ursprünglich mangelhaftes und deshalb ungültiges Rechtsgeschäft später durch Wegfall des Mangels gültig wird.
Konvaleszenz der Ehe = Heilung einer rechtlich mangelhaften Ehe, zB durch nachträglichen Wegfall eines Ehehindernisses.

KONVALIDIERUNG (w)
Wiederinkraftsetzung, Rechtswirksammachen, Wiederbelebung; Gültigmachen eines nichtigen oder anfechtbaren Aktes oder Geschäftes.

KONVENT (m)
Versammlung, Zusammenkunft. Auch: Kloster.

KONVENTION (w)
Übereinkommen; Abkommen; auch: Verhaltensübereinkunft.

KONVENTIONALSTRAFE = POENA CONVENTIONALIS (w)
Bestimmter Betrag, welcher von den Vertragspartnern für den Fall des Nichteinhaltens einer vertraglichen Verpflichtung als pauschalierter Schadenersatz festgelegt wird (vgl § 1336 ABGB, §§ 339 ff BGB, Art 160 ff OR).

KONVERSATORIUM (s)
Besprechung; Lehrveranstaltung mit gemeinsamer Diskussion.

KONVERSION (w)
Umwandlung, Umdeutung. Unter Konversion versteht man die Umdeutung eines Geschäftes, welches infolge Fehlens von Tatbestandsvoraussetzungen nichtig ist, in ein anderes Geschäft, dessen Voraussetzungen es erfüllt. ZB: ein wegen Formgebrechens nichtiger Wechsel wird in eine bürgerlichrechtliche (nicht formgebundene) Anweisung umgedeutet. Zur Konversion im öErbR siehe §§ 610, 1250 ABGB.

KONVERTIT (m)
Religiös Bekehrter; jemand, der zu einer anderen religiösen Glaubensgemeinschaft übergetreten ist.

KONVOKATION (w)
Einberufung (zB von Verlassenschaftsgläubigern; vgl §§ 813 f ABGB, §§ 1970 ff BGB, oder im Rahmen von Anleihensobligationen nach Art 1165 OR).

KONVOLUT (s)
Aktensammelband.

KONZENTRATION (w)
Siehe unter → Konzentrierung.

KONZEPTION (w)
Empfängnis, Empfängniszeit. Auch: schöpferischer Gedanke, Idee zur Gestaltung.

KOOPTATION (w)
Ergänzungswahl, Kooptierung. Darunter versteht man einen bestimmten Modus der Bestellung von Mitgliedern eines Gremiums, der darin besteht, dass bereits vorhandene Mitglieder des Gremiums neue Mitglieder hinzuwählen können. **Kooptieren** = hinzuwählen.

KORREALITÄT (w)
Gesamtschuldverhältnis. Schuldverhältnis mehrerer Personen zur ungeteilten Hand; jede einzelne Person haftet für die ganze Schuld (vgl §§ 891 ff ABGB, §§ 421 ff BGB, Art 143 ff OR).

KORREKTION (w)
Besserung, Verbesserung. **Korrektionsanstalt** = Besserungsanstalt für Delinquenten.

KORREKTIV (s)
Besserungsmittel, Mittel zur Ausgleichung.

KORRELATIV
Wechselbezüglich, wechselseitig bedingend, in Wechselbeziehung.

KORRIGEND (m)
Zu Bessernder (Häftling in Strafanstalten).

KREDIT (m)
Siehe unter → creditum.

KRIDA (w)
Vereitelung oder Schmälerung der Befriedigung von Gläubigern durch den Schuldner; Krida kann sowohl vorsätzlich (betrügerisch) als auch fahrlässig begangen werden (vgl §§ 156, 159 StGB, §§ 283 f dStGB, §§ 163 ff schwStGB). Kridatar = Gemeinschuldner, der Krida begeht.

KRIMINALITÄT (w)
Das Vorhandensein von Verbrechen.

KRIMINELL
Verbrecherisch.

KRIMINOLOGIE (w)
Kriminalwissenschaft, Verbrechenswissenschaft; wissenschaftliche Erforschung der → Kriminalität.

KULPAKOMPENSATION (w)
Aufrechnung des Verschuldens. Darunter versteht man im SchadenersatzR, dass ein – ebenso schweres oder noch schwereres – „Verschulden" des Geschädigten das Verschulden des Schädigers aufzuheben vermag, sodass kein Ersatzanspruch besteht (vgl § 878 ABGB, letzter Satz, Art 26 Abs 1 in fine OR).
(Im Allgemeinen kommt es hingegen gem § 1304 ABGB, § 254 BGB bei Mitverschulden bloß zu einer teilweisen Reduktion des Schadenersatzanspruchs, und nicht zum gänzlichen Entfall. Nach Schweizer Recht liegt eine allfällige Mäßigung der Schadenersatzpflicht im Ermessen des Richters, vgl Art 44 OR.)

KULPAKONKURRENZ (w)
Mitverantwortung mehrerer Schädiger (Begriff im SchadenersatzR, vgl §§ 1301–1303 ABGB, Art 50 f OR).

KULPOS
Schuldhaft, fahrlässig (begangen). Siehe unter → culpa.

KUMULATION (w)
Anhäufung (zB Ämterkumulation = Vereinigung mehrerer Ämter in einer Person).

KUMULATIV
Anhäufend, „sowohl-als-auch".

KUMULATIONSPRINZIP (s)
Im StrafR: Wenn der Täter in → Realkonkurrenz mehrere Straftaten begangen hat, die in einem Urteil behandelt werden, so erfolgt die Ausmessung jeder einzelnen Strafe gesondert gemäß dem jeweiligen Strafrahmen (§ 28 Abs 2 öStGB; etwas anders § 53 dStGB und Art 68 schwStGB).

KUMULIEREN
Anhäufen.

KUPIERT
Abgeschnitten.

KURAND (m)
Pflegebefohlener (zB eine besachwalterte Person).

KURATEL (w)
Pflegschaft, Sachwalterschaft.

KURATOR (m)
Vom Gericht bestellter Pfleger, Sachwalter für unter Kuratel gestellte Personen. Siehe auch → curator.

KURATORIUM (s)
Aufsichtsbehörde, Leitungsgremium (zB für eine Stiftung).

KURRENDE (w)
Ausschreibung, Umlaufschreiben.

L

LACUNA IURIS (w)
Rechtslücke. Mz: **Lacunae iuris**.
Darunter versteht man eine planwidrige Unvollständigkeit eines Gesetzes, das Fehlen einer gesetzlichen Regelung für einen bestimmten Sachverhalt. Eine echte Rechtslücke ist durch → Analogie (per analogiam) zu schließen (§ 7 ABGB; vgl aber auch Art 1 Abs 2 u 3 ZGB).

LAESIO ENORMIS (w)
Verkürzung über die Hälfte.
Wenn bei entgeltlichen Verträgen ein Vertragsteil nicht einmal die Hälfte dessen, was er dem anderen geleistet hat, von diesem erhält, so kann er nach ö Recht die Aufhebung des Vertrages und die Herstellung des früheren Zustandes verlangen (Schadloshaltung wegen Verkürzung über die Hälfte, vgl §§ 934 ff ABGB).
Eingeführt wurde dieser Rechtsbehelf – ursprünglich nur zugunsten eines Verkäufers, dessen verkaufte Liegenschaft mehr als das Doppelte des Kaufpreises wert war – durch den röm Kaiser Diokletian (Ende des 3. Jh n Chr).

LAPSUS CALAMI (m)
Wörtlich: Fehler des Halmes. Schreibfehler, das Sich-Verschreiben.

LAPSUS LINGUAE (m)
Wörtlich: Fehler der Zunge. Das Sich-Versprechen, sprecherische Fehlleistung.

LAPSUS MEMORIAE (m)
Erinnerungsfehler.

LATO SENSU
Im weiten, im weiteren Sinn.
Im Unterschied zu → stricto sensu = im engen, im engeren Sinn.

LAUDATIO (w)
Lobrede, Lobspruch.

LAUDATIO AUCTORIS (w)
Wörtlich: Lobung des Vormannes. Benennung des Vormannes (Auktors). Begriff im Sachenrecht (vgl § 375 ABGB). Siehe unter → nominatio auctoris.

LEGAL
Gesetzmäßig, gesetzlich, rechtsgültig. Gegensatz: illegal.

LEGALDEFINITION (w)
Definition (Begriffsbestimmung) eines in einem Gesetzestext verwendeten Wortes durch den Gesetzgeber selbst (vgl etwa § 2 Abs 1 öEKHG: „... für den Anwendungsbereich dieses Bundesgesetzes gelten als Eisenbahnen auch die Schlepplifte ...").

LEGALINTERPRETATION (w)
Siehe unter → authentische Interpretation.

LEGALISMUS (m)
Starres („formaljuristisches") Festhalten am Buchstaben des Gesetzes, im Unterschied zu freierer Auslegung desselben.
Legalistisch = das Gesetz streng befolgend (meist abwertend gebraucht).

LEGALITÄTSPRINZIP
Bindung der Vollziehung an die Gesetze. Verfassungsprinzip, das in Art 18 Abs 1 B-VG zum Ausdruck kommt: „Die gesamte staatliche Verwaltung darf nur aufgrund der Gesetze ausgeübt werden."
Im StrafR: **nullum crimen, nulla poena sine lege** = kein Verbrechen, keine Strafe ohne gesetzliche Strafdrohung. Aus dem Legalitätsprinzip kann sich aber auch eine gesetzliche Handlungspflicht öffentlicher Behörden und Dienststellen ergeben (zB Verfolgungspflicht bei Offizialdelikten; vgl § 78 öStPO).

LEGALSERVITUT (w)
Eine von Gesetzes wegen dem Eigentümer einer Liegenschaft auferlegte Beschränkung, derzufolge er etwas dulden oder unterlassen muss. ZB: Nach den Fischereigesetzen ist der Fischereiberechtigte befugt, die Grundstücke am Ufer des Gewässers zu betreten.

LEGALZESSION (w)

Forderungsübertragung aufgrund des Gesetzes (vgl etwa § 1358 ABGB, §§ 268 Abs 3, 426 Abs 2 BGB, Art 166 OR). Siehe unter → cessio legis.

LEGAT (s)

Vermächtnis. Letztwillige Zuwendung. Im Gegensatz zum Erben, der als Universalsukzessor Rechte und Pflichten des Erblassers übernimmt, wird durch ein Legat dem Begünstigten (Legatar) eine einzelne Sache überlassen bzw ein bestimmter Vermögensvorteil zugewendet (vgl §§ 535, 647 ff ABGB, §§ 1939, 2147 ff BGB, Art 484 ff ZGB).
Legatar = Vermächtnisnehmer.

LEGATUM PER PIAM CAUSAM (s)

Vermächtnis zu einem frommen Zweck.

LEGATUM DEBITI (s)

Vermächtnis einer Schuld; Schuldvermächtnis. Das Vermächtnis einer Schuld, die der Erblasser dem Legatar zu entrichten hat. Der Erbe muss nun diese Schuld anerkennen und begleichen (§ 665 ABGB).

LEGATUM LIBERATIONIS (s)

Befreiungsvermächtnis. Ein Vermächtnis, durch das der Erblasser eine Schuld, die der Legatar ihm gegenüber hat, erlässt. Dieses Vermächtnis verpflichtet den Erben, dem Vermächtnisnehmer (Legatar) einen allfälligen Schuldschein bezüglich der Forderung, welche der Erblasser an den Vermächtnisnehmer hatte, auszufolgen bzw letzterem die Befreiung von der Schuld zu bestätigen (§ 663 ABGB). Auch: **liberatio legata** = vermachte Befreiung.

LEGATUM NOMINIS (s)

Forderungsvermächtnis; Vermächtnis einer Forderung, welche der Erblasser gegen einen Dritten hat. Der Erbe ist demgemäß verpflichtet, die Forderung dem Vermächtnisnehmer (Legatar) zu überlassen (§ 664 ABGB, § 2173 BGB). Auch: **nomen legatum** = vermachte Forderung.

LEGE ARTIS
Kunstgerecht, sachgerecht. Gleichbedeutend → rite artis (factus).

LEGE NON DISTINGUENTE NEC NOSTRUM EST DISTINGUERE
Wenn schon das Gesetz keine Unterscheidungen trifft, ist es umso weniger unsere Sache, Unterschiede zu machen.
Erläuterung: Behandelt das Gesetz verschiedene Sachverhalte gleich bzw unterscheidet sie nicht, so hat auch der Rechtsanwender bzw Interpret diese Gleichbehandlung anzuerkennen, auch wenn er vielleicht persönlich geneigt wäre, Unterschiede zu setzen. (Freilich kann sich durch Berücksichtigung der → ratio legis und anderer Interpretationsverfahren ergeben, dass doch Unterscheidungen zu treffen sind.)

LEGES BREVES SUNTO, UT FACILIUS TENEANTUR
Gesetze sollen kurz abgefasst sein, damit sie umso leichter erfasst bzw eingehalten werden können.

LEGES COGENTES (w, Mz)
Zwingende Gesetze. Siehe unter → ius cogens.

LEGES DISPOSITIVAE (w, Mz)
Abdingbare Gesetze. Siehe unter → ius dispositivum.

LEGIBUS SOLUTUS
Von den Gesetzen befreit, nicht an die Gesetze gebunden. Siehe → princeps legibus solutus.

LEGIS ACTIO (w)
Spruchformelverfahren des altrömR; die **legis actio sacramento in rem** ist etwa das Verfahren des altrömR auf Herausgabe einer Sache unter Leistung eines Prozeßeinsatzes (sacramentum).

LEGIS CITATAE
Des zitierten Gesetzes. Abkürzung: **leg cit.**
Dieser Fachausdruck wird verwendet, um in einem Text die häufige Wiederholung desselben Gesetzes zu vermeiden. Man wieder-

holt dann nicht zB „gem § 3 StrafvollzugsanpassungsG", sondern „gem § 3 leg cit".

LEGISLATIVE (w)
Gesetzgebende Körperschaft (zB Nationalrat und Bundesrat, Landtage).

LEGISLATORISCH
Gesetzgebend, gesetzgeberisch.

LEGISLATUR (w)
Gesetzgebung. **Legislaturperiode** = Dauer des Wirkens einer gewählten Volksvertretung (von Wahl zu Wahl).

LEGISVAKANZ (w)
Wörtlich: Fehlen des Gesetzes. Bestimmt ein Gesetz, dass es erst zu einem späteren Zeitpunkt in Kraft tritt, so nennt man den Zeitraum zwischen Erlassen des Gesetzes und seinem Inkrafttreten Legisvakanz.

LEGIS VICEM
Anstelle des Gesetzes.

LEGITIM
Dem Gesetz entsprechend, gesetzlich, rechtmäßig, richtig.

LEGITIMA HEREDITAS (w)
Gesetzliche Erbschaft. **Legitimi heredes** = gesetzliche Erben (im Unterschied zu Testamentserben).

LEGITIMATIO(N) (w)
1. Rechtfertigung; Berechtigung.
2. Dokument, das eine (bestimmte) Berechtigung zum Ausdruck bringt.
3. Unter Legitimation versteht man auch die Ehelicherklärung unehelicher Kinder. Seinerzeit bestand die Möglichkeit der Legitimation entweder durch nachfolgende Heirat (**legitimatio per subsequens matrimonium**, vgl heute § 161 ABGB, Art 259 ZGB) oder aber durch einen Gnadenakt des Landes-

fürsten (**legitimatio per rescriptum principis**, vgl heute § 162 ABGB).

LEGITIMI CONTRADICTORES (m, Mz)
Wörtlich: gesetzmäßige Streiter.
Jene Parteien, die in einem Rechtsstreit einander jeweils richtigerweise als Kläger und Beklagter gegenüberstehen (deren → Aktiv- und → Passivlegitimation im konkreten Streit gegeben ist). Einzahl: **legitimus contradictor**.

LEVIS NOTA (w)
Kleiner Makel.

LEX (w)
Gesetz. Im Allgemeinen meint man damit eine vom Gesetzgeber erlassene generell-abstrakte Norm (→ lex publica).

LEX AQUILIA (w)
Röm Rechtsquelle des 3. Jh v Chr, welche ua das Delikt → damnum iniuria datum (Sachbeschädigung bzw -zerstörung) regelt. Das 1. Kapitel der lex Aquilia bezieht sich auf → occidere von fremden Sklaven und vierfüßigen Herdentieren, das 3. Kapitel auf rumpere (Verwunden), frangere (Zerbrechen) und urere (Verbrennen) von fremden Sachen. Siehe auch → actio legis Aquiliae.

LEX COMMISSORIA (w)
Verfallsklausel, Verwirkungsklausel.
1. Im röm KaufR versteht man darunter die Vereinbarung, dass der Verkäufer die Befugnis haben soll, falls der Käufer mit den noch ausstehenden Kaufpreisraten in Verzug gerät, vom Verkauf zurückzutreten und die von ihm erbrachte Leistung rückzufordern (sowie uU die bis dahin geleisteten Zahlungen zu behalten). Daraus entwickelte sich der moderne Eigentumsvorbehalt beim Kreditkauf.
2. Beim röm Pfandrecht gab es ursprünglich die Vereinbarung, dass die verpfändete Sache ins Eigentum des Pfandgläubigers übergehen („verfallen") soll, falls die gesicherte Schuld nicht bei Fälligkeit erfüllt wird. Heute ist eine solche Vereinbarung unzulässig (vgl § 1371 ABGB, § 1229 BGB, Art 894 ZGB).

LEX CONTRACTUS (w)
Wörtlich: das Gesetz des Vertrages. Vertragsklausel, bindende Vereinbarung. Erklärung: Das von den Parteien eines Vertrages untereinander Vereinbarte gilt unter ihnen wie ein Gesetz. Im römR spricht man auch von einer → lex privata (im Gegensatz zur lex publica = öffentliches Gesetz).

LEX DOMICILII (w)
Das Gesetz, welches am Orte des Wohnsitzes (zB des Beklagten) gilt.

LEX DURA SED LEX (EST)
Das Gesetz ist ein hartes, aber es ist das Gesetz („Gesetz ist Gesetz").

LEX FORI (w)
Das (inländische) Recht des Gerichtsortes, die am Gerichtsort geltende Rechtsordnung.

LEX FUGITIVA (w)
Wörtlich: entflohenes (entlaufenes) Gesetz. Eine gesetzliche Regelung, die „versteckt" in einem Gesetz enthalten ist, das sich seiner Bezeichnung und seinem Inhalt nach mit anderen Materien beschäftigt.

LEX GENERALIS (w)
Allgemeines Gesetz (im Unterschied zur → lex specialis).

LEX IMPERFECTA (w)
Unvollkommenes Gesetz; darunter versteht man ein sanktionsloses Gesetz, dh ein Gesetz, welches im Fall des Zuwiderhandelns weder Nichtigkeit des betreffenden Geschäfts noch eine Strafe vorsieht.

LEX INTERPELLAT PRO HOMINE
Das Gesetz mahnt anstelle des Menschen (des Gläubigers).
Bei von vornherein terminisierten Geschäften ist eine Mahnung durch den Gläubiger nicht notwendig; leistet der Schuldner zum vereinbarten Zeitpunkt nicht, so gerät er in Verzug, ohne dass es

einer Mahnung durch den Gläubiger bedürfte (vgl § 1334 ABGB, § 286 Abs 2 Z 1 BGB, Art 108 OR). Siehe auch unter → dies interpellat pro homine.

LEX IUBEAT, NON DISPUTET

Das Gesetz soll anordnen und nicht erörtern (nach Seneca Epistulae 94,38).
Aufgabe der Gesetzgebung ist es, Entscheidungen zu treffen und nicht wissenschaftliche Erörterungen oder Untersuchungen zum Pro und Kontra anzustellen.
Ähnlich → Lex moneat, non doceat.

LEX LOCI CONTRACTUS (w)

Das Gesetz, welches am Orte des Vertragsabschlusses gilt.

LEX LOCI DAMNI (w)

Das Gesetz, das an dem Ort gilt, an dem der Schaden eingetreten ist.

LEX LOCI DELICTI COMMISSI (w)

Gesetz des Ortes des begangenen Delikts (→ Delictum) (das an diesem Orte geltende und anzuwendende Recht).

LEX LOCI PROTECTIONIS (w)

Das Gesetz des Ortes, an dem ein bestimmtes Schutzrecht (zB Recht des geistigen Eigentums) in Anspruch genommen wird.

LEX MERCATORIA (w)

Wörtlich: Gesetz des Handels; die (gewohnheitsrechtlichen) Regeln des internationalen Handelsverkehrs.

LEX MINUS QUAM PERFECTA (w)

Wörtlich: Gesetz, welches weniger als vollkommen ist.
Im Falle des Zuwiderhandelns bleibt das abgeschlossene Rechtsgeschäft zwar gültig, doch zieht die Überschreitung des Gesetzes Strafe nach sich (zB war früher ein Wechsel, der entgegen § 13 öRatenG begeben wurde, zwar gültig, doch wurde der Täter nach § 14 Abs 2 leg cit bestraft).

LEX MONEAT, NON DOCEAT

Aufgabe und Sinn des Gesetzes ist es, zu ermahnen, nicht aber zu belehren. Daher gehören Erörterungen über das Gesetz nicht in den Gesetzestext, sondern in Lehrbücher, Kommentare und dergleichen.

LEX NEMINEM COGIT AD IMPOSSIBILIA

Das Gesetz zwingt niemanden, Unmögliches (Undurchführbares) zu vollbringen.

LEX ORIGINIS (w)

Gesetz der Herkunft (einer Person, sog Personalitätsprinzip).
Im Unterschied zum Territorialitätsprinzip, demzufolge das Recht für alle gilt, die sich in einem bestimmten Gebiet aufhalten, gleich, welcher Herkunft sie sind.

LEX PERFECTA (w)

Wörtlich: vollkommenes Gesetz. Es sieht für den Fall von Zuwiderhandlungen eine wirksame Sanktion (zB die Nichtigkeit des Geschäftes) vor.

LEX PLUS QUAM PERFECTA (w)

Wörtlich: mehr als vollkommenes Gesetz. Ein solches Gesetz enthält neben der Anordnung der Nichtigkeit entgegenstehender Handlungen auch noch weitere Rechtsfolgen (zB Doppelehe: sie ist nicht nur nichtig, sondern auch strafbar).

LEX POSTERIOR DEROGAT PRIORI

Das zeitlich spätere Gesetz hebt das frühere Gesetz auf. Widersprechen zwei Regelungen mit demselben sachlichen und persönlichen Geltungsbereich einander, so hebt die spätere Regelung die frühere Regelung auf.

LEX PRAECEPTIVA (w)

Präzeptivgesetz, Gesetz, mit dem etwas Bestimmtes geboten (angeordnet) wird (im Unterschied zum **Prohibitivgesetz**, mit dem etwas Bestimmtes verboten wird).

LEX PRIVATA (w)
Im römR: die durch Parteienvereinbarung in Geltung gesetzte Norm; siehe → lex contractus. Im Unterschied zu → lex publica.

LEX PROSPICIT, NON RESPICIT
Das Gesetz blickt vorwärts, nicht rückwärts (= Gesetze haben keine rückwirkende Kraft).

LEX PUBLICA (w)
Öffentliches Gesetz; die vom zuständigen Gesetzgebungsorgan erlassene generelle Regelung (im Unterschied zur → lex privata).

LEX REI SITAE (w)
Das Gesetz (Recht) der gelegenen Sache. Grundsatz, wonach zivilrechtlich im Allgemeinen das Gesetz des Ortes maßgeblich ist, in welchem die streitverfangene Sache liegt. Siehe → forum rei sitae.

LEX SATURA (w)
Wörtlich: sattes, reichhaltiges Gesetz. Ein Gesetz, in dem verschiedene, ganz unterschiedliche Materien geregelt sind.

LEX SEMEL LATA, SEMPER LOQUI PRAESUMITUR
Ist ein Gesetz einmal erlassen, so vermutet man, dass es immer gilt (bzw dass es eine Regelung enthält).

LEX SPECIALIS (w)
Sondergesetz, Spezialgesetz (zB das UGB als Sonderprivatrecht der Unternehmer im Verhältnis zum ABGB oder BGB; ersteres wäre lex specialis, letzteres → lex generalis).

LEX SPECIALIS DEROGAT LEGI GENERALI
Das speziellere Gesetz hebt das allgemeine Gesetz auf.
Erklärung: Kommen für einen bestimmten Sachverhalt die Anwendung einer allgemeinen und einer speziellen Regel in Betracht, die einander widersprechen, so geht die speziellere Regel vor.

LEX STRICTA (w)
Siehe unter → ius strictum.

LEX SUPERIOR DEROGAT LEGI INFERIORI
Das höhere Gesetz hebt das niedrigere Gesetz auf (zB eine verfassungsgesetzliche Bestimmung geht einer einfachgesetzlichen Bestimmung vor).

LIBER (m)
Buch. Mz: libri. Als liber bezeichnete man in der Antike eine Papyrusrolle, welche für Manuskripte verwendet wurde; dem Umfang nach entspricht ein liber etwa 40 Druckseiten.

LIBERATORISCH
Befreiend. **Liberieren** = befreien. Beispiel einer liberatorischen Wirkung: Durch gerichtliche Hinterlegung einer geschuldeten Leistung (wenn der Gläubiger unbekannt oder abwesend ist oder die Schuld trotz gehörig erfolgten Anbots vom Gläubiger nicht angenommen wurde), wird der Schuldner von seiner Verbindlichkeit befreit (§ 1425 ABGB, §§ 372 ff BGB, insbes § 378 BGB, Art 92, 96 OR).

LIBERUM ARBITRIUM (s)
Freie Willensentscheidung.

LIBIDO (w)
Geschlechtliche Begierde (im Unterschied zur Potenz = geschlechtliche Leistungsfähigkeit).

LIMIT (s)
Beschränkung, Begrenzung. **Limitiert** = begrenzt.

LIQUID
Flüssig, fällig.

LIQUIDATION = LIQUIDIERUNG (w)
Auflösung, Flüssigmachung. Auch Erledigung oder Beseitigung einer Person (Hinrichtung).

LIQUIDATOR (m)
Ein die Liquidation Durchführender.

LIQUIDITÄT (w)
Wörtlich: die Flüssigkeit, das Flüssigsein, meist im Sinn von: Zahlungsfähigkeit.
Eine Forderung ist liquid (flüssig), wenn sie sogleich mit Erfolg eingeklagt werden kann (dh sie leicht beweisbar ist, ihrer Durchsetzung keine Einreden entgegenstehen etc).
Eine Firma ist liquid, wenn sie über genügend Mittel verfügt, um ihren laufenden Verbindlichkeiten nachzukommen.

LIS (m)
Rechtsstreit.
Lis pendens = anhängiger Rechtsstreit.

LIT(T)ERA (w)
Abkürzung lit.
Buchstabe. Häufig sind Gesetze neben Paragraphen (§§) oder Artikeln und Absätzen (Abs) noch in Buchstaben (lit) oder Ziffern (Z) gegliedert.

LITERA NON ERUBESCIT
Der Buchstabe errötet nicht („Papier ist geduldig"). Auch **epistula non erubescit** = der Brief errötet nicht.

LITIGIEREN
(Vor Gericht) streiten (→ lis = Rechtsstreit).

LITIS CONTESTATIO (w)
Im römR: Streiteinlassung, Streitbefestigung.

LITIS DENUNTIATIO (w)
Streitverkündigung. Mitteilung einer Prozesspartei, die einem Dritten durch Zustellung eines Schriftsatzes anzeigt, dass ein Rechtsstreit anhängig oder beabsichtigt ist, damit der Dritte Gelegenheit hat, sich als Streitgenosse oder als Nebenintervenient zu beteiligen (vgl § 931 ABGB, § 21 öZPO, §§ 72 ff dZPO, Art 16 BZP, Art 193 OR).

LITISPENDENZ (w)
Streitanhängigkeit. Die Streitanhängigkeit eines Prozesses beim zuständigen Gericht hat zur Folge, dass mit derselben Sache kein anderes Gericht mehr befasst werden kann.

LITTERALKONTRAKT (m)
Im römR: Vertrag, der durch Buchung einer Einnahme oder Ausgabe im → codex accepti et expensi zustandekommt.

LIZITIEREN
Versteigern, hochsteigern.

LL.M.
Abkürzung für legum magister = master of laws; va von angloamerikanischen Universitäten vergebener Titel, der in der Regel ein postgraduales einjähriges Studium voraussetzt.

LOCATIO CONDUCTIO REI (w)
Im römR Konsensualvertrag, durch den eine Sache entgeltlich zum Gebrauch (Mietvertrag) oder auch zur Fruchtnießung (Pachtvertrag) überlassen wird. Der Vermieter hat als locator die **actio locati**, der Mieter als conductor die **actio conducti** zur Durchsetzung der vertraglichen Ansprüche.
Das ABGB fasst Miete und Pacht unter der Bezeichnung Bestandvertrag zusammen (vgl §§ 1090 ff ABGB, vgl auch §§ 535 ff BGB, Art 253 ff, 275 ff OR.

LOCATIO CONDUCTIO OPERARUM (w)
Im römR Konsensualvertrag, durch den jemand seine Arbeitskraft einem anderen entgeltlich überlässt (Dienstvertrag, „Dienstmiete", Arbeitsvertrag). Der Dienstnehmer hat als locator die **actio locati**, der Dienstgeber als conductor die **actio conducti** zur Durchsetzung der vertraglichen Ansprüche.
Heute sind Dienstverträge in §§ 1151 ff ABGB, §§ 611 ff BGB, Art 319 ff OR sowie in zahlreichen arbeitsrechtlichen Sondergesetzen (zB öAngG) geregelt.

LOCATIO CONDUCTIO OPERIS (w)
Im römR Konsensualvertrag, durch den jemand entgeltlich die

Ausführung eines Werkes übernimmt (Werkvertrag). Der Werkbesteller (der idR das Material zur Verfügung stellt) hat als locator die actio locati, der Werkunternehmer als conductor die actio conducti zur Durchsetzung der vertraglichen Ansprüche. Vgl heute §§ 1151 ff ABGB, §§ 631 ff BGB, Art 363 ff OR.

LOCATIO DOMINIUM NON MUTAT
Wörtlich: Die Miete ändert das Eigentumsrecht nicht.
Grundsatz, wonach beim Mietvertrag das Eigentum an der betreffenden Sache nicht übertragen wird.

LOCATOR (m)
Im römR: Bezeichnung für den Vermieter, Verpächter, Dienstnehmer oder Werkbesteller (je nach Art der → locatio conductio); in der angloamerik Rechtssprache auch: Landvermesser.

LOCO
Am Orte; ab, an der Stelle.

LOCO CITATO
Am angeführten Orte. Abkürzung: loc cit.

LOCO PARENTIS
An Eltern Statt.

LOCO SIGILLI
Anstatt des Siegels, anstelle des Siegels. Abkürzung: L. S.
Bedeutung: Bei (beglaubigten) Abschriften von Urkunden wird an der Stelle, wo sich im Originalschreiben das Siegel befindet, die Bezeichnung „L. S." verwendet.

LOCUM TENENS (m)
Stellvertreter.

LOCUS CLASSICUS (m)
Wörtlich: der klassische Ort. Bedeutung: die gängige Fundstelle bzw Quelle (zB eines Zitats).

LOCUS COMMUNIS (m)
Gemeinplatz, bekannte Tatsache; auch abwertend im Sinn von: Banalität.

LOCUS MINORIS RESISTENTIAE (m)
Stelle geringeren Widerstandes.

LOCUS REGIT ACTUM
Wörtlich: Der Ort bestimmt das Geschehen (das Rechtsgeschäft); die einzuhaltende Form des Rechtsgeschäftes richtet sich nach dem Recht des Errichtungsortes (der Urkunde).
Bei Rechtsgeschäften wird vermutet, dass die Parteien das Recht des Abschlussortes zugrunde gelegt haben, sofern nicht besondere Umstände auf einen anderen Parteiwillen hindeuten (Regel des internationalen Privatrechts). Siehe auch → forum contractus.

LOCUS STANDI (m)
In der angloamerik Rechtssprache: Recht, vor Gericht (zB als Zeuge, aber auch als Partei) gehört zu werden.

LONGA MANU
Wörtlich: von langer Hand, durch lange Hand.
Unter einer traditio longa manu versteht man im römR einen Besitzerwerb, bei dem die Sache nicht körperlich übertragen wird, sondern eine losere körperliche Nahebeziehung besteht, etwa: Besitzübertragung schon durch Hinlegen des geschuldeten Geldes vor den Gläubiger, durch Zeigen eines Grundstückes von einem benachbarten Turm des Erwerbers etc.

LONGI TEMPORIS PRAESCRIPTIO (w)
Im römR: Ersitzung wegen langer Zeit.

LUCIDUM INTERVALLUM (s)
Lichter Moment, lichter Augenblick. Mz: **lucida intervalla**.
Hat ein Geisteskranker lucida intervalla, so kommt ihm während dieser Phase auch Handlungsfähigkeit, dh Delikts- und Geschäftsfähigkeit zu (vgl etwa § 567 ABGB).
Besachwalterte Personen bleiben allerdings nach ö Recht kraft gesetzlicher Regelung (§ 273 a Abs 1 ABGB) im Rahmen ihrer

Besachwalterung selbst in solchen „lichten Momenten" geschäftsunfähig (vgl auch § 1903 BGB und Art 410 Abs 1 ZGB).

LUCRI ANIMUS (m)
Bereicherungsabsicht, auf Gewinn gerichtete Absicht (zB beim Diebstahlstatbestand erforderliches Begriffsmerkmal).

LUCRUM CESSANS (s)
Schaden, welcher im entgangenen Gewinn besteht, den man nach dem gewöhnlichen Lauf der Dinge erwarten konnte (zB Chance auf ein günstiges Geschäft, vgl § 1293 Satz 2 ABGB, § 252 BGB). Im Unterschied zu → damnum emergens.

LUKRATIV
Gewinnbringend. Auch im Sinne von: nur Vorteile bringend, im Unterschied zu **oneros** = Lasten mit sich bringend.

LUKRIEREN
(Aus einer Sache) Gewinn ziehen.

LUSTRUM (s)
Altröm Sühne- und Reinigungsopfer, das alle fünf Jahre stattfand; Zeitraum von fünf Jahren.

LUXURIA = CULPA LUXURIA (w)
Wörtlich: Schwelgerei, Frevelhaftigkeit, Mutwillen.
Schädlicher Übermut, bewusste Fahrlässigkeit.
Luxuria ist dann gegeben, wenn der Handelnde zwar vorhersah, dass seine Tätigkeit möglicherweise einen Schaden herbeiführen werde, sich aber leichtsinnig (sorglos) damit tröstet, dass dieser Nachteil doch nicht eintreten werde (siehe auch → culpa).

M

MACHINATIO(N) (w)
Machenschaft, raffinierter Winkelzug, Kniff.

MAGISTER (m) bzw **MAGISTRA** (w)
Wörtlich: Meister(in).
Akademischer Grad, mit dem zB das Diplomstudium der Rechtswissenschaften abgeschlossen wird. Abkürzung: Mag. (zB Mag. iur.).

MAGISTER NAVIS (m)
Im römR: Bezeichnung für den Kapitän eines Schiffes, für dessen Geschäftsschulden idR sein Reeder (exercitor) mittels → actio exercitoria haftbar gemacht werden kann.

MAGISTRAT(US) (m)
Im römR: Ämter bzw Amtsträger (va in der Republik).
Heute versteht man unter Magistrat das Stadtamt in Städten mit eigenem Statut.

MAIOR CAUSA (w)
Wörtlich: die größere Rechtssache.
Rechtsstreit, dessen Gegenstand einen (bzw den) größeren Vermögenswert zum Inhalt hat (siehe hingegen → minor causa).

MAJORAT (s)
Vorrecht des Ältesten in der Familie auf den Nachlass (bei Fideikommissen).

MAJORENN = MAIORENNIS
Großjährig. Gegenteil von → minorenn.

MAJORITÄT (w)
Mehrheit (zB der Stimmen). **Majorisieren** = überstimmen.

MALA DEFENSIO (w)
Schlechte Verteidigung (zB wenn durch die Art und Weise der

Verteidigung eher das Gegenteil des Beabsichtigten, nämlich die eigene Schlechterstellung erreicht wird).

MALA FIDE
Im Zustand der → mala fides, schlechtgläubig.

MALA FIDES (w)
Schlechter Glaube (zB Kenntnis des Käufers einer Sache, dass der Verkäufer eine fremde Sache unbefugt verkauft); auch Arglist, Unredlichkeit. Im Unterschied zur → bona fides.

MALA FIDES SUPERVENIENS NON NOCET
Wörtlich: Die nachfolgende Unredlichkeit schadet nicht.
Im römR ist für eine Ersitzung der gute Glaube des Erwerbers (→ bona fides) bloß zum Erwerbszeitpunkt erforderlich; ein nachfolgender schlechter Glaube (zB spätere Kenntnis vom Nichteigentum des Veräußerers) gereicht nicht zum Nachteil.

MALAE FIDEI POSSESSOR (m)
Unredlicher Besitzer: Der Besitzer, welcher weiß oder auch nur vermuten müsste, dass die von ihm besessene Sache eine fremde ist (§ 326 ABGB, § 932 Abs 2 BGB, Art 936, 940 ZGB). Im Zweifel spricht die Vermutung für die Redlichkeit des Besitzes (§ 328 Satz 2 ABGB).

MALEDIZIEREN
Schmähen, lästern. Jemandem Böses wünschen, ihn verfluchen.

MALITIIS NON EST INDULGENDUM
Bosheit ist nicht zu dulden (Celsus D 6.1.38). Handlungen, die (anlässlich der Ausübung eines Rechts) lediglich einer Schikane entspringen, müssen nicht geduldet werden (vgl § 1295 Abs 2 ABGB, § 226 BGB, Art 2 Abs 2 ZGB).

MALUM NECESSARIUM (s)
Notwendiges Übel.

MALVERSATION (w)
Veruntreuung.

MANCIPATIO = MANZIPATION (w)
Förmliches Rechtsgeschäft aus dem älteren römR, durch das Rechte (zB Eigentum an → res mancipi) übertragen werden.

MANDANT (m)
Vollmachtgeber, Auftraggeber (im Gerichtsgebrauch: Klient des Rechtsanwalts oder Notars).

MANDAT = MANDATUM (s)
Auftragsvertrag; auch: Bevollmächtigungsvertrag (§ 1002 ABGB, §§ 662 ff BGB, Art 394 ff OR).

MANDATAR (m)
Bevollmächtigter, Auftragnehmer.

MANDATSEXZESS (m)
Überschreitung eines Auftrags, Überschreitung der Vollmacht; siehe auch → excessus mandati.

MANDATUM AD AGENDUM (s)
Im römR: Prozessmandat. Auftrag, durch den der Auftragnehmer sich verpflichtet, für den Auftraggeber einen Prozess zu führen.

MANDATUM CERTUM (s)
Bestimmtes, beschränktes Mandat. Mandat, welches eine einschränkende Festlegung enthält, wie weit der Mandatar bei der Besorgung eines Geschäftes gehen darf, oder wie und in welcher Art das Geschäft zu führen ist (vgl § 1007 ABGB).

MANDATUM INCERTUM (s)
Unbestimmtes, unbeschränktes Mandat; unumschränkte Vollmacht (§ 1007 ABGB).

MANDATUM IN REM SUAM (s)
Wörtlich: Auftrag in eigener Angelegenheit. Im römR: ein Auftrag, bei dem der Auftragnehmer das Erlangte für sich behalten darf. Mittels → mandatum ad agendum in rem suam kann im römR eine der Zession ähnliche Wirkung erzielt werden.

MANDATUM MORTE SOLVITUR
Der Auftragsvertrag erlischt mit dem Tod.
Grundsatz, wonach das Mandat als höchstpersönliches Vertragsverhältnis mit dem Tod des Auftraggebers oder des Auftragnehmers erlischt (vgl § 1022 ABGB, § 35 OR, etwas anders jedoch §§ 672f BGB).

MANDATUM POST MORTEM (s)
Auftrag auf den Todesfall (vgl § 1022 ABGB).

MANDATUM QUALIFICATUM (s)
Kreditauftrag.
Auftrag, bei dem A den B beauftragt, dem C einen Kredit zu gewähren. Zahlt C den Kredit nicht zurück, so kann B den Ausfall von A verlangen.

MANDATUM TUA GRATIA (s)
Auftrag, bei dem die Ausführung des Geschäftes im (ausschließlichen) Interesse des Auftragnehmers liegt; ein solcher Auftrag wird nach römR nicht als bindender Vertrag, sondern bloß als Ratschlag angesehen.

MANIFEST (s)
Kundmachung, öffentliche Erklärung.

MANIFESTA NON EGENT PROBATIONE
Was offenkundig ist, bedarf keines Beweises.

MANIFESTATION (w)
Offenbarwerden, Bekundung. **Manifestieren** = bekunden, offenbaren.

MANIFESTATIONSEID
Offenbarungseid (im Vollstreckungsverfahren: unter Eid erfolgende Angabe des Schuldners über sein Vermögen und Einkommen).

MANUDUKTIONSPFLICHT (w)
Verpflichtung des Verfahrensleiters, die (anwaltlich nicht vertre-

tene) Partei entsprechend zu belehren und im Verfahren zu führen (wörtlich: an der Hand zu führen).

MANUMISSIO (w)
Im römR die Gewährung der Freiheit an einen Sklaven.

MANU PROPRIA
Mit eigener Hand, eigenhändig. Abgekürzt: m. p. (Hinweis beim Namen des Unterfertigten, dass das nicht unterschriebene Schriftstück von ihm autorisiert wurde, zB Johann Müller m. p. oder: Johann Müller e. h. = eigenhändig).

MANUSKRIPT (s)
Urschrift (wörtlich: Handschrift) eines Textes.

MANUS MANUM LAVAT
Eine Hand wäscht die andere.

MARE LIBERUM (s)
Das freie Meer. Das Meer außerhalb der Küstengewässer ist insofern frei, als es im Gemeingebrauch aller Staaten steht.

MARGINALIE (w)
Randbemerkung, zB bei Handschriften, aber auch bei manchen Druckwerken. Auch im Sinn von: Kleinigkeit.

MATER SEMPER CERTA EST
Die Kindesmutter steht (durch den Umstand der Geburt) fest (vgl § 1591 BGB).
Siehe auch → pater est quem nuptiae demonstrant.

MATRIMONIUM CLANDESTINUM (s)
Geheime Ehe. Die Eheschließung konnte ehedem in bestimmten Fällen geheim erfolgen.

MATRIMONIUM CLAUDICANS (s)
„Hinkende" Ehe; eine Ehe, die zwar in einem Staat gültig ist, in einem anderen aber nicht.

MATRIMONIUM CONSUMMATUM (s)
Eine Ehe, bei der auch der eheliche Beischlaf vollzogen worden ist. Siehe auch → matrimonium ratum.

MATRIMONIUM IUSTUM (s)
Im römR: (die Erfordernisse des ius civile erfüllende) rechtsgültige Ehe.

MATRIMONIUM NON EXISTENS (s)
Wörtlich: die nicht bestehende Ehe; Nichtehe (zB → concubinatus).

MATRIMONIUM RATUM (s)
Die Ehe nach (förmlicher) Eheschließung.

MATRIMONIUM RATUM NONDUM CONSUMMATUM (s)
Die förmlich geschlossene, aber noch nicht (durch ehelichen Beischlaf) vollzogene Ehe.

MAXIME (w) (Betonung: Maxime)
Grundsatz, Leitspruch.
(Mit der Betonung maxime bedeutet es hingegen: am meisten.)

MEDIAS IN RES
Wörtlich: mitten in die Dinge hinein. Siehe → in medias res.

MEDIA SENTENTIA (w)
Wörtlich: mittlere Meinung.
Bedeutung: vermittelnde Auffassung.

MELIORATION (w)
Verbesserung (insbes des Ackerbodens, vgl § 517 ABGB).

MELIOR EST CONDITIO POSSIDENTIS
Die Lage des Besitzers ist günstiger (als die Lage des Nichtbesitzers). Der Besitzer ist zB im Prozess insofern besser gestellt, als der die Sache Fordernde dartun muss, dass er ein besseres Recht auf die Sache hat als der Besitzer; § 374 ABGB, § 1006 BGB,

Art 930 ff ZGB). Gleichbedeutend: **melior est causa possidentis**. Siehe auch → beatus possidens.

MEMENTO
Erinnere dich, gedenke!

MEMORANDUM (s)
Denkschrift.

MENS REA (w)
Wörtlich: schuldige Gesinnung; der auf Verwirklichung eines Straftatbestandes gerichtete Wille des Täters.

MENS TESTATORIS (w)
Der Wille des Erblassers.

MENTALRESERVATION = RESERVATIO MENTALIS (w)
Dem Erklärenden innerlich bewusste Abweichung seines tatsächlichen Willens von dem von ihm nach außen Erklärten.

MENTOR (m)
Berater, Förderer, Ratgeber.

MERCES (w)
Im römR: die bei einer → locatio conductio vereinbarte Vergütung in Geld.

MERITORISCH
In der (Rechts-)Sache entscheidend.

MERITUM (s)
Die eigentliche Streitsache betreffend (und nicht bloße Verfahrensfragen).

MERX (w)
Im römR: verkäufliche bewegliche Sache, Ware (→ emptio venditio).

METUS (m)
Furcht (zB als Druckmittel bei Vertragsabschlüssen).

METUS CAUSAM DANS (m)
Die einen Vertragsabschluss veranlassende Furcht. Gem. § 870 ABGB ist der durch ungerechte Furcht zum Vertragsabschluss Veranlasste nicht verpflichtet, den Vertrag zu halten, er kann durch eine (gerichtlich geltend zu machende) Anfechtung den Vertrag aufheben lassen (vgl auch § 138 BGB und Art 29 ff OR).

MIKROZENSUS (m)
Wörtlich: kleine Volkszählung; statistische Repräsentativerhebung.

MINIMA NON CURAT PRAETOR
Um Geringfügigkeiten kümmert sich der Prätor (im römR das für Jurisdiktion zuständige Organ) nicht.

MINISTER (m)
Wörtlich: Diener. Oberstes Verwaltungsorgan; Mitglied der Regierung, welches einen bestimmten Aufgabenbereich („Ressort") verwaltet.

MINISTERIUM (s)
Wörtlich: Dienst. Dienststelle, die einem obersten Verwaltungsorgan (Minister) zugeordnet ist.

MINOR (VIGINTIQUINQUE ANNIS) (m, w, Ez)
Im römR: unter 25jährige Person. Minores (Mz) sind im Geschäftsleben besonders geschützt; sie können ua einen → curator minoris beantragen.

MINOR CAUSA (w)
Rechtssache, deren Gegenstand von geringerer Bedeutung ist (siehe hingegen → maior causa).

MINORENN(IS)
Minderjährige Person (gem § 21 Abs 2 ABGB Personen unter 18 Jahren, vgl auch §§ 2, 106 ff BGB, Art 14, 296 ff, 406 ff ZGB. Der Ausdruck leitet sich aus dem römR ab, in dem man über- und unter- 25jährige als **maior** bzw **minor vigintiquinque annis** unterschied.

MISSIO IN BONA = MISSIO IN POSSESSIONEM (w)
Im römR: Einweisung der Gläubiger in das Vermögen des Schuldners (insbes im Insolvenzfall).

MIXTUM COMPOSITUM (s)
Buntes Gemisch, buntes Durcheinander, Kunterbunt.

MOBILIA (s, Mz)
Bewegliche Sachen, Fahrnisse (im Unterschied zu → immobilia = unbeweglichen Sachen; vgl § 293 ABGB, Art 713 ff ZGB).

MOBILIA OSSIBUS INHAERENT
Wörtlich: Die beweglichen Sachen hängen an den Gebeinen. Bedeutung: Bewegliche Sachen unterliegen demselben Regime von Rechtsnormen wie die Person, der sie zugeordnet sind (Personalitätsprinzip). Siehe auch → mobilia personam sequuntur.

MOBILIA PERSONAM SEQUUNTUR
Wörtlich: Die beweglichen Güter folgen der Person.

MOBILIEN (w, Mz)
Bewegliche Sachen, Fahrnisse (zum Unterschied von unbeweglichen Sachen, zB Grundstücke).

MODIFIZIEREN
Abändern (zB die Klage wurde modifiziert).

MODUS (m)
Art und Weise. Auch: Auflage (eine dem Erwerber einer unentgeltlichen Zuwendung auferlegte Verpflichtung).

MODUS ADQUIRENDI = MODUS ACQUIRENDI (m)
Erwerbungsart, Art der Erwerbung von Rechten; im Sachenrecht etwa bei beweglichen Sachen die tatsächliche Übergabe bzw bei Liegenschaften die Eintragung ins Grundbuch (→ Intabulation).

MODUS OPERANDI (m)
Vorgangsweise, Verfahrenstechnik.

MODUS PROCEDENDI (m)
Art und Weise, zu verfahren bzw vorzugehen.

MODUS SIMPLEX (m)
Einfache Auflage. Auflage, deren Erfüllung nicht verpflichtend ist, zB ein rechtlich nicht durchsetzbarer Rat oder Wunsch des Erblassers (§ 711 ABGB).

MODUS VIVENDI (m)
Die Art und Weise, miteinander zu leben; meist im Sinn von: Form des Zusammenlebens, die für alle Beteiligten erträglich ist.

MOLESTIEREN
Belästigen.

MONARCHIE (w)
Königsherrschaft. Staatsform, bei der das Staatsoberhaupt ein (in der Regel durch Erbfolge bestimmter) König oder eine Königin ist.

MONIEREN
Mahnen, einmahnen.

MONITURVERFAHREN
Berichtigungsverfahren; Verfahren, in dem der Schwurgerichtshof den Geschworenen die Verbesserung des Wahrspruches aufträgt (vgl §§ 332 f öStPO).

MONOKRATISCHES ORGAN (s)
Organ, bei welchem die Willensbildung durch einen Einzelnen erfolgt (oder einem Einzelnen zugerechnet wird).

MORA ACCIPIENDI = MORA CREDITORIS (w)
Annahmeverzug, Gläubigerverzug.
Wird die vom Schuldner (obligationsgemäß) angebotene Leistung vom Gläubiger nicht angenommen, so liegt Annahmeverzug vor (§ 1419 ABGB, §§ 293 ff BGB, Art 91 ff OR).

MORA SOLVENDI = MORA DEBITORIS (w)
Leistungsverzug, Schuldnerverzug.
Wird die geschuldete Leistung bei Fälligkeit vom Schuldner nicht oder nicht obligationsgemäß angeboten, so liegt Schuldnerverzug vor (§§ 918 ff ABGB, §§ 286 ff BGB, Art 102 ff OR).

MORBUS (m)
Wörtlich: Krankheit.
Bedeutung: Im römR wurde durch eine besondere Marktgerichtsbarkeit den Verkäufern für die von ihnen am Markt verkauften Sklaven und Zugtiere eine verschärfte Haftung für das Vorliegen einer nicht bekanntgegebenen Krankheit (morbus) auferlegt. Diese verschärfte Haftung, die zur Wandlung (siehe → actio redhibitoria) oder Minderung (siehe → actio quanti minoris) des Kaufvertrages führen konnte, stellt die erste Ausformung der Sachmangelgewährleistung dar (vgl heute §§ 922 ff ABGB, §§ 434 ff BGB, Art 197 ff OR).

MORES (m, Mz)
Sitten; Anstand.
Siehe auch → contra bonos mores sowie → mos maiorum.

MORTIS CAUSA
Von Todes wegen (etwa Rechtsgeschäfte von Todes wegen, zB Erbvertrag).

MORTIS CAUSAM PRAESTARE
Wörtlich: eine Todesursache setzen; für das Setzen einer Todesursache einstehen (römR).

MORTUUS REDHIBETUR
Wörtlich: der Tote (Sklave) wird gewandelt
Eine Wandlung (→ actio redhibitoria) kann auch dann vorgenommen werden, wenn der mangelhafte Kaufgegenstand ohne Verschulden des Käufers untergegangen ist.

MOS MAIORUM (m)
Vätersitte; althergebrachte Regeln und Gewohnheiten.

MOTU PROPRIO
Wörtlich: aus eigenem Antrieb.

MULIER TACEAT IN ECCLESIA
Die Frau schweige in der Kirche (kirchenrechtlicher Begriff). Gemeint ist der im röm-kath Kirchenrecht geltende Grundsatz, der es den Frauen verwehrt, kirchliche Jurisdiktion auszuüben.
Im übertragenen Sinn wird dieser Ausspruch auch außerhalb kirchlicher Belange zitiert, wenn die Mitwirkung von Frauen ausgeschlossen ist oder ausgeschlossen werden soll.

MULTILATERAL
Mehrseitig, vielseitig, zB multilaterale Verträge.

MULTIPLEX
Vielfach.
Als Dr. mult. tituliert man jemanden, der mehr als zwei Doktorate erworben hat, als Dr. h.c. mult. jemanden, der mehr als zwei Ehrendoktorate erhalten hat.

MUNICIPIUM = MUNIZIPIUM (s)
Stadt, Stadtverwaltung.

MUTATIS MUTANDIS
Wörtlich: nach Veränderung des zu Verändernden. Bedeutung: mit den notwendigen Abänderungen.
Damit wird ausgedrückt, dass eine für einen bestimmten Fall getroffene Aussage abgewandelt – dh unter Berücksichtigung spezifischer Unterschiede – auch für einen anderen Fall gilt.

MUTUELL
Wechselseitig, gegenseitig.

MUTUUM (s)
Im römR: (unentgeltlicher) Darlehensvertrag; Realvertrag, der durch die Übereignung von vertretbaren Sachen (insbes Geld) mit der Vereinbarung, dass der Empfänger verpflichtet ist → tandundem eiusdem generis zurückzugeben, zustandekommt (vgl heute § 983 ABGB, §§ 488, 607 ff BGB, Art 312 ff OR).

MUTUUS CONSENSUS (m)
Gegenseitiges Einverständnis, wechselseitige Willensübereinstimmung, → consensus.

MUTUUS DISSENSUS (m)
Das Fehlen einer gegenseitigen Übereinstimmung, → dissensus.

MYSTIFIKATION (w)
Vorspiegelung, Täuschung.

N

NARRA MIHI FACTUM DABO TIBI IUS
Erzähle mir den Sachverhalt, und ich werde darüber Recht sprechen.
Grundsatz im Zivilprozessrecht, wonach es Sache der Partei ist, den Sachverhalt zu schildern, und Sache des Richters, ihn rechtlich zu beurteilen. Siehe → da mihi facta sowie → iura novit curia.

NASCITURUS (m)
Wörtlich: Der geboren werden wird. Die Leibesfrucht, der menschliche Embryo, das Ungeborene.

NASCITURUS PRO IAM NATO HABETUR, QUOTIENS DE COMMODIS EIUS AGITUR
Die Leibesfrucht wird – unter Bedingung der Lebendgeburt – vom Zeitpunkt der Empfängnis an rechtlich einem bereits geborenen Kinde gleichgeachtet, sofern es sich um dessen Schutz (Nutzen, Vorteil) handelt (vgl § 22 ABGB, vgl auch §§ 1912, 1923 Abs 2, 2101 Abs 1 BGB, Art 31 Abs 2, 544 ZGB).

NATURALIA NEGOTII (s, Mz)
Regelungen, die auch ohne konkrete Vereinbarung der Parteien eines Vertrages aufgrund der Rechtsordnung Vertragsinhalt werden.
Im Unterschied zu → essentialia negotii.

NATURALKOMPUTATION (w)
Siehe unter → computatio naturalis.

NATURALIS OBLIGATIO = NATURALOBLIGATION (w)
Wörtlich: natürliche Verbindlichkeit.
Verpflichtung, welche nicht klagbar ist, wohl aber erfüllbar; der Schuldner kann zwar nicht auf Erfüllung geklagt werden, erfüllt er die Verpflichtung aber, so geschieht dies aufgrund einer gültigen Verpflichtung, dh das Geleistete kann nicht als Nichtschuld (§ 1432 ABGB) zurückgefordert werden.
Naturalobligationen sind zB verjährte Forderungen, Ansprüche aus erlaubtem Glückspiel sowie mündliche Schenkungsverspre-

chen (§ 943 ABGB; vgl auch §§ 214 Abs 2, 656, 762 BGB, Art 513 OR).

NATURALIS POSSESSIO (w)
Natürlicher Besitz. Siehe unter → possessio naturalis.

NATURALRESTITUTION (w)
Schadenersatz durch Wiederherstellung des faktischen Zustandes vor der Schädigung, im Gegensatz zum Geldausgleich. Begriff im Schadenersatzrecht (§ 1323 ff ABGB, § 249 BGB).

NEBENINTERVENTION (w)
Beitritt eines Dritten in einen zwischen anderen Parteien bereits anhängigen Rechtsstreit zur Unterstützung einer Partei, an deren Obsiegen er ein rechtliches Interesse hat. Der Nebenintervenient (Streithelfer) hat gegenüber der Hauptpartei nur schwächere Rechte (§§ 17 ff öZPO, §§ 66 ff dZPO, Art 15 BZP).

NE BIS IN IDEM
Nicht zweimal in (auf, gegen) dasselbe.
Der Grundsatz besagt, dass ein bestimmter Sachverhalt, über den in einer Verfahrensart einmal eine rechtliche Entscheidung ergangen ist, nicht neuerlich (in dieser Verfahrensart) judiziert werden kann.

NE BIS IN IDEM SIT ACTIO
Eine neuerliche Klage auf dieselbe Sache soll ausgeschlossen sein.

NEC VI NEC CLAM NEC PRECARIO
Wörtlich: nicht gewaltsam, nicht heimlich, nicht aufgrund einer Bittleihe (→ precarium).
Wer einem anderen den Besitz weder gewaltsam (**vi**) noch heimlich (**clam**) entzogen noch von dem anderen in Bittleihe (**precario**) erhalten hat, besitzt die Sache nach römR fehlerfrei (→ possessio ad interdicta = possessio iusta) und genießt Besitzschutz (vgl heute § 339 ABGB, §§ 454 ff öZPO, §§ 858, 861 f BGB, Art 79 BZP). Im Unterschied zum fehlerhaften = unechten Besitz (→ possessio vitiosa = possessio iniusta).

NECESSITAS DEFENSIONIS (w)
Notwendigkeit der Verteidigung (Begriff im Zivilprozessrecht).

NECESSITAS LEGEM NON HABET
Wörtlich: Die Notwendigkeit hat kein Gesetz.
„Not kennt kein Gebot", in Notfällen gilt das Gesetz nicht.

NE EAT IUDEX ULTRA PETITA PARTIUM
Siehe unter → ne procedat . . . und → ne ultra petita.

NEGABIT FRUSTRA IN MEDIO PRENSUS CRIMINE
Vergeblich wird leugnen, wer bei der Begehung eines Deliktes ertappt wird
Siehe → in flagranti.

NEGATIVA NON SUNT PROBANDA
Das Nichtbestehen von Tatsachen braucht nicht bewiesen zu werden.

NEGLEGENTIA (auch: **NEGLIGENTIA**) (w)
Fahrlässigkeit: das Außerachtlassen der pflichtgemäßen Sorgfalt (→ diligentia = pflichtgemäße Sorgfalt). Siehe auch → culpa.

NEGLEGENTIA CRASSA (w)
Grobe Nachlässigkeit (im Schuldrecht).

NEGOTIA GRATUITA (s, Mz)
Unentgeltliche Geschäfte; Geschäfte, bei denen eine Leistung ohne Gegenleistung erbracht wird. Siehe auch → negotia lucrativa.

NEGOTIA LUCRATIVA (s, Mz)
(Rein) vorteilhafte Geschäfte; Geschäfte, bei denen nur ein Vertragspartner ohne eine Gegenleistung einen Vorteil zieht. Gegenteil: → negotia onerosa.

NEGOTIA ONEROSA (s, Mz)
Wörtlich: belastende Geschäfte. Bedeutung: Geschäfte, die nicht nur Rechte, sondern auch Verpflichtungen begründen.

NEGOTIORUM GESTIO (w)

Geschäftsführung ohne Auftrag. Sie liegt vor, wenn jemand für eine andere Person ein Geschäft führt, ohne von dieser zur Geschäftsführung befugt worden zu sein (§ 1035 ABGB, §§ 677 ff BGB, Art 419 ff OR). **Negotiorum gestor** = Geschäftsführer, im Unterschied zum **dominus negotii** = Geschäftsherr (derjenige, für den das Geschäft ohne Auftrag geführt wurde).

NEGOTIORUM GESTIO NECESSARIA (w)

Notwendige (im Notfall getätigte) Geschäftsführung ohne Auftrag (vgl § 1036 ABGB, § 680 BGB, Art 420 OR).

NEGOTIORUM GESTIO UTILIS (w)

Nützliche Geschäftsführung ohne Auftrag (vgl §§ 1037, 1038 ABGB, § 683 BGB, Art 422 OR).

NEGOTIUM BILATERALE (s)

Zweiseitiges Rechtsgeschäft, zB Vertrag. Im Unterschied zu → negotium unilaterale.

NEGOTIUM CLAUDICANS (s)

Hinkender Vertrag. Mehrzahl: **negotia claudicantia**.
Ein Vertrag, mit dem sich eine minderjährige (nach schw Recht: unmündige) Person verpflichtet, bedarf in der Regel der Zustimmung ihres gesetzlichen Vertreters (vgl § 865 ABGB, § 108 BGB, Art 410 ZGB), bisweilen sogar der Zustimmung des Vormundschaftsgerichts. Bis zur Erteilung der Zustimmung ist der Vertrag schwebend unwirksam („hinkend").

NEGOTIUM INTER VIVOS (s)

Rechtsgeschäft unter Lebenden, zB ein Kaufvertrag; im Unterschied zu Rechtsgeschäften von Todes wegen, zB Testament.

NEGOTIUM MIXTUM CUM DONATIONE (s)

Wörtlich: mit einer Schenkung vermischtes Rechtsgeschäft.
ZB: A verkauft sein Auto dem B um € 3.000,–, wobei beide voraussetzen, dass das Auto ca. € 6.000,– wert ist; das „Mehr" soll geschenkt sein (gemischte Schenkung, vgl § 935 ABGB).

NEGOTIUM MORTIS CAUSA (s)
Rechtsgeschäft von Todes wegen, zB Erbvertrag.

NEGOTIUM PROPRIUM (s)
Im Eigeninteresse geführtes Geschäft (im Unterschied zur Geschäftsführung für einen anderen).

NEGOTIUM TURPE (s)
Schimpfliches Rechtsgeschäft; Mehrzahl: **negotia turpia**.
Ein Geschäft, das gegen die guten Sitten verstößt, zB Ausbedingung von Wucherzinsen, Kuppelei etc.

NEGOTIUM UNILATERALE (s)
Einseitiges Rechtsgeschäft, zB Testament.
Im Unterschied zu → negotium bilaterale.

NEMINI DOLUS SUUS PRODEST
Wörtlich: Niemandem nützt seine eigene Arglist.
Siehe auch → dolus suus neminem relevat, sowie → turpitudinem suam allegans non auditur.

NEMINI FRAUS SUA DEBET PATROCINARI
Niemanden darf der eigene Betrug schirmen.
Siehe auch → dolus suus neminem relevat, sowie → turpitudinem suam allegans non auditur.

NEMINI (NULLI) RES SUA SERVIT
Wörtlich: Niemandem dient seine eigene Sache.
Bedeutung: Der Eigentümer einer Sache kann nicht gleichzeitig an der eigenen Sache ein beschränktes dingliches Recht haben. So ist insbes die Servitut ein Recht an einer fremden Sache; gelangt diese Sache in das Eigentum des Servitutsberechtigten, so geht die Servitut unter (vgl § 526 ABGB, etwas anders § 1063 BGB, Art 735 ZGB).

NEMO AUDITUR PROPRIAM TURPITUDINEM ALLEGANS
Niemand wird gehört, der seine eigene Schändlichkeit ins Treffen

führt (vgl C 7.8.5); siehe auch → turpitudinem suam allegans nemo auditur.

NEMO CUM DAMNO ALTERIUS LOCUPLETIOR FIERI DEBET

Niemand darf sich zum Schaden eines anderen bereichern (vgl D 12.6.14, D 50.17.206; vgl §§ 1041 f, 1431 ff ABGB, §§ 812 ff BGB, Art 62 ff OR).

NEMO IUDEX SINE ACTORE

Wörtlich: Niemand ist Richter ohne Kläger.
„Wo kein Kläger, da kein Richter". Im Strafprozess gilt der sog Anklagegrundsatz, wonach das Strafgericht nicht in Funktion treten kann, wenn keine Anklage erfolgt ist. Auch im zivilgerichtlichen Verfahren kann aufgrund der Parteienmaxime das Gericht ohne Antrag bzw Klage einer Partei nicht tätig werden.

NEMO PLUS IURIS TRANSFERRE POTEST QUAM IPSE HABET

Niemand kann (einem anderen) mehr Recht übertragen, als er selbst hat. Vgl Ulpian D 50.17.54.
Grundsatz im Sachenrecht (vgl § 442 ABGB). Gemeinsame Regel für alle Fälle des derivativen Rechtserwerbes. Vgl jedoch den originären (= nicht vom Recht des Vormannes abgeleiteten) Eigentumserwerb nach § 367 ABGB, §§ 932 ff BGB und Art 714 ZGB.

NEMO PRO PARTE TESTATUS PRO PARTE INTESTATUS DECEDERE POTEST

Wörtlich: Niemand kann (zugleich) mit Testament und ohne Testament sterben.
Im römR: Hinsichtlich eines Erbfalles können Testamentserbfolge und Intestaterbfolge nicht nebeneinander bestehen.

NEMO PRO PRAETERITO ALITUR

Wörtlich: Niemand wird für die Vergangenheit (dh rückwirkend) ernährt. Bedeutung: Es ist nicht möglich, einen Unterhaltsanspruch für die Vergangenheit geltend zu machen (mittlerweile durch neuere Judikatur überholter Grundsatz des Familienrechts).

NEMO PRUDENS PUNIT, QUIA PECCATUM EST, SED NE PECCETUR
Wörtlich: Niemand, der klug ist, straft, weil eine Verfehlung begangen wurde, sondern damit in Hinkunft nicht mehr gefehlt wird.
Dieser Satz bringt zum Ausdruck, dass nicht die Vergeltung, sondern die Prävention (Vorbeugung) der Zweck des Strafens sein soll.

NEMO SIBI IPSE CAUSAM POSSESSIONIS MUTARE POTEST
Niemand kann eigenmächtig seine Besitzposition zu seinen Gunsten verändern.
Der bloße Inhaber kann sich nicht selbst zum rechtmäßigen Besitzer machen, der Rechtsbesitzer nicht zum Sachbesitzer (vgl §§ 318 f ABGB).

NEMO SUBROGAT (=SURROGAT) CONTRA SE
Wörtlich: Niemand wählt sich einen (Rechts-)Nachfolger mit (schädlicher) Wirkung gegen sich. Bedeutung: Niemand überträgt ein Recht in der Weise derart auf einen anderen, dass dieses zu seinem Nachteil geltend gemacht werden kann.
Vgl etwa § 268 Abs 3 S 2 BGB, § 67 Abs 1 S 2 öVVG, Art 507 Abs 2 S 2 OR.

NEMO TENETUR SE IPSUM ACCUSARE
Wörtlich: Niemand ist dazu gezwungen, sich selbst anzuklagen.
Der Beschuldigte kann nicht gezwungen werden, auszusagen; er ist auch nicht verpflichtet, bei der Wahrheitsermittlung mitzuwirken. In der Fassung **nemo tenetur adversarium armare contra se** („niemand ist dazu gezwungen, seinen Gegner mit Waffen gegen sich auszustatten") findet sich dieser Gedanke in einer Glosse des Baldus zu C 2.1.4.

NEPOTISMUS (m)
Neffenwirtschaft; Verwandtenprotektion.

Eine missbräuchliche, ungerechtfertigte Bevorzugung von Verwandten, zB bei der Vergabe von Ämtern oder Aufträgen.

NE PRAEIUDICIUM FIAT REI

Wörtlich: Damit keine Vorentscheidung der Sache entstehe.

Bedeutung: Die vorläufige oder erstmalige Beurteilung einer Sache soll eine spätere Beurteilung, die inhaltlich anders ausfallen kann, offenlassen.

NE PROCEDAT IUDEX EX OFFICIO

Wörtlich: Der Richter gehe nicht amtswegig vor.

Erläuterung: Der Richter kann zB im Zivilprozess prinzipiell nur über das judizieren, was von den Parteien zum Gegenstand des Verfahrens gemacht worden ist (Dispositionsgrundsatz).

Siehe auch unter → ne ultra petita und → ultra petita partium.

NERVUS RERUM (m)

Wörtlich: Der Nerv der Dinge.

Bedeutung: Jener unter mehreren Faktoren, der die entscheidende Rolle spielt.

NE ULTRA ALTERUM TANTUM

Wörtlich: Damit nicht über das Doppelte hinaus (ergänze: die Forderung anwachse).

Bedeutung: Hinsichtlich eines geschuldeten Kapitalbetrages laufen nur so lange Zinsen, bis insgesamt durch die Summierung von Zinsen und Zinseszinsen dieser Betrag ein zweites Mal erreicht ist (**alterum tantum** = das Doppelte); darüberhinaus fallen keine weiteren Zinsen an (§ 1335 ABGB).

NE ULTRA PETITA

Wörtlich: Nicht über das Begehrte hinaus.

Bedeutung: Der Richter darf in seinen Entscheidungen nicht über das von den Parteien gestellte Begehren hinausgehen (Begriff im Zivilprozess).

Siehe auch unter → ultra petita partium und → ne procedat iudex ex officio.

NEXUM (s)

Im älteren römR: Haftungsgeschäft; für den Fall der Nichterbringung der geschuldeten Leistung bedingt erklärte Selbstverknechtung eines Schuldners.

NIDATION (w)

Einnistung des befruchteten Eies in die Gebärmutterschleimhaut. (Von diesem Zeitpunkt an wird das Bestehen einer Leibesfrucht und damit die Schwangerschaft berechnet. Erst nach erfolgter Nidation kann von einem Schwangerschaftsabbruch im Sinne des §§ 96 ff StGB, §§ 218 ff dStGB, Art 118 ff schwStGB gesprochen werden.)

NIHIL FIT SINE CAUSA SUFFICIENTI

Nichts geschieht ohne hinreichenden Grund.

NIHIL NOVI (SUB SOLE)

Nichts Neues (unter der Sonne).

NIHIL OBSTAT

Wörtlich: Nichts steht dagegen.
Bedeutung: Erteilung einer Genehmigung, insbes die Erteilung der kirchlichen Druckerlaubnis.

NIL PETERE, NIL RECUSARE

Nichts anstreben, (aber auch) nichts ablehnen.

N. N.

Abkürzung für **nomen nescio** = ich weiß den Namen nicht, oder für: **nomen nominandum** = der Name ist erst bekanntzugeben.
Dabei wird ausgedrückt, dass an dieser Stelle der Name einer konkreten Person zu denken oder erst einzusetzen ist.
Im röm Prozessrecht bezeichnet die Abkürzung N. N. in der Blankoformel den Beklagten mit „Numerius Negidius". Der Kläger wird hingegen mit A. A. „Aulus Agerius" bezeichnet. Dahinter steht möglicherweise die Etymologie **A**gere, dh klagen (für **A**gerius) und auf Beklagtenseite das Blankett N.N. für eine Person, die zu zahlen (**N**umerare) sich weigert (**N**egat).

243

NOLENS VOLENS
Wörtlich: nicht wollend (und doch) wollend.
Dies bedeutet, dass jemand zwar etwas anstrebt oder entscheidet, aber nicht aus freien Stücken, sondern unter erheblichem Druck.

NOMEN EST OMEN
Wörtlich: Der Name ist ein Vorzeichen.
Manchmal wird ein Zusammenhang zwischen einem Charakterzug eines Menschen und seinem Namen hergestellt; dies gilt auch für die Wahl des Vornamens, zB Sophia, dh die Weise, oder Pius, dh der Fromme.

NOMENKLATUR (w)
Namensverzeichnis, Wörterverzeichnis, Zusammenstellung von Fachausdrücken.

NOMINA SUNT ODIOSA
Wörtlich: Die Namen sind verhasst.
Dieser Satz wird häufig dann gebraucht, wenn man in seiner Erzählung die erwähnten Personen nicht beim Namen nennen möchte (meist deshalb, weil die Schilderung dem Ungenannten nicht zur Ehre gereicht).

NOMINATIO AUCTORIS (w)
Wörtlich: die Namhaftmachung (Benennung) des Vormannes (Auktors).
Bedeutung: Wem seine Rechtsposition, die sich von einem Vormann ableitet, streitig gemacht wird, der kann sich allenfalls auch dadurch schützen, dass er seinen Vormann nennt und ihn damit zur Verteidigung der bestrittenen Rechtsposition heranzieht (vgl etwa § 375 ABGB). Siehe auch unter → laudatio auctoris.

NOMINATIO POTIORIS (w)
Wörtlich: die Nennung des Vorzüglicheren.
Sie ist ein Recht des ernannten Vormundes (welcher als vermutlich nächster Verwandter zum Vormund bestellt wurde), einen näheren Verwandten hiezu vorzuschlagen (§ 258 ABGB).

NONDUM CONCEPTUS = NON IAM CONCEPTUS (m)
Noch nicht empfangen (gezeugt); der noch nicht Empfangene (**conceptio** = Empfängnis).

(QUOD) NON EST IN ACTIS NON EST IN MUNDO
Wörtlich: Was nicht in den Akten ist, ist nicht in der Welt.
Bedeutung: Das nicht Aktenkundige existiert für die in einer Rechtssache erkennende Behörde nicht.

NON LIQUET
Wörtlich: Es fließt nicht. Bedeutung: Es ist nicht klar.
Juristisch wird damit ausgedrückt, dass eine streitige Tatsache weder als wahr noch als falsch festgestellt werden kann. Im Unterschied zu **liquet** = es ist klar, es ist erwiesen.
Im klassischen römischen Recht konnte sich ein → iudex, der sich in einem Zivilverfahren außerstande sah, den Rechtsstreit zu entscheiden, durch einen Eid, dass ihm die Sache nicht bis zur Entscheidungsreife klar geworden sei (iurare sibi non liquere) von der Entscheidungspflicht befreien. In der Folge wurde dann ein anderer Richter zur Entscheidung eingesetzt.

NON OMNE LICITUM HONESTUM
Nicht alles Erlaubte ist auch ehrenvoll.

NON PLUS ULTRA
Unübertreffbar, unvergleichlich, nicht zu überbieten.

NONSENS (m)
Widersinn, Unding, Unsinn.

NON SEQUITUR
Wörtlich: Es folgt nicht (daraus).
Bedeutung: Ein nicht schlüssiges Argument.

NONUSUS (m)
Nichtausübung, Nichtgebrauch eines Rechtes (§§ 351, 1478 ff ABGB). **Non utendo** = durch Nichtausübung.

NON VALENTI AGERE NON CURRIT PRAESCRIPTIO
Gegenüber demjenigen werden Ersitzung und Verjährung gehemmt, welcher nicht in der Lage ist, seine rechtlichen Interessen wahrzunehmen; zB wenn der Betreffende im Ausland weilt oder sich im Kriegsdienst befindet (vgl § 1496 ABGB, §§ 203, 939 BGB, Art 134 f OR).

NORM(A) (w)
Vorschrift, Gebot.
Normativ = vorgeschrieben, geboten.

NOSTRIFIKATION (w)
Anerkennung eines ausländischen Diploms im Inland. Auch: Einbürgerung.

NOTA BENE
Merke gut!; Aufgepasst! (Abkürzung n. b.). Diese Bezeichnung wird gelegentlich als besonderer Hinweis auf wichtige Passagen eines Schriftstückes verwendet.

NOTIFIKATION (w)
Bekanntmachung; Benachrichtigung (im diplomatischen Verkehr). Auch wechselrechtlicher Begriff: Benachrichtigung des Vormannes.

NOTORIETÄT (w)
Offenkundigkeit, allgemeine Bekanntheit.
Tatsachen, die offenkundig (dh allgemein bekannt sind), bedürfen bei der Behörde keines Beweises.

NOTORISCH
offenkundig, allgemein bekannt.

NOTWEHRPROVOKATION (w)
Handlung, die einen anderen zu einem Angriff herausfordert, gegen den dann Notwehr geübt wird. Bei der Absichtsprovokation wird der Angriff des anderen sogar mit der Absicht hervorgerufen, danach Notwehr üben zu können.

NOVA CAUSA SUPERVENIENS (w)
Ein neu hinzutretender Rechtsgrund.

NOVA PRODUCTA (s, Mz)
Wörtlich: neu Entstandenes (= neu entstandene Tatsachen oder Beweise).
Es handelt sich um Neuerungen, die erst nach dem für eine Entscheidung maßgeblichen Zeitpunkt entstanden sind.

NOVA REPERTA (s, Mz)
Wörtlich: neu Aufgefundenes (= neu aufgefundene Tatsachen oder Beweise).
Es handelt sich um Neuerungen, die zwar schon zum entscheidungsmaßgeblichen Zeitpunkt vorhanden waren, aber der Partei erst später bekanntgeworden sind.

NOVATIO(N) (w)
Neuerungsvertrag, Schuldersetzungsvertrag. Vertrag, kraft dessen eine Verbindlichkeit in eine neue übergeht (wobei der Rechtsgrund, der Hauptgegenstand oder die Person des Gläubigers oder Schuldners verändert wird) und die bisherige Verbindlichkeit dadurch erlischt (§§ 1376 ff ABGB, Art 116 f OR).

NOVELLE (w)
Neues Gesetz.
Als Novelle bezeichnet man eine gesetzliche Bestimmung, die ein bereits bestehendes Gesetz ändert.

NOVITER PRODUCTA (s, Mz)
Neu Entstandenes.
Siehe unter → nova producta.

NOVITER REPERTA (s, Mz)
Neu Aufgefundenes.
Siehe unter → nova reperta.

NOVUM (s)
Neues (Mehrzahl: **nova**).

NOXAE DEDITIO (w)
Im römR: die Auslieferung des gewaltunterworfenen Übeltäters. Durch die noxae deditio wird der Gewalthaber, der wegen eines Delikts des Gewaltunterworfenen mit einer → actio noxalis geklagt wurde, befreit.

NOXA CAPUT SEQUITUR
Wörtlich: die Übeltat folgt dem Kopf.
Im römR haftet der jeweilige Eigentümer für Delikte, die seine Sklaven – auch als sie noch nicht seine Sklaven waren – begangen haben (sog Noxalhaftung). Siehe auch → actio noxalis.

NUDA PROPRIETAS (w)
Nacktes Eigentum; Eigentum ohne praktischen Inhalt. Eigentumsverhältnisse, welche bereits so eingeengt sind (Einschränkung durch Naturschutz, Veräußerungsverbote, Bauverbote etc), dass vom Eigentum praktisch nichts mehr übrig bleibt.
Siehe auch unter → nudum ius.

NUDA VERITAS (w)
Die nackte Wahrheit.

NUDA VOLUNTATE
Durch bloßen Willen.

NUDIS VERBIS
Wörtlich: durch nackte Worte.
Bedeutung: ohne Umschweife, lapidar.

NUDO CONSENSU
Wörtlich: durch bloße Willensübereinstimmung.
So kommt etwa schon im antiken Rom der Kaufvertrag bereits durch den übereinstimmenden Willen von Käufer und Verkäufer zustande; für die Errichtung des Kaufvertrags ist es nicht notwendig, spezielle Förmlichkeiten einzuhalten oder eine Vorleistung zu erbringen.

NUDUM IUS (s)
Wörtlich: Nacktes Recht.

Bedeutung: bloßes Recht, Recht ohne praktischen Inhalt.
Im römR insbes das nudum ius Quiritium des Veräußerers, wenn der Erwerber sog bonitarisches Eigentum erworben hat.

NUDUM PACTUM (s)
Wörtlich: nackte Vereinbarung. Vereinbarung, aus der kein klagbarer Anspruch erwächst.

NULLA INIURIA EST, QUAE IN VOLENTEM FIAT
Eine Handlung stellt dann kein Unrecht dar, wenn sie sich gegen jemanden richtet, der mit ihr einverstanden ist.
Siehe unter → volenti non fit iniuria.

NULLA POENA SINE CULPA
Wörtlich: keine Strafe ohne Schuld.
Grundsatz des Kriminalrechts: Ohne Schuld darf keine Strafe verhängt werden (§ 4 öStGB).

NULLA POENA SINE LEGE (PRAEVIA)
Keine Strafe ohne (vorheriges) Gesetz.
Grundsatz des Kriminalrechts: es darf nur dann eine Strafe verhängt kann, wenn ein bereits zur Tatzeit bestehendes Gesetz ihr Verhalten strafbar gemacht hat (§ 1 öStGB, § 1 dStGB, Art 1 schwStGB).

NULLITÄT (w)
Nichtigkeit.

NULLITÄTSPROZESS
Kirchlicher Ehenichtigkeitsprozess.

NULLUM (s)
Ein rechtliches Nichts.

NULLUM CRIMEN SINE LEGE
Wörtlich: kein Verbrechen ohne Gesetz.
Grundsatz des Kriminalrechts: es kann nur dann ein Verbrechen vorliegen, wenn bereits zur Tatzeit ein bestehendes Gesetz ein be-

stimmtes Verhalten verbietet (vgl § 1 öStGB, § 1 dStGB, Art 1 schwStGB).

NULLUM CRIMEN SINE LEGE SCRIPTA
Wörtlich: kein Delikt ohne geschriebenes Gesetz.
Grundsatz des Kriminalrechts: ein kriminalrechtliches Delikt setzt ein geschriebenes Gesetz als Rechtsquelle voraus, es kann nicht etwa auf einer gewohnheitsrechtlichen (ungeschriebenen) Rechtsquelle beruhen.

NUMERUS CLAUSUS (m)
Wörtlich: geschlossene Anzahl.
ZB: der **numerus clausus** der Sachenrechte besagt, dass es einen Katalog von Sachenrechten gibt, der (durch Parteienvereinbarung) nicht erweitert werden kann.

NUMMO UNO
Wörtlich: mit einer (einzigen) Münze.
Bedeutung: mit einem symbolischen Wert.

NUNCUPATIO (w)
Mündliche Erklärung oder Abmachung.
Bereits das römische 12-Tafel-Gesetz (ca 450 vChr) spricht davon, dass das Verfügungsgeschäft der Manzipation durch spezifische Abreden – **nuncupationes** – ergänzt und rechtlich ausgestaltet werden kann.

O

OBDUKTION (w)
Leichenöffnung.
Medizinische Begutachtung des Leichnams.

OBITER DICTUM (s)
Wörtlich: nebenbei Gesagtes. Mehrzahl: **obiter dicta**.
Darunter versteht man Ausführungen zB in einem Urteil, die nicht den Entscheidungsgegenstand selbst betreffen, sondern bloß anlässlich dieser Entscheidung hinzugefügt werden. Im Gegensatz zu den entscheidungsrelevanten Ausführungen, welche in Rechtskraft erwachsen, kommt den obiter dicta keine Rechtskraft zu.

OBJEKTIV
Sachlich, vorurteilslos (Gegenteil von → subjektiv).

OBLATIO DEBITI (w)
Wörtlich: das Anbieten des Geschuldeten.
Grundsätzlich ist der Schuldner im Fälligkeitszeitpunkt zum obligationsgemäßen Anbieten der geschuldeten Leistung verpflichtet.

OBLATIO REALIS (w)
Wörtlich: tatsächliches Anbieten.
Das tatsächliche, unmittelbare Anbieten der geschuldeten Leistung.

OBLATIO VERBALIS (w)
Wörtlich: in Worten erfolgendes Anbieten.
Das Anbieten der geschuldeten Leistung lediglich durch wörtliche Erklärung (der Schuldner erklärt, dass er jetzt leisten wolle).

OBLIGATIO(N) (w)
(Schuldrechtliche) Verpflichtung, Schuld, Verbindlichkeit; Schuldverhältnis.

OBLIGATIO AD FACIENDUM (w)
Verpflichtung, welche nicht in einer Unterlassung, sondern in einem Tun (Handeln) besteht.

OBLIGATIO ALTERNATIVA (w)

Alternativobligation, Wahlschuld.

Eine Obligation, bei der von zwei (oder mehreren) individuell bestimmten und geschuldeten Leistungen letztlich eine Leistung zu erbringen ist, welche erst ausgewählt werden muss.

In der Regel hat der Schuldner das Recht der Wahl (vgl §§ 906 f ABGB, §§ 262 ff BGB, Art 72 OR).

OBLIGATIO CIVILIS (w)

Zivilobligation.

Verpflichtung (Anspruch), den der Gläubiger im Klageweg geltend machen kann. Im Unterschied zur → obligatio naturalis.

Im römR auch: Auf → ius civile beruhende Verpflichtung (im Unterschied zu einer auf → ius honorarium beruhenden Verpflichtung).

OBLIGATIO EX CONTRACTU (w)

Vertragliche Verpflichtung; Schuldverhältnis, das aufgrund eines Vertrages entsteht (zB Darlehen, Kauf).

OBLIGATIO EX DELICTO (w)

Deliktische Verpflichtung; Schuldverhältnis, das aus einem Delikt, dh einer rechtswidrigen schuldhaften Handlung (zB aus einer Sachbeschädigung oder einem Diebstahl), entsteht.

OBLIGATIO EX LEGE (w)

Gesetzliche Verpflichtung; Schuldverhältnis, das aufgrund des Gesetzes entsteht (zB Ansprüche auf Unterhalt der Kinder gegen die Eltern).

OBLIGATIO EX VARIIS CAUSARUM FIGURIS (w)

Schuldverhältnis, welches aus verschiedenen (vermischten) Gründen entstanden ist (Im Unterschied zu „obligationes ex contractu" = aus einem Vertrag sowie ex delicto = aus einem Delikt). Dieser Ausdruck wird im römR (D 44.7.1 pr) verwendet, um die sog Quasikontrakte und Quasidelikte zu erfassen. Siehe → ex variis causarum figuris.

OBLIGATIO QUASI EX CONTRACTU (w)
Quasivertragliche Verbindlichkeit (zB Geschäftsführung ohne Auftrag, Bereicherungsklagen).
Siehe unter → quasi ex contractu.

OBLIGATIO QUASI EX DELICTO (w)
Quasideliktische Verbindlichkeit. Siehe unter → quasi ex delicto.

OBLIGATIO VERBORUM (w)
Schuldverhältnis, das durch Verwendung bestimmter Worte (verba) zustandekommt. Im römR ist dies etwa bei der → stipulatio der Fall.

OBLIGATIONENRECHT
Recht der Schuldverhältnisse (welches va Vertragsrecht, Schadenersatzrecht und Bereicherungsrecht umfasst).

OBLIGATIONES IN REM SCRIPTAE (w, Mz)
Die im Grundbuch einverleibten Schuldverhältnisse (zB Wiederkaufsrecht, Rückverkaufsrecht, Vorkaufsrecht gem §§ 1070 ff ABGB; vgl auch §§ 873 ff BGB und Art 959 ZGB).

OBLIGATIO NATURALIS (w)
Naturalobligation. Verpflichtungen (Schuldverhältnisse), die der Gläubiger nicht im Klageweg geltend machen kann.
Nicht klagbar sind zB Spiel- und Wettschulden, verjährte Forderungen; wird eine Naturalobligation erfüllt, kann das Geleistete aber nicht wegen ungerechtfertigter Bereicherung des Empfängers zurückgefordert werden.
Im Unterschied zur → obligatio civilis.

OB MALAM DEFENSIONEM
Wegen schlechter Verteidigung.
Darauf können sich zB Ansprüche gegen den Prozessbevollmächtigten gründen.

OBSERVANZ (w)
Einhaltung (wörtlich: Beobachtung) einer Regelung; auch: erforderliches Element für das Entstehen von Gewohnheitsrecht.

OBSKUR
Dunkel, verdächtig.

OBSOLET
Ungebräuchlich, veraltet. ZB ist eine obsolete Bestimmung eine solche, die (zwar nicht ausdrücklich aufgehoben wurde, aber) ihre Bedeutung verloren hat.

OBSTINAT
Widerspenstig.

OBSTRUIEREN
Entgegenwirken, Widerstand leisten, Obstruktion betreiben.

OCCASIO LEGIS (w)
Gelegenheit bzw unmittelbare Veranlassung zur Schaffung eines Gesetzes.

OCCIDERE
Töten; im Sinne des 1. Kapitels der → Lex Aquilia versteht man darunter im römR eine Tötung durch aktive, unmittelbare körperliche Einwirkung auf das Opfer (zB erschlagen).

OCCUPATIO = OKKUPATION (w)
Aneignung, Zueignung.

Im PrivatR: die eigenmächtige Inbesitznahme einer Sache. Wird eine herrenlose Sache okkupiert, so erwirbt der Aneignende an ihr Eigentum (vgl §§ 381 ff ABGB, §§ 958 ff BGB, Art 658, 664 ZGB).

Im VölkerR: die Besetzung eines fremden Staates (wobei dieser nicht als Völkerrechtssubjekt untergeht, im Unterschied zur → Annexion).

ODIUM (s)
Wörtlich: Hass. Feindschaft, feindliche Gesinnung; **odios** = feindlich gesinnt.

OFFENSIV
In Angriff befindlich. **Offensive** (w) = Angriff, Angriffshandlung, Angriffsstellung.

OFFERT (s) = OFFERTE (w)
Anbot, Angebot.

OFFICIUM NOBILE (s)
Wörtlich: edle Verpflichtung. Nicht rechtlich, sondern aus Anstand, Anhänglichkeit uä erfolgende Verpflichtung („Kavalierspflicht").

OFFIZIALDELIKTE
Delikte, für deren Verfolgung nur der Staat (Staatsanwalt) zuständig ist (also nicht die durch die strafbare Handlung verletzte Person).
ZB Diebstahl, Betrug, Raub, Mord uva.

OFFIZIALMAXIME (w)
Auch: Offizialprinzip. Grundsatz der Amtswegigkeit (zB Einleitung des Verfahrens von Amts wegen – ohne Antrag einer Partei). Im Unterschied zum → Dispositionsprinzip.
Im Strafprozess: Grundsatz der amtswegigen Verfolgung von Straftaten ohne Rücksicht darauf, ob die Verfolgung vom Verletzten begehrt wird.

OFFIZIALVERTEIDIGER
Von Amts wegen bestellter Verteidiger; in bestimmten, vom Gesetz vorgesehenen Fällen beigestellt. Im Unterschied zu dem (vom Angeklagten selbst ausgewählten) Wahlverteidiger.

OLIGARCHIE (w)
Herrschaft einiger weniger; Staatsform, bei der sich wenige Einflussreiche Macht und Reichtum teilen.

OMINÖS
Von einem unheilvollen Vorzeichen (**omen**) begleitet, verdächtig.

OMISSIO DILIGENTIAE (w)
Außerachtlassung (Mangel) der gehörigen Sorgfalt (Umsicht, Aufmerksamkeit).

OMISSIVDELIKTE
Unterlassungsdelikte; Delikte, die nicht durch eine Handlung, sondern durch Unterlassung begangen werden. Die Unterlassung besteht dabei in der Außerachtlassung eines gebotenen Verhaltens, zB Unterlassung der gesetzlich gebotenen Hilfeleistung (§ 95 öStGB, § 221 Abs 1 Z 2 dStGB, Art 128 schwStGB).

OMISSUM (s)
Unterlassenes, Vergessenes.

OMNE SIMILE CLAUDICAT
Jedes Ähnliche (jeder Vergleich) hinkt.

OMNIA IURIS DOCTORIS IURA AC PRIVILEGIA
Wörtlich: Alle Rechte und Vorrechte eines Doktors der Rechte. Bedeutung: Teil der feierlichen Promotionsformel bei der Verleihung eines juristischen Doktorgrades.

OMNI MODO FACTURUS (m)
Eine Person, die bereits zur Ausführung einer Tat entschlossen ist. Ein Täter, der zu einer Tat nicht mehr angestiftet werden kann, weil er ohnedies bereits zu deren Begehung fest entschlossen ist. Siehe auch → alias facturus.

OMNIPOTENT
Allmächtig. **Omnipotenz** (w) = Allmacht, Allmächtigkeit.

OMNIS CULPA (w)
Jede Art von Verschulden; Vorsatz und Fahrlässigkeit (siehe unter → culpa).

OMNIS DEFINITIO IN IURE CIVILI PERICULOSA EST
Jede Begriffsbestimmung im Zivilrecht ist gefährlich (D 50.17.202).
Erklärung: Es ist schwierig, eine zivilrechtliche Begriffsdefinition

zu schaffen, die sich nicht als zu eng, zu ungenau oder als missverständlich erweist.

OMNIS DILIGENTIA (w)
Jede (Art von) Sorgfalt.

ONEROS
Belastend, Lasten mit sich bringend.
Gegensatz: → lukrativ.

ONUS PROBANDI (s)
Beweislast.
Sie trifft im Strafprozess prinzipiell den Ankläger und im Zivilprozess prinzipiell die Partei, die einen Anspruch behauptet.

OPE EXCEPTIONIS
Mithilfe einer Einrede.
Umstände, die eine Klage entkräften, können uU nur dann zum Tragen kommen, wenn sie in Form einer eigenen Einrede (ope exceptionis) vorgebracht werden. Im Unterschied zu jenen Fällen, in denen eine Einrede nicht erhoben werden muss, sondern der verfahrensleitende Organwalter solche Umstände schon kraft seines Amtes (ex officio) berücksichtigt.

OPERA (w)
Dienstleistung. Mehrzahl: **operae**.
Unter **operae libertorum** versteht man im römR die von einem Freigelassenen seinem Patron (=Freilasser) zu leistenden Tagewerke.

OPINIO COMMUNIS (w)
Die allgemeine Meinung; die herrschende Auffassung.

OPINIO IURIS (w)
Wörtlich: Rechtsmeinung; Rechtsüberzeugung.
Beim Gewohnheitsrecht die Überzeugung, mit einem bestimmten Verhalten einer Rechtspflicht zu entsprechen.

OPINIO NECESSITATIS (w)
Meinung, dass eine bestimmte Notwendigkeit gegeben sei. ZB beim Gewohnheitsrecht das Bewusstsein, mit einem bestimmten Verhalten einer (rechtlichen) Notwendigkeit zu entsprechen.

OPINIO OMNIUM (w)
Die Meinung aller.

OPPORTUNITÄTSPRINZIP
Grundsatz der Zweckmäßigkeit. Im StrafR erfolgt in manchen Fällen die Strafverfolgung bloß nach Ermessen der Anklagebehörde; Einschränkung des Legalitätsprinzips.

OPPOSITION (w)
Die Gegenseite; in der politischen Terminologie: die nicht an der Regierung beteiligten Parteien.

OPPOSITIONSKLAGE
Vollstreckungsgegenklage (exekutionsrechtlicher Begriff).
Im Klageweg gegen den Anspruch, zu dessen Gunsten Exekution bewilligt worden ist, erhobene Einwendungen aufgrund von Tatsachen, die erst nach Entstehung des Exekutionstitels eingetreten sind. Die Klage ist bei dem Gericht einzubringen, bei dem die Bewilligung der Exekution in erster Instanz beantragt wurde (§ 35 EO, § 767 dZPO).

OPTIMA FIDE
Im besten Glauben.

OPTIMUM (s)
Das Beste.

OPTION (w)
Wörtlich: Möglichkeit.
Zivilrechtlich stellt eine Option einen Vertrag dar, durch den einer Partei das Recht eingeräumt wird, durch einseitige Willenserklärung ein (inhaltlich bereits bestimmtes) Schuldverhältnis in Geltung zu setzen.

OPUS (s)
Werk (Gegenstand eines Werkvertrages).

ORATIO PRINCIPIS (w)
Wörtlich: Rede des Kaisers.
Gesetzesantrag des röm → princeps vor dem Senat.

ORDER (w)
Weisung, Befehl, Auftrag.

ORDERPAPIER
Wertpapier, in dem eine bestimmte Person als Gläubiger namentlich bezeichnet wird und das durch Indossament übertragen wird.
Beispiele: Wechsel, Scheck, Namensaktie. Im Unterschied zum Inhaberpapier.

ORDO (m)
Ordnung; (Mönchs-)Orden; Ordensregel.

ORIGINÄR
Ursprünglich; aus eigenem Tun.
Der Ausdruck ist va beim Besitz- und Eigentumserwerb gebräuchlich und besagt, dass der Erwerb nicht von einem Vormann abgeleitet ist.
Gegensatz dazu ist → derivativ.

OSTENTATIV
Zur Schau stellend, betont.

P

PACTA DANT LEGEM
Wörtlich: Vereinbarungen geben ein Gesetz.
Bedeutung: Wird von Parteien eine Vereinbarung getroffen, so gilt diese für sie wie ein Gesetz. Siehe auch → lex contractus.

PACTA SUNT SERVANDA
Wörtlich: Vereinbarungen sind einzuhalten.
Bedeutung: Grundsatz der Vertragstreue; auch: Konzept der allgemeinen Klagbarkeit von Vereinbarungen.

PACTUM ADIECTUM (s)
Wörtlich: beigefügte Vereinbarung.
Im römR versteht man darunter eine einem → Kontrakt beigefügte Nebenabrede (zB Rücktrittsvorbehalt). Mehrzahl: **pacta adiecta**.

PACTUM ANTICHRETICUM (s)
Vereinbarung, wonach (pauschal) die Nutzungen der Pfandsache dem Pfandnehmer (etwa anstelle von Zinsen) überlassen werden. Siehe auch → antichresis.

PACTUM DE CONTRAHENDO (s)
Übereinkommen, in welchem sich die Partner zum Abschluss einer bestimmten Vereinbarung verpflichten (Vorvertrag; § 936 ABGB).
Siehe auch unter → pactum praeparatorium.

PACTUM DE MUTUO DANDO (s)
Vereinbarung, in welcher sich jemand verpflichtet, künftig ein Darlehen zu geben (Darlehensvorvertrag; § 983 Satz 2 ABGB).

PACTUM DE NON COEUNDO (s)
Unter Eheleuten getroffene Vereinbarung, geschlechtlich nicht miteinander zu verkehren. Diese Vereinbarung ist unverbindlich, weil sie nach hA dem Wesen der Ehe widerspricht.

PACTUM DE NON COMPENSANDO (s)
Vereinbarung, künftige Forderungen nicht aufzurechnen.

PACTUM DE NON LICITANDO (s)
Vereinbarung, bei einer öffentlichen Versteigerung nicht mitzubieten.

PACTUM DE NON PETENDO (s)
Wörtlich: Vereinbarung, nicht zu klagen. Vereinbarung, die den Gläubiger verpflichtet, den Schuldner wegen einer bestimmten Forderung entweder erst zu einem späteren Zeitpunkt (=Stundung) oder gar nicht (=Erlass) in Anspruch zu nehmen.

PACTUM DE PIGNORE DANDO (s)
Pfandbestellungsvertrag. Die Vereinbarung, in Zukunft ein Pfand bestellen zu wollen (§ 1368 Satz 2 ABGB).

PACTUM DE QUOTA LITIS (s)
Wörtlich: Vereinbarung über einen Bruchteil des Streit(erlös)es. Die Vereinbarung, dass dem Advokaten, der ein Verfahren führt, eine Quote des im Verfahren seines Mandanten letztlich Erlangten als Entgelt bzw Prämie zufallen soll. Diese Vereinbarung ist gem § 879 Abs 2 Z 2 ABGB unzulässig.

PACTUM DE RETROEMENDO (s)
Vereinbarung des Wiederkaufs; Wiederkaufsrecht. Dadurch wird der Verkäufer gegenüber dem Käufer berechtigt, den Kaufgegenstand zu einem im Voraus bestimmten Preis wieder zurückzukaufen (vgl §§ 1068 ff ABGB, §§ 456 ff BGB, Art 959 ZGB, Art 216 Abs 2 OR).

PACTUM DE RETROVENDENDO (s)
Vorbehalt des Rückverkaufs; Rückverkaufsrecht. Dadurch wird der Käufer gegenüber dem Verkäufer berechtigt, den Kaufgegenstand zu einem im Voraus bestimmten Preis wieder zurückzuverkaufen (vgl § 1071 ABGB).

PACTUM DISPLICENTIAE (s)
Kauf auf Probe.

Bei diesem wird ausbedungen, dass der Käufer binnen einer bestimmten Zeit den Kaufgegenstand testen und vom Kauf zurücktreten kann, wenn ihm der Gegenstand nicht zusagt (§§ 1080 ff ABGB, §§ 454 f BGB, Art 223 ff OR).

PACTUM FIDUCIAE (s)
Treuhandvereinbarung; zwischen Treugeber und Treuhänder geschlossene Vereinbarung. Siehe → fiducia.

PACTUM HYPOTHECAE (s)
Nebenvertrag (zB beim Kaufvertrag), wobei sich der Veräußerer eines Grundstückes ein (besitzloses) Pfandrecht an der verkauften Sache vorbehält. Siehe auch → hypotheca.

PACTUM PRAEPARATORIUM (s)
Wörtlich: vorbereitende Vereinbarung; eine einen Vertragsabschluss vorbereitende Vereinbarung.

PACTUM RESERVATI DOMINII (s)
Vereinbarung des Eigentumsvorbehalts (zB bei Kaufverträgen). Wird bei einem Kaufvertrag ein Eigentumsvorbehalt vereinbart, so erfolgt der Eigentumserwerb des Käufers erst bei (vollständiger) Bezahlung des Kaufpreises.

PACTUM TACITUM (s)
Wörtlich: stillschweigende Vereinbarung. Von den Parteien eines Vertrages stillschweigend getroffene Abmachung.

PAGINA (w)
Seite. **Paginieren** = mit Seitenzahl versehen.

PALAM
Öffentlich; in Anwesenheit anderer.

PAR
Gleich; ein Gleicher. Mz: **Pares** = Gleiche. Siehe auch → primus inter pares.

PAR CONDITIO CREDITORUM (w)
Gleiche Lage der Gläubiger.
Grundsatz der gleichmäßigen Befriedigung aller Gläubiger im Insolvenzverfahren (Konkurs und Ausgleich).

PAR CUM PARI FACILLIME IUNGITUR
Wörtlich: Gleiches verbindet sich am leichtesten mit Gleichem.
„Gleich und Gleich gesellt sich gern".

PARENTELA (w)
Verwandtschaft, Verwandtschaftslinie; eine Parentel ist die Gesamtheit der Abkömmlinge eines Stammvaters oder Stammelternpaares. Von Bedeutung va für die gesetzliche Erbfolge (vgl §§ 730 ff ABGB, §§ 1924 ff BGB, Art 457 ff ZGB).

PARERE (s)
Gutachten; insbes das amtsärztliche Gutachten, aufgrund dessen jemand in eine psychiatrische Klinik eingewiesen werden kann.

PARIFIZIERUNG (w)
Gleichstellung, Ausgleichung.
Im Wohnungseigentumsrecht versteht man darunter die für die Begründung von Wohnungseigentum erforderliche Erfassung und Beurteilung der Teile einer Liegenschaft im Rahmen eines Nutzwertgutachtens (vgl § 3 öWEG).

PARI-KURS (m)
Dem Nennwert entsprechender Kurswert eines Wertpapieres.

PAR IN PAREM NON HABET IMPERIUM
Gleiches hat über Gleiches keine Herrschaft.
Völkerrechtlicher Begriff: Satz von der Gleichstellung der Staaten, insbes im Rahmen der sog Staatenimmunität (derzufolge ein Staat nicht über einen anderen Staat in einem innerstaatlichen Gerichtsverfahren vorgehen darf).

PAR INTER PARES
Wörtlich: Gleicher unter Gleichen. Gleichgestellter unter Gleichgestellten. (Siehe hingegen → primus inter pares).

PARITÄT (w)
Gleichstellung, gleiche Anzahl, gleichgestellte Partizipation; paritätisch = gleichgestellt, gleichberechtigt.

PARLAMENT (s)
Versammlung der gewählten Volksvertreter; auch: Gebäude, in dem die Volksvertreter tagen (Parlamentsgebäude).

PARS PRO DIVISO (w)
Wörtlich: Teil für Geteiltes.
Bedeutung: Der durch körperliche Zerlegung hergestellte Sachteil; zB auch die in einzelne Teile zerlegte Grundfläche.

PARTES CERTAE (w, Mz)
Bestimmte Teile.
Bei der realen Teilung einer Sache fällt jeder Person ein bestimmter Teil zu.

PARTES INDIVISAE (w, Mz)
Körperlich ungetrennte Teile einer Sache.

PARTIZIPIEREN
Teilhaben; teilnehmen.

PARTURIENT MONTES, NASCETUR RIDICULUS MUS
Wörtlich: Die Berge werden kreißen (in Wehen liegen), und eine lächerliche Maus wird geboren werden.
Dieses Sprichwort des römischen Schriftstellers Horaz (Hor. Ars. 139) beschreibt in ironischer Weise das Missverhältnis zwischen einem enormen Aufwand und einem (lächerlich) geringen Ergebnis.

PARTUS ANCILLAE (m)
Im römR: Kind einer Sklavin.

PASSIM
Da und dort, allenthalben, öfters an verschiedenen Stellen.
Beim Zitieren von Fundstellen verwendeter Ausdruck.

PASSIVLEGITIMATION (w)
Die Fähigkeit, in einem bestimmten Prozess die Beklagtenrolle zu haben. ZB ist im Eigentumsprozess der Inhaber der Sache passivlegitimiert, dh derjenige, der behauptet, Eigentümer der Sache zu sein, muss seine Klage gegen den Inhaber der Sache richten (§ 366 ABGB, § 985 BGB, Art 641 Abs 2 ZGB). Vgl auch → Aktivlegitimation.

PASSUS (m)
Wörtlich: Schritt. Auch im Sinn von: ein bestimmter Abschnitt eines Textes.

PATER EST, QUEM NUPTIAE DEMONSTRANT
Als Kindesvater gilt der, den die Ehe (als Gatten der Kindsmutter) ausweist.
Dieser Grundsatz ist eine durch Gegenbeweis widerlegbare Rechtsvermutung (§ 138 ABGB, § 1592 BGB, Art 255 ZGB). Siehe auch → mater semper certa est.

PATER FAMILIAS (m)
Im römR das Familienoberhaupt, der Hausvater.

PATI
Wörtlich: dulden, erdulden, sich (etwas) gefallen lassen.
Im Unterschied von **facere** = tun, handeln, machen .

PATRIA POTESTAS (w)
Im römR: die väterliche Gewalt; die den Familienmitgliedern übergeordnete Stellung des pater familias; der patria potestas unterworfen sind die Hauskinder sowie die gewaltunterworfene Ehefrau.

PATRONUS (m)
Schutzherr.
Im römR insbes: der Freilasser (im Verhältnis zum Freigelassenen).

PAZISZENT (m)
Der ein → pactum Abschließende; Vertragspartner.

PECCATUM LEVE (s)
Kleiner Verstoß, kleines Vergehen, „lässliche Sünde".

PECUNIA NON OLET
Wörtlich: Geld stinkt nicht.
Geht nach Sueton auf den römischen Kaiser Vespasian zurück, welcher eine Steuer für öffentliche Klosettanlagen einführte. Als sein Sohn Titus daran Kritik übte, ließ er ihn an einem Geldstück riechen und tat den zitierten Ausspruch.

PECULIUM (s)
Im römR: Sondervermögen, das einem Gewaltunterworfenen von seinem Gewalthaber zur selbständigen Bewirtschaftung überlassen wurde.
Siehe → actio de peculio.

PECUNIAE CAUSA
Des Geldes wegen.

PENDENTE CONDICIONE
Wörtlich: bei schwebender Bedingung.
Bedeutung: Jene Phase eines Rechtsgeschäfts, in der dessen Wirksamkeit noch davon abhängt, ob die beigefügte Bedingung eintritt oder nicht.

PENDENTE LITE (NIHIL INNOVETUR)
Bei laufenden Verfahren (soll nichts verändert werden).

PENDENTE REVISIONE
Bei schwebendem Revisionsverfahren.

PER ACCLAMATIONEM
Wörtlich: durch Beifall.
Durch bloßen Zuruf (abstimmen). Siehe → acclamatio.

PER ANALOGIAM
Durch Analogieschluss.
Darunter versteht man eine Methode der Rechtsfindung, die bei

einem ungeregelten Fall jene Regelung heranzieht, die für einen ähnlichen Fall (gesetzlich) vorgesehen ist. Siehe → Analogie.

PERCEPTIO (w)

Ergreifen, Einsammeln, Ernten.
Im römR erwerben Pächter und Usufruktuar Eigentum an den Früchten durch perceptio (nicht bereits durch → separatio = Trennung der Frucht von der Muttersache); zwischen separatio und perceptio ist der Eigentümer der Muttersache Eigentümer der Früchte.

PEREGRINUS (m)

Wörtlich: fremd, der Fremde, der Nichtbürger.
Nach römR ist peregrinus, wer das römische Bürgerrecht (römischer Bürger = civis) nicht besitzt und für den somit das römische → ius civile keine Geltung hat.
Für die Regelung der Rechtsverhältnisse zwischen römischen Bürgern und Peregrinen sowie zwischen Peregrinen wurde in Rom 242 v Chr die Magistratur des → praetor peregrinus eingerichtet.

PEREMPTORISCH

Aufhebend, die Sache erledigend.
ZB wird mit einer peremptorischen Einrede ein Umstand geltend gemacht, der den vom Kläger behaupteten Anspruch entkräftet.

PERFIDIE (w)

Treulosigkeit, Hinterlistigkeit.
Perfid(e) = treulos; heimtückisch.

PERICULUM (s)

Wörtlich: Gefahr.
Juristisch ist damit meist das Risiko gemeint, dass die Leistung zufällig (nicht verschuldet oder sonst zurechenbar) verschlechtert wird oder ausbleibt.

PERICULUM DETERIORIS (s)

Gefahr der Verschlechterung.

PERICULUM EST EMPTORIS
Die Gefahr trägt der Käufer.
Bedeutung: Das Risiko des zufälligen Unterganges oder der zufälligen Verschlechterung des Kaufgegenstands trägt nach römR uU bereits vor der Übergabe des Kaufgegenstandes der Käufer (vgl auch Art 185 OR, anders aber §§ 1048 f ABGB, §§ 446 f BGB.

PERICULUM IN MORA (s)
Wörtlich: Gefahr im Verzug.
Bedeutung: Gefahr, welche durch Verzögerung entsteht, weshalb Eile geboten ist.

PERKLUSIONSRECHT
Recht des Vermieters nach römR, aufgrund des Vermieterpfandrechts (vgl heute § 1101 ABGB, §§ 562 ff BGB, Art 268 ff OR) zur Sicherung seiner Ansprüche aus dem Mietvertrag eigenmächtig auf Gegenstände des Mieters zum Zweck der allfälligen Pfandverwertung zu greifen.
Percludere = Wegsperren. Siehe auch → invecta illata.

PERLUSTRIERUNG (w)
Wörtlich: Durchleuchtung.
Durchmusterung, genaue Überprüfung; zB einer angehaltenen verdächtigen Person durch die Polizei.

PERMUTATIO (w)
Austausch, Tausch. Insbes im römR das Tauschgeschäft, das dann vorliegt, wenn in einem synallagmatischen Vertrag als Gegenleistung für die Leistung einer Sache keine (wenigstens teilweise) Geldleistung, sondern ebenfalls die Leistung einer Sache vorgesehen ist. Vgl auch §§ 1045 ff ABGB, § 480 BGB, Art 237 f OR.

PER NEFAS
Durch Unrecht; unrechtmäßig, ungesetzlich.

PERPETUATIO FORI (w)
Fortdauer, Unabänderlichkeit des Gerichtsstandes (Gerichtsstand = sachliche oder örtliche Zuständigkeit eines bestimmten Ge-

richtes), obwohl die Umstände, welche ihn begründet haben, hernach fortgefallen sind (zB bei Wohnsitzverlegung des Beklagten). Im Strafprozess entsteht die perpetuatio fori mit Rechtskraft der Anklage (§ 213 Abs 4 und 5 öStPO).

PERPETUATIO OBLIGATIONIS (w)

Fortdauer der Verbindlichkeit. Wird die Erfüllung einer Forderung nachträglich unmöglich, so muss dies nicht das Erlöschen der Forderung bedeuten, sondern die Forderung des Gläubigers kann als Schadenersatzanspruch fortbestehen.

PERPLEXITÄT (w)

Verworrenheit, Verwirrung, Ratlosigkeit.
Perplex = verworren, verwirrt. **Casus perplexus** = ein widersprüchlicher, unlösbarer Fall.

PER RESCRIPTUM PRINCIPIS

Durch Anordnung des Herrschers; zB → legitimatio per rescriptum principis. Siehe auch → rescriptum.

PER SALTUM

Wörtlich: durch Sprung.
Durch Überspringen, außertourlich, nicht der Reihe nach, zB eine Ernennung, wobei ein Vordermann übersprungen wurde.

PER SE

Wörtlich: durch sich.
Bedeutung: ohne weiteres Zutun oder Einwirken anderer Faktoren.

PERSONA (w)

Person, Persönlichkeit.
Person im Rechtssinn ist, wem Rechtsfähigkeit zukommt, dh wer Träger von Rechten und Pflichten sein kann.
Bei den Personen im Rechtssinn gibt es neben den natürlichen Personen (Menschen) auch rechtliche Konstrukte, denen Rechtsfähigkeit zuerkannt wird (sog juristische Personen).

PERSONAE FUTURAE (w)
Wörtlich: zukünftige Personen.
Begriff im Erbrecht, etwa bei Einsetzung eines noch nicht gezeugten Nacherben (zB jemand setzt die zu erwartenden Kinder seines Bruders als Nacherben ein; vgl § 612 ABGB, § 2101 BGB, Art 545 ZGB).

PERSONAE INCERTAE (w)
Ungewisse Personen.

PERSONA EXTRANEA (w)
Außenstehende Person = → extraneus.

PERSONA GRATA (w)
Beliebte, willkommene Person.
Steigerung: **persona gratissima** = beliebteste, ganz besonders beliebte Person.
Gegenteil: **persona non grata** oder **persona ingrata** = missliebige, unliebsame Person.

PERSONA MORALIS (w)
Wörtlich: moralische Person.
Der Ausdruck stammt aus dem Naturrecht und entspricht (im Wesentlichen) dem Begriff der juristischen Person (vgl § 26 ABGB, §§ 21 ff BGB, Art 52 ff ZGB).

PERTINENZ (s)
Zubehör. Darunter versteht man eine körperlich selbständige Sache, die wirtschaftlich einer Hauptsache zugeordnet ist und deren Gebrauch dient (vgl § 294 ABGB, § 97 BGB, Art 644f ZGB). Zubehörsachen teilen prinzipiell das rechtliche Schicksal der Hauptsache; sie können aber auch ein selbstständiges rechtliches Schicksal haben.
Pertinens = dazugehörig. Mehrzahl: **Pertinentia**.

PERZEPTION = PERCEPTIO (w)
Einsammeln, Ergreifen. Im römR erwerben der Pächter und der Nießbraucher einer fruchttragenden Sache an den Früchten durch ihre → perceptio Eigentum.

PETENT (m)

Bittsteller. Derjenige, der an ein Amt oder eine sonstige Stelle ein bestimmtes Ansuchen richtet.

PETITION (w)

Bittschrift, Gesuch, Eingabe.
Petitionsrecht: das verfassungsgesetzlich eingeräumte Recht, sich mit Bitten, Beschwerden oder Anregungen an die gesetzgebende Körperschaft (Nationalrat) zu wenden.

PETITIO PRINCIPII (w)

Wörtlich: das Beanspruchen eines Grundsatzes.

Bedeutung: → Zirkelschluss; eine – untaugliche – Beweisführung, bei der das Ergebnis bereits durch eine Annahme vorausgesetzt wird.

PETITORIUM (s)

Verfahrensart, in der ein Sachenrecht oder die Rechtmäßigkeit einer Besitzposition den Gegenstand der Entscheidung bildet (zB Streit über Eigentum, Pfandrecht, Servitut oder Ersitzungsbesitz).

Hingegen wird in der Verfahrensart des → possessorium bloß die Frage behandelt, ob eine Partei gegenüber der anderen fehlerhaft besitzt (weil sie der anderen Partei die Sache heimlich oder gewaltsam entzogen hat).

PETITORIUM ABSORBET POSSESSORIUM

Wörtlich: Das petitorische Verfahren verzehrt das possessorische Verfahren.

Bedeutung: Wenn in einem petitorischen Verfahren ein Urteil ergeht, so wird damit ein possessorisches Verfahren (sowie eine allenfalls im → possessorium bereits ergangene Entscheidung) hinfällig.

PETITUM (s)

Das Klagebegehren.

PHILIPPIKA (w)
Strafrede; Kampfrede. (Leitet sich von der Kampfrede des Demosthenes gegen König Philipp von Mazedonien her.)

PIAE CAUSAE (w, Mz)
Wörtlich: Fromme Zwecke.
Im römR: fromme Stiftungen (zur Versorgung bedürftiger Personen).

PIETAS (w)
Anstand, Mitgefühl; auch: Frömmigkeit.

PIGNERATITIA IN REM ACTIO (w)
Pfandrechtsklage, Hypothekarklage.
Diese Klage – auch → vindicatio pignoris genannt – ermöglicht dem Pfandgläubiger, seinen dinglichen Anspruch auf Herausgabe der Pfandsache (gegenüber jedermann) durchzusetzen.

PIGNUS (s)
Pfand (vgl §§ 447ff ABGB, §§ 1113ff, 1204ff BGB, Art 793ff, 884ff ZGB).
Die Kurzbezeichnung **pignus** deckt drei Bedeutungsvarianten ab: die Pfandsache (das Pfandobjekt); das (dingliche) Pfandrecht; das vertragliche Verhältnis zwischen Pfandbesteller und Pfandgläubiger.
Nach § 448 ABGB heißt die verpfändete Sache, wenn sie beweglich ist Handpfand (geläufiger: Faustpfand); wenn die Sache unbeweglich ist, spricht man von Hypothek (→ hypotheca) oder Grundpfand.

PIGNUS CONVENTIONALE (s)
Das durch Vertrag begründete Pfandrecht. Siehe auch → pignus voluntarium.

PIGNUS IRREGULARE (s)
Irreguläres Pfand. ZB bares Geld, das der Pfandnehmer oder ein Dritter mit Vorbehalt der Ersatzpflicht verbrauchen darf. Diese Verpfändung ist möglich bei Geld und anderen vertretbaren Sachen. Hiebei braucht der Gläubiger (bei Nichtverwertung des

Pfandes) nur die gleiche Menge und Art zurückzugeben, nicht aber dieselbe Sache.

PIGNUS IUDIC(I)ALE (s)
Das auf richterlicher Verfügung beruhende Pfandrecht.

PIGNUS LEGALE (s)
Gesetzliches Pfandrecht.
Allein kraft Gesetzes kann in bestimmten Fällen ein Pfandrecht (oder zumindest der Titel für ein Pfandrecht) entstehen, ohne dass es einer Pfandabrede der Parteien (→ pignus conventionale) oder einer richterlichen Verfügung (→ pignus iudiciale) bedarf (zB Vermieterpfandrecht gem § 1101 ABGB, § 562 BGB oder die im UGB geregelten unternehmerischen Pfandrechte).

PIGNUS NECESSARIUM (s)
Notwendiges Pfandrecht.
Damit wird ein Pfandrecht bezeichnet, das keiner Zustimmung des Pfandschuldners bedarf (zB die behördliche Pfandnahme und die gesetzlichen Pfandrechte).
Im Unterschied zum → pignus voluntarium.

PIGNUS NOMINIS (s)
Pfandrecht an einer Forderung.

PIGNUS PIGNORIS (s)
Pfandrecht an einem Pfandrecht; auch Afterpfand genannt (vgl § 454 ABGB und allgemein zum Pfandrecht an Rechten §§ 1273 ff BGB, Art 899 ff ZGB).

PIGNUS REGULARE (s)
Reguläres Pfandrecht.
Bei diesem ist der Pfandgläubiger verpflichtet, dieselbe Sache zurückzugeben, die er empfangen hat (zB einen verpfändeten PKW; oder auch Bargeld, wenn es verschlossen zur Sicherstellung übergeben worden ist).

PIGNUS TACITUM (s)
Stillschweigendes Pfandrecht. Im römR wird beim Abschluss

bestimmter Verträge davon ausgegangen, dass – auch ohne ausdrückliche Vereinbarung – zur Sicherung der Ansprüche des Gläubigers bestimmte Sachen des Schuldner verpfändet werden (zB Pfandrecht des Verpächters an den vom Pächter gezogenen Früchten).

PIGNUS TESTAMENTARIUM (s)

Das aufgrund letztwilliger Anordnung begründete Pfandrecht.

PIGNUS VOLUNTARIUM (s)

Freiwilliges Pfandrecht.

Freiwillig (Gegensatz: → pignus necessarium) ist eine durch Rechtsgeschäft des Eigentümers (oder Verfügungsbefugten) begründetes Pfandrecht.

PINXIT

Wörtlich: hat gemalt; Abkürzung: **pinx.**

Auf Gemälden häufig vor dem Namen des Künstlers geschriebener Hinweis.

PLACET (s)

Wörtlich: Es gefällt; es wird gebilligt.

Ausdruck der Genehmigung, Bestätigung, Billigung, zB: „Er gibt hiezu sein Placet".

PLAGIAT (s)

Unerlaubte Verwendung von fremdem geistigen Eigentum, die vom **Plagiator** als seine eigene schöpferische Leistung ausgegeben wird; von urspr. plagium = Menschenraub (vgl Martial, Epigrammata 1,52).

PLAGIIEREN

Ein Plagiat begehen.

PLEBISZIT (s)

Volksentscheid, Volksabstimmung.

PLEBISZITÄRE DEMOKRATIE (w)
Volksherrschaft, bei der die politischen Entscheidungen einer Volksabstimmung (Plebiszit) unterliegen.

PLEBS (w)
Volk; auch abwertend: Pöbel.
Im römR: der nichtpatrizische Bürgerstand.
Siehe auch → concilium plebis.

PLENITUDO POTESTATIS IUDICIS (w)
Fülle der richterlichen Amtsgewalt.

PLENO IURE
Mit vollem Recht.

PLENO TITULO
Mit vollem Titel. Abkürzung: p. t. („Das p. t. Publikum wird gebeten...")

PLENUM (s)
Gesamtheit, Vollversammlung.

PLEONASMUS (m)
Anführung zweier oder mehrerer Ausdrücke von gleicher Bedeutung (zB „nasses Wasser").

PLOMBE (w)
Bleistiftmarke im Grundbuch.
Erklärung: Die Tagebuchzahl wird an der Stelle im Grundbuch, wo eine Eintragung erfolgen soll, bereits vorher mit Bleistift ersichtlich gemacht („plombiert").

PLURALIS MAIESTATIS (m)
Mehrzahl der Majestät.
„Wir" statt „ich", zB „Wir (sc der Kaiser von Österreich) ordnen an ...".

PLURALIS MODESTIAE (m)
Mehrzahl der Bescheidenheit.

„Wir" statt „ich". Man spricht in der Mehrzahl, um das „ich" zu vermeiden, zB „wir kommen damit zur Folgerung ...".

PLURIS PETITIO (w)

Das Mehrbegehren. Pluris petitio liegt vor, wenn der Kläger in seiner Klage mehr als die ihm zustehende Leistung fordert.

PLUS EST IN RE QUAM IN EXISTIMATIONE

Wörtlich: Mehr ist in der Sache als in der Vorstellung (D 22.6.9.4). Bedeutung: objektive Tatsachen wiegen stärker als subjektive Meinungen.

POENA MAIOR ABSORBET MINOREM

Die größere (höhere) Strafe schließt die geringere Strafe in sich. Nach diesem System werden bei mehreren Delikten eines Straftäters die einzelnen Strafen nicht addiert, sondern es wird eine Strafe im Rahmen der größten Strafsanktion verhängt.
Siehe unter → Absorbtion.

POENA EST NOXAE VINDICTA

Strafe ist die Sühne einer Missetat (D 50.16.131).

POENA (w)

Strafe, Buße.
Unter **Pönale** versteht man heute eine Vertragsstrafe; sie ist ein von den Vertragsparteien vereinbarter, pauschalierter Schadenersatz für Vertragsverletzungen, hauptsächlich für Leistungsverzug (vgl § 1336 ABGB, §§ 339 ff BGB, Art 160 ff OR).

PONTIFEX MAXIMUS (m)

Wörtlich: der größte Brückenbauer; das Oberhaupt der Pontifices (altröm Priesterkollegium).
Heute auch für den Papst gebräuchliche Bezeichnung.

POPULUS (ROMANUS) (m)

Das (römische Bürger-)Volk.
Popular = das Volk betreffend.

PORTIO CONGRUA (w)
Wörtlich: der entsprechende (zustehende) Teil.
Im Kirchenrecht: der für die Lebensexistenz der röm-kath Geistlichen vorgesehene Anteil an den kirchlichen Gütern.

PORTIO ACCRESCIT CUM ONERE SUO
Wörtlich: Der Anteil wächst an mitsamt der damit verbundenen Last.
Kommt es durch Ausfall eines Miterben zu einer Anwachsung dessen Teils an die übrigen Erben, so übernehmen diese auch die mit dem erledigten Erbteil verbundenen Lasten (vgl § 563 ABGB).

PORTIO LEGITIMA (w)
Wörtlich: gesetzlicher Anteil. Im ErbR bezeichnet man damit den sog Pflichtteil (vgl §§ 762, 765 ABGB, §§ 2303 ff BGB, Art 470 ff ZGB).
Die Pflichtteilsberechtigten (Noterben) sind Personen, welche der Erblasser zumindest in bestimmtem Umfang bedenken muss; selbst wenn sie im Testament nicht bedacht wurden, steht ihnen gesetzlich ein bestimmter Anteil am Nachlass (Pflichtteil) zu.

POSITO SED NON CONCESSO
Wörtlich: angenommen, aber nicht zugegeben.
Hinweis darauf, dass von einem bestimmten Sachverhalt zunächst bloß hypothetisch ausgegangen wird, ohne diesen als erwiesen anzusehen.

POSSESSIO (w)
(Sach-)Besitz, gewollte faktische Sachherrschaft (§ 309 Satz 2 ABGB). Besitz erfordert nach ö Recht neben dem faktischen Element der Herrschaft über eine Sache den Willen, diese für sich zu haben (→ animus possidendi). Im Unterschied zur Innehabung, bei der eine Sache ohne (Eigen-)Besitzwillen in der Macht bzw Gewahrsame einer Person steht (§ 309 Satz 1 ABGB). Anders jedoch § 854 BGB und Art 919 ZGB, die die faktische Sachherrschaft für den Besitz genügen lassen.
Der Besitz ist zu unterscheiden vom Eigentum (→ dominium, → proprietas). So ist zB ein Dieb Besitzer des Diebsgutes, aber nicht Eigentümer. Siehe auch → possessorium.

POSSESSIO AD INTERDICTA (w)

Interdiktengeschützter Besitz; echter Besitz (§ 345 ABGB, § 861 iVm § 858 BGB, §§ 926 ff ZGB). Auch → possessio iusta genannt.

Darunter versteht man im römR den fehlerfreien (→ nec vi nec clam nec precario) Besitz.

POSSESSIO CIVILIS (w)

Siehe unter → possessio ex iusta causa.

POSSESSIO EX IUSTA CAUSA (w)

Besitz, der auf einem gültigen Erwerbstitel (→ iusta causa, → iustus titulus) beruht. Im römR ist dafür auch die Bezeichnung **possessio civilis** gebräuchlich.

Das ABGB nennt diesen Besitz rechtmäßig (vgl §§ 316 f ABGB). Wer von einem berechtigten Vormann rechtmäßig Besitz erwirbt, erwirbt damit auch derivativ Eigentum.

POSSESSIO IURIS (w)

Rechtsbesitz, Besitz eines bestimmten Rechtes. Darunter versteht man die Ausübung eines Rechts, welches mit der Innehabung einer Sache einhergeht (zB Mieter).

POSSESSIO IUSTA (w)

Echter Besitz, fehlerfreier Besitz. Siehe unter → possessio ad interdicta.

POSSESSIO NATURALIS (w)

Wörtlich: natürlicher Besitz.

Im römR versteht man darunter die bloße Innehabung einer Sache, dh die Sachherrschaft ohne (Eigen-) Besitzwillen. Dabei handelt es sich nach ö Recht also nicht um (Sach-)Besitz im technischen Sinn.

POSSESSIO VITIOSA (w)

Fehlerhafter, unechter Besitz. Auch possessio iniusta genannt.
Besitz, der dem anderen gewaltsam (vi) oder heimlich (clam) entzogen worden ist, oder der vom anderen als → precarium ein-

geräumt worden ist (§ 345 ABG, vgl auch § 858 BGB, Art 926 f ZGB).

Der Gegensatz zum fehlerhaften Besitz ist die → possessio iusta. Siehe dazu → nec vi nec clam nec precario.

POSSESSORISCH

Besitzmäßig, vom Besitz abgeleitet, den Besitz betreffend.

POSSESSORIUM (s)

Besitzstreitverfahren (vgl § 339 ABGB, §§ 454 ff öZPO, §§ 861 f BGB, Art 927 ff ZGB).

In dieser Verfahrensart wird bloß die Frage behandelt, ob eine Partei gegenüber der anderen fehlerhaft besitzt (vgl → nec vi nec clam nec precario). Ziel ist der Schutz bzw die Wiederherstellung des letzten (fehlerfreien) Besitzstandes.

Im Unterschied zum → Petitorium wird im possessorischen Verfahren nicht über das dingliche Recht an der Sache entschieden, sondern bloß (vorläufig) der fehlerfreie Besitz geschützt.

POSTERIORA (s, Mz)

Nachgeordnete (spätere, zweitrangige) Dinge.

POSTERITÄTSKURATOR (m)

Nachkommenschaftskurator (vgl § 77 öAußerstreitG, § 1913 Satz 2 BGB).

Ein solcher Kurator ist von Amts wegen zu bestellen, wenn bei einem Erbfall noch nicht Geborene als → Substituten berufen sind.

POST EVENTUM

Wörtlich: nach dem Geschehnis.
Im Nachhinein, hinterher.

POST FESTUM

Wörtlich: nach dem Fest.
Im Nachhinein, hinterher.

POST(H)UMUS (m)
Der Nachgeborene. Gemeint ist der nach dem Tod seines leiblichen Vaters Geborene.

POSTHUM
Allgemeiner Ausdruck für etwas nach dem Tod in Bezug auf diese Person Entstandenes oder Bewirktes, zB die posthume Uraufführung eines Werkes.

POST MORTEM
Nach dem Tode (im Erbrecht gebräuchlich); eingedeutschtes Eigenschaftswort: **postmortal**.

POST SCRIPTUM = POSTSCRIPTUM (s)
Wörtlich: nach dem Geschriebenen; das danach Geschriebene
Einleitung – abgekürzt P.S. oder PS – zu einer Bemerkung, die einem abgeschlossenen Brief oä nachgestellt ist.

POSTULATIONSFÄHIGKEIT
Die Fähigkeit, in eigener Person Verfahrenshandlungen (zB Antragstellung) wirksam vorzunehmen.

POTENTIELL
Möglich; zB ist ein potentieller Käufer derjenige, der möglicherweise Käufer wird.

POTESTAS DELEGATA NON DELEGATUR
Die delegierte Gewalt kann nicht weiterdelegiert werden.
Siehe auch unter → delegatio.

POTESTATIVBEDINGUNG
Wollensbedingung. Auch Voluntativbedingung genannt.
Eine Bedingung, deren Eintritt nicht bloß von externen Umständen, sondern wesentlich von der Willensentscheidung einer Person abhängt. Siehe auch → conditio.

POTIORIS NOMINATIO (w)
Wörtlich: die Nennung des Vorzüglicheren.
Recht des ernannten Vormundes (welcher als vermutlich nächster

Verwandter zum Vormund bestellt wurde), einen näheren Verwandten hiezu vorzuschlagen (§ 258 ABGB).

PRÄAMBEL (w)
Vorwort, Vorrede, Einleitung; zB die Präambel eines Gesetzes (die uU für die Auslegung des Gesetzes mit in Betracht zu ziehen ist).

PRÄBENDE (w)
(Kirchliche) Pfründe.

PRAECEDENS (s)
Das Vorhergehende. Mehrzahl: **Praecedentia**.
Siehe → Präzedenz.

PRÄDIALSERVITUT (w)
Grunddienstbarkeit.
ZB das Recht, auf des Nachbarn Grund Vieh zu weiden, Wasser zu schöpfen, Steine zu brechen ua (Feld- und Gebäudedienstbarkeiten; §§ 473 ff ABGB, §§ 1018 ff BGB, Art 730 ff ZGB).
Zu unterscheiden von persönlichen Dienstbarkeiten (→ servitutes personales) wie zB dem Fruchtgenuss (→ ususfructus).

PRAEDIO UTILIS
Wörtlich: dem Grundstück nützlich.
Erläuterung: Eine Grunddienstbarkeit hat der vorteilhaften oder bequemeren Benützung (utilitas) des servitutsberechtigten Grundstücks zu dienen (§ 473 ABGB, § 1019 BGB, Art 730 ZGB).

PRAEDIUM DOMINANS (s)
Das herrschende Grundstück.
Es ist jenes Grundstück, mit dessen Eigentum die Berechtigung der Grunddienstbarkeit verbunden ist. Siehe unter → Servituten.
Gegensatz: → praedium serviens = dienendes Grundstück.

PRAEDIUM SERVIENS (s)
Das dienende Grundstück.
Es ist jenes Grundstück, auf dem die Grunddienstbarkeit (zB ein Wegerecht) lastet. Der jeweilige Eigentümer des dienenden

Grundstücks hat die Ausübung der Servitut zu dulden. Siehe unter → Servituten.

PRÄJUDIZ = PRAEIUDICUM (s)
Vorausgehende Entscheidung; vorgreifende Entscheidung; Vorurteil. Auch im Sinn von: Höchstgerichtliche Entscheidung, welche für künftige Fälle richtungsweisend wird.
Präjudizieren bedeutet, in Hinblick auf eine noch offene Entscheidung eine Vorentscheidung zu treffen und dadurch die spätere Entscheidung vorweg zu beeinflussen oder festzulegen.
Präjudizialität = Wirkung einer Entscheidung, welcher als Vorfrage für eine andere Entscheidung Bedeutung zukommt.

PRÄKLUSION (w)
Wörtlich: Ausschließung, Ausschluss.
Untergang eines Rechts durch Zeitablauf (→ Präklusionsfrist).
Präkludiert = ausgeschlossen.

PRÄKLUSIONSFRIST
Ausschlussfrist. Frist, nach deren Ablauf ein bestimmtes Recht (zB Gewährleistungsanspruch) bei Nichtausübung untergegangen ist.

PRÄLEGAT = PRAELEGATUM (s)
Vorausvermächtnis (erbrechtlicher Begriff).
ZB: Wenn einem Erben ein Vermächtnis in der Weise bestimmt ist, dass dieses im voraus – dh ohne Anrechnung auf den Erbteil – gebührt (vgl §§ 648, 671, 758f, 1279 ABGB, § 2150 BGB).

PRÄLIMINARVERTRAG
Vorvertrag (siehe auch → Punktation).

PRÄMISSE (w)
Voraussetzung, Annahme.

PRAEMISSO TITULO
Mit vorangesetztem Titel. Siehe → pleno titulo.

PRÄNOTATION (w)
Vormerkung (im Grundbuchsrecht). Bedingte Eintragung eines Rechts im Grundbuch.

PRAENUMERANDO
Unter (bei) Vorauszahlung.

PRÄNUMERATIONSKAUF
Kauf, bei dem der Käufer zur Vorleistung (Zahlung des Kaufpreises noch vor Übergabe der Ware) verpflichtet ist.

PRAEPOSITIO (w)
Im römR: die Einsetzung einer Person zum Geschäftsleiter (institor) bzw die Einsetzung zum Kapitän (magister navis). Siehe unter → actio institoria sowie → actio exercitoria.

PRÄROGATIVE (w) = PRÄROGATIV (s)
Vorrecht (des Herrschers).

PRAESCRIPTIO (w)
Wörtlich: Vorschrift.
Verjährung: Verlust (der Geltendmachung) eines Rechtes durch Nichtausübung desselben während der vom Gesetz bestimmten Zeit (vgl § 1451 ABGB, §§ 194 ff BGB, Art 127 ff OR).

PRAESCRIPTIO ACQUISITIVA (w)
Wörtlich: erwerbende Verjährung; Ersitzung (vgl § 1452 ABGB, §§ 900, 937 ff BGB, Art 661 ff, 728 ZGB). Erwerb eines Rechtes infolge des Rechtsverlustes des bislang Berechtigten.
Siehe auch unter → usucapio.

PRAESCRIPTIO EXTINCTIVA (w)
Wörtlich: auslöschende Verjährung.
Verjährung im engeren Sinn, eigentliche Verjährung (§ 1451 ABGB, §§ 194 ff BGB, Art 127 ff OR). Im Unterschied zur → praescriptio acquisitiva.

PRAESCRIPTIO IMMEMORABILIS (w)
Wörtlich: unvordenkliche Verjährung.
Verjährung, bei der nicht mehr festgestellt werden kann, seit wann die Verjährungsvoraussetzungen gegeben sind.

PRAESCRIPTIO LONGI TEMPORIS (w)
Wörtlich: Verjährung der langen Zeit.
„Wer die Ersitzung auf einen Zeitraum von 30 oder 40 Jahren stützt, bedarf keiner Angabe des rechtmäßigen Titels. Die gegen ihn erwiesene Unredlichkeit des Besitzes schließt aber auch in diesem längeren Zeitraum die Ersitzung aus" (§ 1477 ABGB, vgl Art 662 ZGB).

PRÄSENTATUM (s)
Datum (Tag) des Einreichens eines Schriftstückes bei der Behörde.

PRÄSENZQUORUM (s)
Prozentsatz der Mitglieder eines Kollegialorgans, welche anwesend sein müssen, damit ein rechtsgültiger Beschluss zustandekommen kann (Anwesenheitserfordernis).

PRÄSIDENT (m)
Vorsitzender; Bezeichnung für das Staatsoberhaupt einer Republik.

PRAESUM(P)TIO = PRÄSUMTION (w)
Vermutung. Im Rechtssinn versteht man darunter eine rechtlich vorgesehene Annahme eines bestimmten (an sich zweifelhaften) Umstands aufgrund des Vorliegens eines anderen Umstandes. Im Allgemeinen sind Vermutungen widerleglich; siehe aber → praesumptio iuris ac de iure.

PRAESUMPTIO CEDIT VERITATI
Die Vermutung weicht gegenüber der Wahrheit.
Damit wird ausgedrückt, dass Vermutungen durch den Beweis des Gegenteils widerlegt werden können.

PRAESUMPTIO FACTI (w)
Tatsachenvermutung. Vermutung hinsichtlich einer bestimmten (an sich zweifelhaften) Tatsache (zB Vermutung der Vaterschaft gem § 163 ABGB, § 1600 c BGB, Art 255 ZGB).
Siehe auch → praesumptio iuris = Rechtsvermutung.

PRAESUMPTIO IURIS (w)
Rechtsvermutung. Eine Vermutung hinsichtlich eines bestimmten Rechtsumstandes (zB Vermutung der Redlichkeit des Besitzes gem § 328 ABGB oder des Eigentums für den Besitzer gem § 1006 BGB, Art 930 ZGB).

PRAESUMPTIO IURIS AC DE IURE (w)
Eine unwiderlegliche Rechtsvermutung, dh eine Rechtsvermutung, die einen Gegenbeweis nicht zulässt.
ZB: die Vermutung der Richtigkeit eines rechtskräftigen Urteils.

PRÄSUMPTIV
Mutmaßlich, zB der präsumptive Nachfolger.

PRÄTENDENT (m)
Anwärter. Meist im Sinne von Kronprätendent = der unmittelbare Anwärter in der Thronfolge.

PRAETERITIO (w)
Wörtlich: Übergehung; Außerachtlassung.
Damit bezeichnet man etwa im Erbrecht den Umstand, dass ein Testator Personen, die in seiner letztwilligen Verfügung bedacht werden sollten, nicht berücksichtigt (vgl §§ 776 ff ABGB).

PRAETER LEGEM
Neben dem Gesetz.
Als **praeter legem** wird eine Position bezeichnet, die zwar nicht dem Gesetz widerspricht (also nicht → contra legem ist), sich aber auch nicht auf das Gesetz stützen kann (und insofern problematisch ist).

PRÄTEXT (m)
Vorwand.

PRAETOR = PRÄTOR (m)
Im römR der für die → Jurisdiktion zuständige → Magistrat.
Der **praetor urbanus** ist für Streitigkeiten unter römischen Bürgern zuständig, der **praetor peregrinus** für Streitigkeiten, an denen → Peregrine beteiligt sind.

Prätorisch wird übertragen im Sinn von „gerichtlich, vor dem Richter erfolgend" verwendet; zB prätorischer Vergleich (Vergleich vor dem Bezirksgericht, noch bevor das Verfahren förmlich begonnen wurde).

PRÄTORISCHE LADUNG

Ladung zum Vergleichsversuch. Unverbindliche gerichtliche Ladung (ohne Zwangsfolgen bei Nichterscheinen).

PRÄVALIEREN

Vorherrschen; überwiegen.

PRAEVARICATIO (w)

Amtsuntreue, ungetreue Verwaltung.

PRÄVENTIV

Vorbeugend. Im Gegensatz zu: **repressiv** = unterdrückend, hemmend; hindernd.

PRÄVENTIVNOTWEHR

In Erwartung eines möglichen (noch gar nicht unmittelbar drohenden) Angriffes erfolgende Abwehr; gilt grundsätzlich nicht als Rechtfertigungsgrund.

PRÄZEDENZ (w)

Leitentscheidung. Entscheidung eines Rechtsfalles (insbes durch ein Höchstgericht), die für zukünftige Fälle richtungsweisend ist.

PRÄZISIEREN

Genau(er) herausarbeiten bzw darstellen.

PRECARIUM (s)

Bittleihe. Eine Art der Überlassung der Nutzung einer Sache, bei der der Bittleihgeber den Gegenstand jederzeit zurückfordern kann (§ 974 ABGB).
Prekaristisch = aufgrund einer Bittleihe, gegen jederzeitigen Widerruf.
Siehe auch → possessio ad interdicta.

PREKÄR
In Bedrängnis, auf Gefälligkeit angewiesen.

PRETIUM (s)
(Kauf-)Preis; dieses muss im römR ein **pretium verum** (= ernstgemeinter Preis) sowie ein **pretium certum** (= bestimmter Preis; vgl § 1054 ABGB) sein.

PRETIUM AFFECTIONIS (s)
Wert der besonderen Vorliebe, Liebhaberwert, Affektionsinteresse.
Damit ist gemeint, dass eine Sache für eine bestimmte Person einen besonderen (allein im Marktwert nicht erfassten) Wert hat, zB ein Verlobungsgeschenk (vgl §§ 305, 935, 1331 ABGB).

PRETIUM DOLORIS (s)
Schmerzensgeld (vgl 1325 ABGB, § 847 BGB, sowie den umfassenderen Begriff der „Genugtuung" gem Art 47 OR).

PRETIUM IUSTUM (s)
Gerechter Preis (vgl §§ 934 f ABGB). Siehe unter → laesio enormis.

PRETIUM SIMULATUM (s)
Vorgetäuschter, nicht ernstgemeinter Kaufpreis; Gegenbegriff zu pretium verum = ernstgemeinter, wirklicher Kaufpreis.

PRIMA FACIE
Auf den ersten Blick, auf den ersten Anschein hin.
Ein Prima-facie-Beweis stellt keinen Beweis im technischen Sinn dar, sondern besteht in der Anwendung allgemeingültiger Erfahrungssätze, mit deren Hilfe von einer erweislichen Tatsache auf das Vorhandensein einer anderen, typischerweise damit verbundenen Tatsache geschlossen wird (Anscheinsbeweis).

PRIMÄR
In erster Linie, erstrangig.

PRIMAT (m)

Vorherrschaft, Vorrang, bevorzugte Stellung. Im röm-kath KirchenR: die Vorrangsstellung des Papstes als Inhaber der obersten Kirchengewalt.

PRIMA-WECHSEL

Erstausfertigung (von mehreren Ausfertigungen) eines Wechsels. Sekunda-Wechsel = Zweitausfertigung eines Wechsels.

PRIMO LOCO

An erster Stelle. (Der Ausdruck wird va verwendet, wenn bei einem Ernennungsvorschlag eine gereihte Liste von Kandidaten erstellt wird.)
Primo et unico loco = an erster und einziger Stelle.

PRIMUM MOVENS (s)

Erster Anstoß.

PRIMUS INTER PARES

Erster unter Gleichen (Gleichgestellten).
ZB Der Vorsitzende eines Gerichtssenates, welcher zwar dasselbe Stimmrecht wie die Beisitzer hat, jedoch eine Vorzugsstellung im Senat insofern einnimmt, als er den Vorsitz führt.

PRINCEPS LEGIBUS SOLUTUS

Wörtlich: Das Oberhaupt ist von den Gesetzen entbunden.
Der Ausdruck stammt ursprünglich aus der augusteischen Ehegesetzgebung (die auf den princeps – Kaiser Augustus – nicht Anwendung finden sollte); er wurde in der Neuzeit im Sinne einer allgemeinen Überordnung des absoluten Herrschers über die Gesetze verstanden.

PRINCIPIIS OBSTA

Wehre den Anfängen!

PRIORITÄT (w)

Vorrang, Vorzugsrecht, Erstrecht.

PRIOR TEMPORE, POTIOR IURE
Der Frühere in der Zeit hat das stärkere Recht. „Wer zuerst kommt, mahlt zuerst."
Dieses Prinzip besagt, dass sich aus der zeitlichen Begründung von Rechten eine Rangfolge ergibt, derzufolge der, dessen Recht früher begründet wurde vor jenem zum Zug kommt, dessen Recht später entstand. Primär ist dieses Prinzip bei der Mehrfachverpfändung für die Bestimmung von Pfandrängen von Bedeutung (vgl § 29 Abs 1 öGrundbuchG, § 1209 BGB, Art 893 Abs 2 ZGB).

PRIUS (s)
Das Vorhergehende. Mehrzahl: **priora**.

PRIVATIM
Privat, vertraulich unter vier Augen.

PRIVATION (w)
Entziehung, Beraubung.

PRIVATISSIME
Ganz Privat, streng vertraulich.

PRIVATISSIMUM (s)
Wörtlich: das Privateste. Veranstaltung, die nur für einen ausgesuchten Kreis gehalten wird.

PRIVILEGIA EXIGENDI (s, Mz)
Vorrechte des Eintreibens.

PRIVILEGIA NON TRAHENDA SUNT AD EXEMPLUM
Vorrechte (Ausnahmeregelungen) dürfen nicht verallgemeinert werden.

PRIVILEGIUM DEDUCTIONIS (s)
Die Rechtswohltat des Notbedarfs (siehe → beneficium competentiae).

PRIVILEGIUM ODIOSUM (s)
Wörtlich: verhasstes Vorrecht.

Ausnahmeverhältnis, das (neben Vorteilen) auch Nachteile mit sich bringt.

PRIVILEGIUM PERSONAE (s)
Vorrecht der Person (vgl § 13 ABGB).

PRIVILEGIUM REI (s)
Vorrecht bezüglich einer Sache (eines Gegenstandes).

PROBABILIS
Annehmbar, tauglich, glaubhaft, entschuldbar, billigungswürdig.

PROBAT
Bewährt, erprobt (Betonung auf dem a).

PROBATIO (w)
Beweis, Beweisführung.

PROBATIO DIABOLICA (w)
Wörtlich: teuflische Beweisführung.
Gemeint ist damit der Beweis des Eigentums bei der → rei vindicatio, welcher insofern schwer zu erbringen ist, als der Kläger einen originären Eigentumserwerb nachweisen muss – entweder seinen eigenen oder – was besondere Schwierigkeiten bereiten mag – einen seiner Vormänner.

PROBATIO SUCCUMBIT ACTORI
Die Beweisführung im Zivilprozess über die Richtigkeit des Klagsvorbringens trifft den Kläger.

PROCURATOR = PROKURATOR (m)
Stellvertreter, im römR auch: Vermögensverwalter und Prozessstellvertreter.
Procurator in rem suam = Prozessvertreter aufgrund eines → mandatum ad agendum in rem suam.

PRO DIE
Pro Tag, für den Tag.

PRODIGALITÄT (w)
Verschwendungssucht. Nach der (mittlerweile aufgehobenen) Entmündigungsordnung stellte Verschwendungssucht einen Grund für die Entmündigung (Beschränkung der Geschäftsfähigkeit) einer Person dar.

PRODIGUS (m)
Verschwender.
Im römR konnte der prodigus durch prätorische Interdiktion (Verfügung) unter Kuratel gestellt werden.

PRO DOMO
Wörtlich: für das Haus; „im eigenen Interesse".

PRODUCTA SCELERIS (s, Mz)
Wörtlich: die Erzeugnisse des Verbrechens.
Bedeutung: Sachen, die durch eine begangene Straftat hervorgebracht wurden, zB die falschen Banknoten bei der Geldfälschung.

PRO FORMA
(Bloß) der Form halber; nur zum Scheine.

PRO FORO EXTERNO
Für die Öffentlichkeit (Außenwelt) bestimmt.
Im Unterschied zu → pro foro interno.

PRO FORO INTERNO
Für den inneren Bereich; im KirchenR: für den Gewissensbereich.

PRO FUTURO
Für die Zukunft.

PROHIBITIV
Verbietend (zB Prohibitivgesetze), verhindernd.

PROKURA (w)
Vollmacht im Handelsgewerbe.

Recht, den Geschäftsinhaber in allen betrieblichen Belangen zu vertreten (vgl §§ 48 ff UGB, Art 458 ff OR). **Per procuram** = mit Vollmacht (Abkürzung: pp. oder ppa.).

PROLIFERATION (w)
Ausbreitung, Wucherung, Weitergabe (zB von Atomwaffen).

PROLONGATION (w)
Verlängerung (zB einer Frist, eines Wechsels).

PRO ME
Für mich (bestimmt).

PROMESSE (w)
Schuldverschreibung; Urkunde, in welcher eine Leistung versprochen wird.

PROMISKUITÄT (w)
Wörtlich: Vermischung.
Bedeutung: häufiger Partnerwechsel.

PROMISSAR (m)
Versprechensempfänger.

PROMISSORISCH
Versprechend.

PROMITTENT (m)
Der Versprechende.

PROMOTIO SUB AUSPICIIS PRAESIDENTIS REI PUBLICAE (w)
Siehe → sub auspiciis.

PROMULGATION (w)
Kundmachung (eines Gesetzes).
Heute erfolgt die Kundmachung von Rechtsnormen durch Verlautbarung im Bundes- oder Landesgesetzblatt, im Amtsblatt der EG etc.

PRO NON SCRIPTO HABETUR
Wörtlich: gilt als nicht geschrieben.

PRO PRAETERITO NON ALITUR
Für die Vergangenheit wird kein Unterhalt geleistet.
Siehe unter → nemo pro praeterito alitur.

PROPRIETAS (w)
Eigentum. Siehe unter → dominium.

PROPRIO NOMINE
Im eigenen Namen. Auch: suo nomine.

PRO RATA (PARTE)
Wörtlich: Für den bestimmtem Teil; verhältnismäßig, anteilsmäßig.

PRO RATO TEMPORE
Wörtlich: für die bestimmte Zeit.
Bedeutung: dem Zeitablauf entsprechend.

PROROGATIO (FORI) (w)
Herbeiführung der Zuständigkeit eines an sich unzuständigen Gerichtes, zB durch Parteienvereinbarung (§ 104 JN, §§ 38 ff dZPO, Art 9 GestG).
Prorogation bedeutet auch: Vertagung, Aufschub, (Termin-)Verlängerung, Verlegung.

PROROGATIO TACITA (w)
Stillschweigende Zuständigkeitsvereinbarung, zB durch Unterlassung der Unzuständigkeits-Einrede durch den Beklagten.

PROROGIERBAR
Verhandelbar, aufschiebbar.
Prorogierbare Unzuständigkeit = Unzuständigkeit eines Gerichtes, welches aber infolge stillschweigender oder ausdrücklicher Anerkennung durch die Parteien zuständig werden kann.
Unprorogierbar: nicht verhandelbar.

PROSKRIPTION (w)
Ächtung. **Proskribieren** = ächten (verfemen).

PROTEKTORAT (s)
Völkerrechtliches Schutzverhältnis.
Es besteht, wenn ein Gebiet unter den Schutz eines anderen Staates gestellt wird, wodurch seine Handlungsfähigkeit gegenüber weiteren Staaten entweder aufgehoben oder eingeschränkt wird.

PRO TEMPORE
Wörtlich: für die Zeit. Bedeutung: für jetzt; vorläufig.

PROTESTATIO(N) (w)
Eine Art von Vorbehalt, Einspruch.
Sie ist eine besondere Willenserklärung und dazu bestimmt, eine mögliche Deutung eines Verhaltens auszuschließen (zB „freiwillig gestatteter Durchgang").

PROTESTATIO FACTO CONTRARIA NON VALET
Wörtlich: Eine Verwahrung (Widerspruch) gegen die Tatsache wirkt nicht.
Setzt jemand ein Verhalten, welches einen bestimmten Erklärungswert hat, und verwahrt er sich ausdrücklich gegen diesen Erklärungswert, so liegt eine protestatio facto contraria (Widerspruch von Verhalten und Erklärung) vor; im Hinblick auf den Grundsatz von Treu und Glauben ist eine solche Erklärung idR unwirksam.

PRO VIRIBUS-HAFTUNG
Betragsmäßig beschränkte Haftung; Haftung, die sich auf das gesamte Vermögen des Schuldners bezieht, betragsmäßig aber eingeschränkt ist.
Siehe auch → cum viribus.

PRO VIRIBUS HEREDITATIS
Wörtlich: im Verhältnis der Kräfte des Erbschaft.
Bedeutung: die auf den Wert des vorhandenen Nachlasses beschränkte Haftung der Erben für Schulden des Erblassers (vgl § 802 ABGB).

Siehe auch unter → cum viribus hereditatis.

PUBERES (m, w, Mz)
Im römR: mündige Personen, dh Mädchen über 12 und Knaben über 14 Jahren. Pubertas = Geschlechtsreife.
Pubertati proximi = Unmündige, die altersmäßig schon fast die Mündigkeitsgrenze erreicht haben (und deshalb nach römR uU bereits deliktsfähig sind).

PUBLICA FIDES (w)
Wörtlich: Öffentlicher Glaube.
Bedeutung: Beweiskraft öffentlicher Urkunden.

PUBLICE
Öffentlich.

PUBLIKATION (w)
Veröffentlichung.
Publik = öffentlich, **publizieren** = veröffentlichen, publik machen.

PUBLIZITÄT (w)
Öffentlichkeit; öffentliche Zugänglichkeit bzw Erkennbarkeit; Offenkundigkeit.

PUBLIZITÄTSPRINZIP
Grundsatz der Offenkundigkeit.
Insbes im Grundbuchrecht: Das Grundbuch wird öffentlich und amtlich geführt, jeder kann darin Einsicht nehmen.

PUNCTUM (s)
Der Punkt.

PUNCTUM SALIENS (s)
Wörtlich: der springende Punkt; Kernpunkt, Kernfrage.

PUNKTATION (w)
Vorläufige schriftliche Fassung eines Vertrages, dem eine formelle Vertragsurkunde folgen soll.

Sofern die „Hauptpunkte des Vertrages" (das zu Regelnde) bereits festgelegt sind, und die Punktation von den Parteien unterfertigt wurde, handelt es sich dabei gem § 885 ABGB um einen verbindlichen Vertrag (vgl jedoch auch § 154 Abs 1 Satz 2 BGB).

PUPILLAR

Das Mündelwesen betreffend.
ZB Pupillarrichter, Pupillarangelegenheiten.

PUPILLUS (m)

Im römR eine unmündige Person, zu deren Gunsten – sofern sie nicht unter → patria potestas steht – ein Tutor zu bestellen ist.

PURGATIO MORAE (w)

Beendigung (Behebung) des Verzugs.

PUTATIV

Vermeintlich, irrig (zB → Putativnotwehr).

PUTATIVDELIKT (s)

Eine Handlung, die vom Handelnden irrigerweise als strafbar angesehen wird.

PUTATIVEHE

Eine rechtlich nicht bestehende Ehe, welche gutgläubig als bestehend angenommen wird.
Sie hat in manchen Rechtsordnungen vermögensrechtliche (Schutz gutgläubiger Dritter) und personenrechtliche Folgen (Rechtsstellung der Kinder).

PUTATIVNOTWEHR

Diese liegt vor, wenn der Angegriffene irrtümlich annimmt, dass er zur Notwehr berechtigt ist.
Sie ist grundsätzlich rechtswidrig (die Voraussetzungen des Rechtfertigungsgrundes sind eben nicht erfüllt), sie kann aber uU das Verschulden und somit die Verantwortlichkeit dessen, der Putativnotwehr übt, ausschließen.

PUTATIVTITEL (m)
Ein vermeintlicher, irrtümlich angenommener Erwerbstitel. Im römR lassen manche Juristen eine → usucapio trotz Mangels einer → iusta causa usucapionis aufgrund eines bloßen Putativtitels zu.

Q

QUAE SIT ACTIO?
Wörtlich: Welche Klage gibt es?
Bedeutung: Was ist die Anspruchsgrundlage? Auf welche Bestimmung kann der Anspruch gegründet werden?

QUAESTIO FACTI (w)
Wörtlich: Frage der Tatsache.
Quaestiones facti (Mz) sind Fragen, die sich hinsichtlich der Ermittlung des Sachverhalts stellen. (Was hat sich zugetragen?)

QUAESTIO IURIS (w)
Wörtlich: Frage des Rechts.
Quaestiones iuris (Mz) sind Fragen, welche die rechtliche Beurteilung betreffen. (Wie ist das Geschehene rechtlich zu beurteilen?)

QUAESTIO VOLUNTATIS (w)
Wörtlich: Frage des Willens.

QUAMQUAM COACTUS TAMEN VOLUIT
Wörtlich: Obwohl gezwungen, wollte er dennoch.
Bedeutung: Selbst eine erzwungene Willenserklärung bindet; freilich kann der Umstand des Zwanges vorgebracht werden, um der Bindung zu entgehen, dh das Rechtsgeschäft anzufechten.

QUANTI EA RES EST
Wörtlich: wieviel diese Angelegenheit wert ist (Formelbestandteil bei röm Schadenersatzklagen).

QUANTO LOCUPLETIOR FACTUS EST
Wörtlich: um wieviel er bereichert wurde.
Bedeutung: Bei Bereicherungsansprüchen bemisst sich die Urteilssumme grundsätzlich nach der Höhe der beim Beklagten unrechtmäßig eingetretenen Bereicherung.

QUANTUM POSSESSUM, TANTUM PRAESCRIPTUM
Wörtlich: Wieviel besessen, soviel ersessen.

Der Umfang des ersessenen Rechtes richtet sich nach dem Umfang des Besitzes.

QUARE
Warum das? Wodurch? Weshalb?

QUASI
Gleichsam, sozusagen.

QUASIDELIKT (s)
Deliktsähnlicher Verpflichtungsgrund. Tatbestand, aufgrund dessen jemand für fremde Schäden einstehen muss, ohne dass ein Verschulden der haftenden Person erforderlich ist (zB Haftung des Wohnungsinhabers für herabgeworfene Gegenstände gem § 1318 ABGB).

QUASIKONTRAKT (m)
Vertragsähnlicher Verpflichtungsgrund.
Dazu gehören insbes die Bereicherungsansprüche (→ condictio) sowie die Geschäftsführung ohne Auftrag (→ negotiorum gestio).

QUEREL(L)A INOFFICIOSI TESTAMENTI (w)
Wörtlich: Beschwerde des pflichtwidrigen Testaments.
Im römR: Klage der nicht (ausreichend) bedachten Pflichtteilsberechtigten auf jenen Anteil, der ihm nach Intestaterbfolge zusteht.

QUERULANT (m)
Nörgler, lästiger Beschwerdeführer.
Querulatorisch = klagesüchtig.

QUIDAM (m)
Ein Gewisser (der namentlich nicht genannt ist).

QUI DOLO MALO DESIIT POSSIDERE
Wörtlich: Der arglistig zu besitzen aufgehört hat.
Siehe unter → fictus possessor.

QUI NON PROHIBET, QUOD POTEST PROHIBERE, ASSENTIRE VIDETUR

Wer (Verfehlungen) nicht verbietet, obwohl er es könnte, der scheint ihnen zuzustimmen.

QUINTESSENZ (w)

Wörtlich: Fünftes Wesen.
Der Hauptgedanke, der wesentliche Gehalt.

QUI POSSIDET DOMINUS ESSE PRAESUMITUR

Wer eine Sache besitzt, von dem wird vermutet, dass er ihr Eigentümer sei. Von den ma Juristen auf der Grundlage des römR entwickelte Eigentumsvermutung zugunsten des Besitzers (vgl § 323 ABGB, § 1006 BGB, Art 930 ZGB).

QUIS, QUID, UBI, QUIBUS AUXILIIS, CUR, QUOMODO, QUANDO?

Quis (Wer?), quid (Was?), ubi (Wo?), quibus auxiliis (mit welchen Hilfen?), cur (Warum?), quomodo (auf welche Art?), quando (Wann?).
Dies ist die „goldene Regel" der Kriminalistik, nach der bei der Aufklärung von Straftaten vorzugehen ist.

QUI SUO IURE UTITUR NEMINEM LAEDIT

Wörtlich: Wer sein Recht ausübt, schädigt niemanden.
Niemand kann sich dadurch beschwert erachten, dass jemand anderer ein ihm zustehendes Recht ausübt (vgl § 1305 ABGB). Dieser Satz findet freilich seine Grenze im Verbot des Rechtsmissbrauchs (vgl § 1295 Abs 2 ABGB, § 226 BGB, Art 2 Abs 2 ZGB).

QUI SUO IURE UTITUR NEMINI FACIT INIURIAM

Wer sein Recht ausübt, fügt niemandem ein Unrecht zu.

QUI TACET CONSENTIRE VIDETUR (UBI LOQUI POTUIT ET DEBUIT)

Wer schweigt, scheint zuzustimmen (sofern er sprechen konnte und sollte).
Diese Regel gilt freilich nicht immer, sondern ist auf solche Fälle

beschränkt, in denen der Schweigende nach Treu und Glauben, nach der Verkehrssitte oder nach dem Gesetz zu einer Äußerung verpflichtet war (vgl etwa Art 395 OR, § 377 UGB). Im Allgemeinen gilt das bloße Stillschweigen jedoch nicht als konkludente Zustimmung.
Siehe auch → cum tacent clamant

QUOAD DOMINIUM
Wörtlich: im Hinblick auf das Eigentum; zu Eigentum.
Im Gesellschaftsrecht versteht man darunter die Einbringung von Gesellschafterbeiträgen unter Übertragung des Eigentums an die Gesellschaft (bzw der Schaffung von Miteigentum der anderen Gesellschafter).

QUOAD SORTEM
Wörtlich: im Hinblick auf das Schicksal; dem Werte nach.
Im Gesellschaftsrecht versteht man darunter die Einbringung von Gesellschafterbeiträgen, wobei zwar nicht das Eigentum an die Gesellschaft (bzw die Mitgesellschafter) übertragen wird, das Risiko des zufälligen Unterganges der Sache aber gemeinsam von den Gesellschaftern getragen werden soll.
Insbes in der älteren Literatur wird quoad sortem auch synonym mit → quoad dominium als Gegenbegriff zu → quoad usum verwendet.

QUOAD USUM
Wörtlich: im Hinblick auf den Gebrauch.
Im Gesellschaftsrecht versteht man darunter die Einbringung einer Sache als Einlage, wobei bloß deren Gebrauch überlassen wird. Das Eigentum an der Sache sowie das damit verbundene Risiko des zufälligen Untergangs bleibt beim einbringenden Gesellschafter.
Siehe hingegen unter → quoad dominium sowie → quoad sortem.

QUOD BONUM FAUSTUM FELIX FORTUNATUMQUE SIT
Glück- und Segenswunsch: Es möge gut, günstig, glücklich und gedeihlich sein (nach Cicero, De divinatione 1,45,102).

In Form der Abkürzung Q.B.F.F.F.S. früher zB auf den Promotionsurkunden gebräuchlich.

QUOD INITIO VITIOSUM EST, NON POTEST TRACTU TEMPORIS CONVALESCERE

Was von Anfang an fehlerhaft ist, kann durch den Zug der Zeit nicht heilen (D 50.17.29).

Dieser Satz bezieht sich auf Rechtsverhältnisse, deren ursprüngliche Unwirksamkeit aufgrund eines Mangels nicht durch den späteren Wegfall dieses Mangels geheilt werden können (vgl etwa § 576 ABGB).

QUOD INTEREST

Wörtlich: was dazwischen ist.
Bedeutung: das Vermögensinteresse (nicht geschädigt zu werden).
Siehe → id quod interest.

QUOD ERAT DEMONSTRANDUM

Was zu beweisen war.
Schlussformel nach vollendeter Beweisführung.

QUODLIBET (s)

Was (immer) beliebt, jedes Beliebige.

QUOD LICET IOVI, NON LICET BOVI

Wörtlich: Was Jupiter erlaubt ist, ist dem Ochsen nicht erlaubt.
Ausdruck unterschiedlicher persönlicher Freiheiten je nach Status.

QUOD NON EST IN ACTIS, NON EST IN MUNDO

Wörtlich: Was nicht in den Akten ist, ist nicht in der Welt.
Bedeutung: Nur was aktenkundig geworden ist, kann für die Entscheidungsfindung der Behörde eine Rolle spielen.

QUOD NON EST LICITUM IN LEGE NECESSITAS FACIT LICITUM

Was durch Gesetz nicht erlaubt ist, macht die Not erlaubt.
Dies beschreibt – in übertriebener Weise –, dass eine rechtswid-

rige Handlung gerechtfertigt oder entschuldigt sein mag, wenn sie aus einer Notsituation resultiert (zB Notstand, Notwehr).

QUOD SCRIPSI, SCRIPSI
Was ich geschrieben habe, habe ich geschrieben.
Ausspruch des Pontius Pilatus gegenüber jüdischen Schriftgelehrten und Pharisäern, die eine Änderung der Kreuzinschrift „INRI" begehrten.
Dieses Zitat wird gerne verwendet, um die Weigerung auszudrücken, von einer bestehenden schriftlichen Formulierung abzugehen.

QUOD SINE DIE DEBETUR, STATIM DEBETUR
Was ohne Termin geschuldet wird, wird sofort geschuldet.
Wenn eine Leistung ohne Angabe eines bestimmten Zeitpunktes ihrer Fälligkeit vereinbart wird, ist sie sogleich (mit Entstehung der Schuld) fällig (vgl § 904 ABGB, § 271 Abs 1 BGB, Art 75 OR).

QUO IURE?
Mit welchem Recht? Aufgrund welchen Rechts?

QUORUM (s)
Jener Anteil von Personen eines Kollegialorgans, der für bestimmte Handlungen des Kollegialorgans erforderlich ist (Präsenzquorum, Beschlussquorum).

QUOTA LITIS (w)
Anteil am Streiterlös.
Pactum de quota litis: die Vereinbarung, wonach ein Teil des Streiterlöses als Belohnung zugesichert wird (nach österreichischem Recht nichtig; § 879 Abs 2 Z 2 ABGB).

QUOT GENERATIONES, TOT GRADUS
Wieviel Zeugungen (Generationen), soviel (Verwandtschafts-)Grade.
Die Verwandtschaftsnähe bestimmt sich nach der Anzahl der Zeugungen, die die Verwandtschaft vermitteln. Demnach sind zB die Geschwister Verwandte zweiten Grades.

QUOUSQUE TANDEM (ABUTERE PATIENTIA NOSTRA)?
Wie lange noch (wirst Du unsere Geduld beanspruchen)? (Stammt aus der Rede Ciceros gegen Catilina.)

R

RABULISTIK (w)
Wortverdreherei.

RADIZIERTE GEWERBE
„Verwurzelte" Gewerbe (von **radix** = Wurzel). Gewerbe, deren Rechte mit dem Eigentum an einer bestimmten Liegenschaft verknüpft sind, zB bestimmte Apotheken und Gasthäuser.

RAPINA (w)
Raub; der gewaltsame Entzug einer fremden Sache.
Im römR handelt es sich dabei um eine qualifizierte Form des → Furtum.

RATIFIKATION (w)
Wörtlich: Bestätigung, Genehmigung.
Bezeichnet wird heute damit va die innerstaatlich (durch die gesetzgebende Körperschaft) erfolgende Genehmigung des Abschlusses eines völkerrechtlichen Vertrages.

RATIHABITIO(N) (w)
Nachträgliche Genehmigung.
Vgl § 1016 ABGB, § 177 Abs 1 BGB: Wenn der Gewalthaber die ihm vom Gewaltgeber erteilte Vollmacht überschreitet, so ist der Gewalthaber nur dann gebunden, wenn er das Geschäft hinterher ausdrücklich oder stillschweigend genehmigt (ratihabiert).

RATIO LEGIS (w)
Sinn des Gesetzes, Zweck des Gesetzes.
Die ratio legis spielt va für die → teleologische Interpretation eines Gesetzes eine Rolle.

RATIO NATURALIS (w)
Der natürliche Sinn, die natürliche Vernunft.

RATIONE LOCI
Aufgrund des Ortes.

Dieser Ausdruck wird zB verwendet, wenn eine Zuständigkeit aufgrund eines Ortes begründet wird.

RATIONE MATERIAE
Aufgrund der Materie, aufgrund des Sachgegenstandes.
Dieser Ausdruck wird zB verwendet, wenn eine Zuständigkeit aufgrund des Sachgegenstandes begründet wird.

RATIONE PERSONAE
Aufgrund der Person.
Dieser Ausdruck wird zB verwendet, wenn eine Zuständigkeit aufgrund einer Person begründet wird.

REALINJURIE (w)
Tätliche Beleidigung.

REALKONKURRENZ (w)
Diese liegt dann vor, wenn der Täter durch mehrere selbstständige Tathandlungen mehrere verschiedene Delikte oder dasselbe Delikt mehrmals hintereinander (fortgesetzt handelnd) begeht.

REALKONTRAKT (m)
Ein Vertrag, der durch reale Sachhingabe und Willensübereinstimmung zustandekommt.
Im römR zählen → commodatum, → depositum, → mutuum und → pignus zu den Realverträgen. Noch im ABGB sind Leihevertrag, Verwahrungsvertrag, Darlehensvertrag und Pfandvertrag als Realverträge konzipiert.
Davon zu unterscheiden ist insbes die Kategorie der Konsensualkontrakte, die durch bloße Willensübereinstimmung zustandekommen.

REASSUMIEREN
(Ein Verfahren) wiederaufnehmen; einen Verfahrensschritt wiederholen.

REBUS SIC STANTIBUS
Unter gleichbleibenden Voraussetzungen.
Siehe → clausula rebus sic stantibus.

RECEPTUM-HAFTUNG

Im römR: besondere Haftung für Diebstahl, welche den caupo (Gastwirt), stabularius (Stallwirt) und nauta (Schiffer) gegenüber aufgenommenen Gästen trifft.

Auch heute gibt es Haftung für die „Gefahr des offenen Hauses" (vgl §§ 970 ff ABGB, §§ 701 ff BGB, Art 487 ff OR).

RECTE

Richtig, richtigerweise.

ZB Alois Maier, recte Alois Egger; dh dass der Name Maier von diesem fälschlich geführt oder er fälschlich so bezeichnet wird.

REDOTATIO (w)

Neuerliches Heiratsgut.

Gem § 1223 ABGB hat die Tochter kein Recht auf ein zweites Heiratsgut.

REFAKTIE (w)

Nachlass, Rückvergütung: Abzug von Gewicht oder Preis wegen Schadhaftigkeit einer Ware.

REFERENDUM (s)

Wörtlich: das (zur Entscheidung) Vorzulegende.

1. Volksbegehren = ein von einer bestimmten Zahl von Staatsbürgern ausgehender Gesetzesvorschlag.
2. Volksentscheid = Nachprüfung eines Gesetzesbeschlusses der Volksvertretung durch das Volk.

Beide Einrichtungen wurden im nordamerikanischen und im Schweizer Staatsrecht entwickelt.

REFORMATIO IN CAPITE ET IN MEMBRIS (w)

Erneuerung an Haupt und Gliedern.

REFORMATIO IN MELIUS (w)

Wörtlich: Erneuerung zum Besseren.

Bedeutung: Abänderung der Entscheidung (in der höheren Instanz) zum Vorteil der Partei.

REFORMATIO IN PEIUS (w)
Wörtlich: Erneuerung zum Schlechteren.
Bedeutung: Abänderung der Entscheidung (in der höheren Instanz) zum Nachteil der Partei.

REFUGIUM (s)
Zufluchtsort.

REFUNDIEREN
Zurückerstatten (von Geldleistungen).

REGALIA (s, Mz)
Bestimmte – ursprünglich dem König (→ rex) zustehende – Hoheitsrechte.

REGALIA ESSENTIALIA (s, Mz)
Wesentliche, mit dem Begriff der Staatsgewalt verbundene, zur Erfüllung staatlicher Aufgaben nötige Hoheitsrechte (zB Steuern, Zölle; vgl § 1456 ABGB).

REGALIA NON ESSENTIALIA (ACCIDENTALIA, MINORA) (s, Mz)
Nicht wesentliche (zusätzliche, kleinere) Hoheitsrechte.
Sie können zur Ausübung an Privatpersonen überlassen werden (zB Jagden ua; vgl § 1457 ABGB).

REGALIA UTILIA (s, Mz)
Nützliche Hoheitsrechte, dh Regalien im engeren Sinn; Hoheitsrechte, die der Bedeckung von Staatsbedürfnissen dienen (zB Post- oder Bergregalien; vgl § 287 ABGB).

REGINA PROBATIONUM (CONFESSIO EST) (w)
Wörtlich: Königin der Beweise (ist das Geständnis).
Siehe unter → confessio.

REGRESS (m)
Rückgriff, Ersatzanspruch.
Darunter versteht man die Überwälzung eines getätigten Auf-

wandes (oder eines erlittenen Schadens); zB Regress der Versicherung des Opfers gegenüber dem Schädiger.

REGRESSIV
Zurückgehend, zurückgreifend, rückläufig.

REGRESSUS PER ORDINEM (m)
Rückgriff der Reihe nach.
Wechselrechtlicher Begriff: Regressnahme nur der Reihe nach, also jeweils gegenüber dem unmittelbaren Vormann, nicht durch Überspringen (→ regressus per saltum).

REGRESSUS PER SALTUM (m)
Rückgriff durch Sprung.
Wechselrechtlicher Begriff: Regressnahme bei einem beliebigen Vormann (die übersprungenen Vormänner werden durch den Sprung nicht befreit).

REGULATIV (s)
Verfügung, Vorschrift, Regel. Auch: ausgleichende Maßnahme.

REIPERSEKUTORISCH
Auf Wiedererlangung einer Sache (oder deren Wertes) gerichtet, sachverfolgend.

REI VINDICATIO (w)
Eigentumsklage.
Die Klage des nichtbesitzenden Eigentümers auf Herausgabe seiner Sache (vgl § 366 ABGB, § 985 BGB, Art 641 Abs 2 Fall 1 ZGB).
Im römR versteht man darunter die Klage des zivilen Eigentümers gegen den Besitzer.

REI VINDICATIO UTILIS (w)
Klage des Erbpächters (siehe im Anhang → Emphytheusis).
Von dieser Bezeichnung wurde im Mittelalter der Begriff des → dominium utile (Untereigentum) abgeleitet.

REKAPITULATION (w)
Zusammenfassende Darstellung des bereits Vorgebrachten.

REKLAMATION (w)
Beanstandung eines Mangels.
Reklamieren = beanstanden, bemängeln.

REKTAPAPIER
Namenspapier; Wertpapier, welches den Berechtigten namentlich ausweist und nicht (bzw nur aufgrund des zugrundeliegenden Rechts) übertragbar ist.
Zu unterscheiden vom → Orderpapier, welches durch Indossament übertragen werden kann.

REKURS (m)
Rechtsmittel gegen Gerichtsbeschlüsse im zivilgerichtlichen Verfahren.

RELATA REFERO
Wörtlich: Ich berichte Berichtetes.
Bedeutung: Dies ist ein Hinweis darauf, dass die folgende Information nicht auf eigener Anschauung beruht, sondern die Bemerkung einer anderen Person wiedergibt.

RELATION (w)
Verhältnis, Beziehung.

RELATIV
Verhältnismäßig, im Verhältnis.
Im Gegensatz zu: → absolut.

RELEVANZ (w)
Erheblichkeit, Beachtlichkeit, Wichtigkeit.
Gegenteil: Irrelevanz.
Adjektiv: relevant, irrelevant.

RELOCATIO (w)
Erneuerung eines Bestandvertrags (vgl § 1114 ABGB, §§ 542 Abs 2 Z 2 BGB). Siehe auch → locatio.

RELOCATIO TACITA (w)
Stillschweigende Erneuerung eines Bestandvertrags (vgl § 1114 ABGB, § 545 BGB, Art 266, 295 OR).

REMEDIA POSSESSORIA (s, Mz)
Rechtsbehelfe zum Schutz des Besitzes.
Es gibt, jeweils nach ihrem Zweck, Rechtsbehelfe für die Erlangung des noch nicht gehabten Besitzes (**remedia adipiscendae possessionis**), für den Schutz des gestörten oder bedrohten Besitzes (**remedia retinendae possessionis**) oder für die Wiedererlangung des gehabten, aber entzogenen Besitzes (**remedia recuperandae possessionis**).

REMEDIUM IURIS (s)
Wörtlich: Hilfsmittel des Rechtes.
Bedeutung: Rechtsbehelf, wie zB eine Klage oder eine Berufung gegen ein Urteil.

REMISSIO (w)
Erlass (zB eines Teils einer Forderung), Nachsicht.

REMITTENT (m)
Wechselnehmer. Der, zu dessen Gunsten ein Wechsel ausgestellt ist (Begriff im Wechselrecht).

REMONSTRIEREN
Sich gegen eine Entscheidung wenden, Einwände erheben.
Eine **Remonstration** (Gegenvorstellung) unterbreiten.

RENITENT
Widerspenstig, aufmüpfig.

RENUNTIATIO(N) (w)
Verzicht; im römR auch: Kündigung.

REPATRIIEREN
Die Staatsangehörigkeit wiederverleihen.

REPERTORIUM (s)
Zusammenstellung. Siehe unter → Spruchrepertorium.

REPETATUR
Wörtlich: Es möge wiederholt werden.

REPLICATIO = REPLIK (w)
Gegeneinrede; auch: Erwiderung.
Wird vom Beklagten eine Einrede (exceptio) erhoben, so kann sich der Kläger gegen diese Einrede uU mittels Gegeneinrede (replicatio) zur Wehr setzen.
Replizieren = Replik erheben; auch: auf einen Einwand etwas erwidern (zB bei Wechselreden zwischen Staatsanwalt und Verteidiger).

REPRÄSENTATION (w)
Vertretung.
Repräsentative Demokratie nennt man eine Staatsform, in der die Macht vom Volk ausgeht, die Macht aber durch gewählte Vertreter (Abgeordnete) ausgeübt wird.

REPRESSALIE (w)
Unfreundliche Maßnahme (va im VölkerR).

REPRESSIV
Unterdrückend, hindernd.
Im Unterschied zu: → präventiv = vorbeugend.

REPROBATIO(N) (w)
Gegenbeweis.
Reprobationsfrist = Frist, nach deren Verstreichen eine Prüfung wiederholt werden darf.

REPUBLIK (w)
Staatsform, in der die Macht aufgeteilt und nicht von einem Monarchen (König) allein ausgeübt wird.

REPUDIATIO(N) (w)
Die erklärte Ablehnung; zB die Ausschlagung einer Erbschaft bzw

der Verzicht auf das Erbrecht (§§ 551, 805 ABGB, §§ 1942 ff, 2346 ff BGB, Art 495 ff, 566 ff ZGB).

REPUDIUM (s)
Im älteren römR die Verstoßung einer Ehefrau durch den Ehemann.

REQUISITION (w)
Behördliche Inanspruchnahme von Leistungen und Beschlagnahme von Sachen für Heereszwecke; auch: Nachforschung, Rechtshilfeersuchen.
Requirieren = beschlagnahmen.

RES (w, Ez und Mz)
Sache(n), Angelegenheit(en).
Im Rechtssinn versteht man unter einer Sache „alles, was von der Person unterschieden ist, und zum Gebrauche der Menschen dient" (§ 285 ABGB).

RES AESTIMATA (w)
Wörtlich: geschätzte Sache.
Ausdruck für den Streitwert, dh die Bewertung des Streitgegenstandes in einer Geldsumme (insbes für Gerichtsgebühren und Anwaltshonorare relevant).

RES CONSUMPTIBILES (w, Mz).
Verbrauchbare Sachen, das sind Sachen, die durch ihren Gebrauch verbraucht werden (zB Lebensmittel, Brennstoffe, Geld). Vgl § 301 ABGB, § 92 BGB und Art 760, 772 ZGB.
Gegenbegriff: **res inconsumptibiles** = unverbrauchbare Sachen.

RES CORPORALES (w, Mz)
Körperliche Sachen. Sachen, welche sinnlich wahrnehmbar sind, die zB angegriffen werden können (§ 292 ABGB, vgl § 90 BGB).
Im Gegensatz zu → res incorporales = unkörperliche Sachen (zB Forderungen).

RESCRIPTUM (s)
Wörtlich: Zurückgeschriebenes. Im römR: Rechtsauskunft des Kaisers (bzw der kaiserlichen Kanzlei) in Beantwortung einer an den Kaiser gerichteten Rechtsfrage.

RES DERELICTA (w)
Wörtlich: aufgegebene, preisgegebene Sache. Mehrzahl: **res derelictae.**
Eine Sache, deren Eigentümer erkennbar das Eigentum an ihr aufgegeben hat (zB eine weggeworfene Sache), sodass sie in niemandes Eigentum (→ res nullius) steht.
Im Unterschied zu einer bloß verlorenen Sache, die weiterhin ihrem Eigentümer gehört (vgl § 388 ABGB, §§ 935, 965 ff BGB, Art 934 ZGB). Siehe auch unter → derelictio.

RES DIVIDUA (w)
Teilbare, trennbare Sache. Mehrzahl: **res dividuae.**
Siehe auch → res divisa.

RES DIVINI IURIS (w, Mz)
Sachen göttlichen Rechts.
Dazu zählen im römR → res sacrae, → res sanctae und → res religiosae. Die res divini iuris stehen außerhalb des Privatrechtsverkehrs (→ extra commercium).

RES DIVISA (w)
Getrennte, geteilte Sache. Mehrzahl: **res divisae.**

RESERVAT (s)
Vorbehalt; Sonderrecht.

RESERVATIO MENTALIS (w)
Geheimer Vorbehalt (→ Mentalreservation).
Abweichung des tatsächlichen Willens von der abgegebenen Erklärung, wobei diese Abweichung dem Erklärenden, nicht aber dem Erklärungsempfänger, bewusst ist.
Ein solcher Vorbehalt beeinträchtigt idR die Verbindlichkeit der Erklärung nicht, das abgeschlossene Rechtsgeschäft ist daher gültig (vgl § 869 ABGB, § 116 BGB).

RES EXTRA COMMERCIUM (w, Mz)
Sachen, die außerhalb des Privatrechtsverkehrs stehen.
Siehe → extra commercium.

RES FUNGIBILES (w, Mz)
Vertretbare Sachen.
Darunter versteht man Sachen, die nach Maß, Zahl oder Gewicht bestimmt werden, zB Geld, Getreide.
Gegenbegriff: unvertretbare Sachen, zB ein Ölgemälde.

RES FURTIVA (w)
Eine gestohlene Sache. Mehrzahl: **res furtivae**.
Im römR können furtive Sachen nicht ersessen werden.

RES HABILIS, TITULUS, FIDES, POSSESSIO, TEMPUS
Ersitzungsfähige Sache, Erwerbstitel, (guter) Glaube, Besitz und Fristablauf = im römR die fünf Voraussetzungen für den Eigentumserwerb durch Ersitzung (→ usucapio), wenn der derivative Eigentumserwerb durch einen rechtlichen Mangel (Nichteigentum des Veräußerers oder mangelnde Geschäftsfähigkeit des Veräußerers) gescheitert ist.

RES IACENTES (w, Mz)
Wörtlich: liegende Sachen.
An sich herrenlose Sachen, die jedoch nur kraft eines besonderen Rechtes angeeignet werden dürfen (sog „ansprüchige Sachen", zB bestimmte Bodenschätze, jagdbare Tiere etc, vgl §§ 382 ff ABGB, §§ 958 ff BGB, Art 664 ZGB).

RESIDUUM (s)
Rest, Restgröße.

RES IMMOBILES (w, Mz)
Unbewegliche Sachen.
Immobilien, Liegenschaften (vgl §§ 292 f ABGB).

RES INCORPORALES (w, Mz)
Unkörperliche Sachen. Sachen, welche nicht sinnlich wahrnehm-

bar existieren (zB Rechte, vgl §§ 292 f ABGB). Im Gegensatz zu
→ res corporales = körperliche Sachen.

RES INCONSUMPTIBILES (w)
Unverbrauchbare Sachen; Sachen, die durch den Gebrauch nicht verbraucht werden.

RES INTEGRA (w)
Wörtlich: unberührte, unverletzte Sache.
In einem Vertragsverhältnis bedeutet **res integra**, dass noch keine Partei im Vertrauen auf den Vertrag einen Nachteil erlitten hat (vgl die „rechtzeitige Aufklärung eines Irrtums iSd § 871 ABGB).

RES IN TRANSITU (w, Mz)
Auf dem Transport (von einem Staat in den anderen) befindliche Sachen (Begriff im internationalen Privatrecht).

RES IPSA LOQUITUR
Siehe: res ipsa testis est

RES IPSA TESTIS EST
Wörtlich: Die Sache selbst ist Zeugin.
Bedeutung: Der Augenschein dient als Beweismittel.
Auch: **Res ipsa loquitur** = Die Sache selbst redet.

RES IUDICATA (w)
Wörtlich: die rechtlich entschiedene Sache.
Ist das Verfahren in einer Rechtssache endgültig abgeschlossen („in Rechtskraft erwachsen"), so liegt res iudicata vor; grundsätzlich kann bei res iudicata in derselben Sache kein neues Verfahren stattfinden (→ ne bis in idem).

RES IUDICATA IUS FACIT INTER PARTES
Wörtlich: Die rechtlich entschiedene Sache schafft Recht zwischen den Parteien.
Bedeutung: Für die Parteien des Rechtsstreites ist die Rechtslage in der betreffenden Sache endgültig geklärt (nicht aber notwendigerweise gegenüber Dritten!).

RES IUDICATA PRO VERITATE ACCIPITUR
Wörtlich: Die rechtlich entschiedene Sache wird für die Wahrheit gehalten.
Bedeutung: Die res iudicata lässt nicht mehr zu, dass eine Partei die Entscheidung (in einem rechtsförmlichen Verfahren) in Frage stellt, insofern hat die Entscheidung für die Parteien als die Wahrheit zu gelten.

RES LITIGIOSA (w)
Die streitverfangene Sache.
Bedeutung: die Sache, hinsichtlich derer ein rechtsförmliches Verfahren begonnen wurde.

RES MANCIPI (w, Mz)
Im römR: Sachen, die durch → mancipatio übertragen werden (müssen). Dazu zählen Sklaven, italische Grundstücke und Grunddienstbarkeiten sowie Pferde, Esel, Maulesel und Rinder. Alle anderen Sachen sind **res nec mancipi**.
Siehe auch → dominium ex iure Quiritium.

RES MERAE FACULTATIS (w, Mz)
Wörtlich: Sachen bloßer Möglichkeit.
Bedeutung: Handlungen, die man nach Belieben setzen oder unterlassen kann. Sie unterliegen in der Regel keiner Verjährung (zB das Recht eine Ware da oder dort einzukaufen, vgl § 1459 ABGB).

RES MOBILES (w, Mz)
Bewegliche Sachen; Sachen, die ohne Verletzung ihrer Substanz von einer Stelle zur anderen bewegt werden können (§ 293 ABGB, vgl Art 713 ff ZGB).
Im Gegensatz zu → res immobiles = unbewegliche Sachen (Liegenschaften).

RES NULLIUS (w)
Wörtlich: niemandes Sache.
Bedeutung: eine niemandem gehörende Sache (herrenlose Sache). Herrenlos kann sie entweder bereits ursprünglich sein (zB Insek-

ten in der freien Natur) oder sie ist es durch → Dereliktion seitens des Eigentümers (zB weggeworfene Sachen) geworden.

RES NULLIUS CEDIT OCCUPANTI

Wörtlich: Eine Sache, die niemandem gehört, weicht dem Ergreifenden.
Bedeutung: Die herrenlose Sache wird Eigentum dessen, der sie sich aneignet (zB kann die weggeworfene Sache in der Regel von jedermann erworben werden; vgl §§ 381 ff ABGB, §§ 958 ff BGB, Art 718 f ZGB).

RESOLUTIO(N) (w)

Entschließung, Beschlussfassung, Meinungsäußerung.

RESOLUTIVBEDINGUNG

Auflösende Bedingung. Ein zukünftiges ungewisses Ereignis, dessen Eintritt ein bestimmtes Recht bzw Rechtsverhältnis zum Erlöschen bringt.
Zu unterscheiden von der → Suspensivbedingung = aufschiebende Bedingung. Siehe auch unter → conditio.

RES OMNIUM COMMUNES (w, Mz)

Sachen, die allen gemeinsam gehören; Gemeingut.
Gegenstände, die bereits von Natur aus für den allgemeinen Gebrauch bestimmt sind, zB der Sonnenschein, die Luft.

RESPONSUM (s)

Rechtsgutachten (urspr: eines röm Juristen). Mehrzahl: **responsa**.
Responsa prudentium = Gutachten der Rechtsgelehrten (siehe auch → ius respondendi).

RES PRINCIPALIS (w)

Die Hauptsache.
Im Unterschied zur Nebensache (→ accessio); bei einer festen Verbindung von Haupt- und Nebensache teilt die Nebensache das rechtliche Schicksal der Hauptsache (→ accessio cedit principali).

RES PUBLICO USUI DESTINATAE (w, Mz)
Sachen, welche für den öffentlichen Gebrauch bestimmt sind, zB öffentliche Wege und Gewässer.

RES QUAE PONDERE NUMERO MENSURAVE CONSTANT (w, Mz)
Sachen, die nach Gewicht, Zahl oder Maß bestimmt zu werden pflegen. Das sind die sog vertretbaren Sachen (→ res fungibiles).

RES QUAE USU CONSUMUNTUR (w, Mz)
Sachen, die durch den (erstmaligen) Gebrauch verbraucht werden. Das sind die sog verbrauchbaren Sachen → res consumptibiles.

RES RELIGIOSAE (w, Mz)
Im römR: Grundstücksteile, die durch die Bestattung von Toten zu Sachen göttlichen Rechts (→ res divini iuris) geworden sind.

RES SACRAE (w, Mz)
Geweihte Gegenstände (zB bestimmte Utensilien für liturgische Handlungen, wie etwa Kelch oder Monstranz).
Im römR: den Göttern geweihte Sachen (zB Tempel, Altäre).

RES SANCTAE (w, Mz)
Heilige Sachen.
Im römR fallen darunter Sachen, die zwar nicht dem Kult dienen, aber dennoch unter dem besonderen Schutz der Götter stehen (zB Stadtmauern).

RES SESE MOVENTES (w, Mz)
Selbstbewegliche Sachen; Sachen, welche sich durch eigene Kraft bewegen (im Unterschied zu jenen beweglichen Sachen, die nur durch Einwirken in Bewegung gesetzt werden können).

RESTITUTIO IN INTEGRUM (w)
Wiedereinsetzung in den vorigen Stand.
Aufhebung einer rechtlichen Folge – etwa eines Versäumnisurteils – durch Wiederherstellung der früheren Verfahrenslage (vgl §§ 146 ff öZPO, §§ 233 ff dZPO).

RESTITUTIO OB NOVITER REPERTA (w)
Die Wiedereinsetzung in den vorigen Stand wegen neu gefundenen Tatsachen- und Beweismaterials (→ nova reperta).

RESTITUTIO RESTITUTIONIS NON DATUR (w)
Wörtlich: Wiedereinsetzung der Wiedereinsetzung wird nicht zugelassen.
Bedeutung: Wiedereinsetzung in den vorigen Stand wegen versäumter Wiedereinsetzungsfrist oder versäumter Tagsatzung zur Verhandlung über den Wiedereinsetzungsantrag wird nicht gewährt (gem § 151 in der alten Fassung der öZPO).

RES TRANSIT CUM SUO ONERE
Wörtlich: Die Sache geht mit ihrer Last über.
Bedeutung: Eine Sache wird vom Veräußerer auf den Erwerber mitsamt ihren Belastungen (zB Pfandrechte, Servituten) übereignet.
Siehe auch → nemo plus iuris transferre potest quam ipse habet.

RESTRIKTIV
Einschränkend.
Mit einer restriktiven Interpretation wird einem (Rechts-)Satz eine engere Bedeutung beigemessen als es sein Wortlaut – in einer unbefangenen Betrachtungsweise – zulassen würde.

RES UXORIA (w)
Wörtlich: der Ehefrau zustehende Sache. Damit ist die Mitgift gemeint (→ dos). Siehe auch → actio rei uxoriae.

RES VI POSSESSAE (w, Mz)
Sachen, an denen gewaltsam Besitz erworben wurde, zB durch Raub.
Nach römR können res vi possessae nicht ersessen werden.

RETENTIONSRECHT
Zurückbehaltungsrecht. **Retentio** = Zurückbehaltung.
Die Befugnis, die Herausgabe einer Sache bzw die Erbringung einer Leistung zu verweigern. So kann etwa derjenige, der zur Herausgabe einer Sache verpflichtet ist, zur Sicherheit seiner fälligen

Forderungen wegen des für die Sache gemachten Aufwandes oder des durch die Sache ihm verursachten Schadens die Sache zurückbehalten, bis seine Ansprüche erfüllt werden (§ 471 ABGB, § 1052 ABGB, §§ 273 f, 1000 BGB, Art 895 ff ZGB, Art 268 ff, 299c OR).

RETORSION (w)
Vergeltung; Erwiderung einer Beleidigung (im VölkerR).

RETROAKTIV
Rückwirkend; siehe auch → ex tunc.

REUS (m)
Beklagter; Angeklagter; Schuldiger.
Siehe → in dubio pro reo.

REVERS (m)
Eine Verpflichtungserklärung, die gewisse Auflagen oder den Verzicht auf bestimmte Ansprüche enthält, zB bei Entlassung aus dem Krankenhaus.

REVERSION (w)
Rückkehr einer des Landes verwiesenen Person.

REVISIBILITÄT (w)
Die Eignung einer (Rechts-)Sache zur → Revision, dh zur Überprüfung durch die Rechtsmittelbehörde.

REVISIO(N) (w)
Überprüfung einer rechtlichen Entscheidung durch die Rechtsmittelbehörde.
Im engeren Sinn bezeichnet man damit das Rechtsmittel, welches gegen die Entscheidung des Berufungsgerichtes zusteht. (Revision ist in vielen Fällen ausdrücklich ausgeschlossen; sie richtet sich an den Obersten Gerichtshof.)
Man unterscheidet eine **revisio in factum** = Überprüfung in bezug auf die Tatsachenfeststellung (Sachverhaltsfeststellung), sowie eine **revisio in iure** = Überprüfung in Bezug auf die rechtliche Beurteilung des Falles.

REVISIO PER SALTUM (w)
Sprungrevision.
In manchen Rechtsordnungen vorgesehenes Mittel zur beschleunigten Prozessführung, um im kürzesten Wege eine Entscheidung durch das Höchstgericht herbeizuführen, in Österreich unzulässig.

REVISIONSREKURS (m)
Rekurs (Rechtsmittel gegen einen Gerichtsbeschluss) an den Obersten Gerichtshof gegen Rekursentscheidungen der zweiten Instanz.

REVOCATIO MANDATI (w)
Widerruf der Vollmacht durch den Machtgeber (vgl § 1020 ABGB, § 168 BGB, Art 34 OR).

REVOCATIO TESTAMENTI (w)
Widerruf eines Testaments (vgl §§ 717 ff ABGB, §§ 2253 ff BGB, Art 509 f ZGB).
Dazu zählen der Widerruf durch ein nachfolgendes neues Testament (§ 713 ABGB, § 2254 BGB, Art 509 ZGB), der mündliche Widerruf = **revocatio verbalis** (§ 719 ABGB) sowie der stillschweigende Widerruf = **revocatio tacita** (vgl §§ 721 ff ABGB, § 2255 BGB, Art 510 ZGB).

REZEPTION (w)
Aufnahme, Übernahme; insbes die Übernahme fremden Rechtes (zB die Rezeption des römischen Rechts als Bestandteil des kontinentaleuropäischen Privatrechts in der Neuzeit).

REZIPROZITÄT (w)
Gegenseitigkeit (völkerrechtlicher Begriff).
ZB: Ein ausländischer Staat gewährt österreichischen Staatsbürgern die Anerkennung akademischer Grade, weil Österreich den Bürgern des betreffenden Staates die akademischen Grade ebenfalls anerkennt.

RITE
Gehörig, vorschriftsmäßig, einwandfrei.

Rite constitutus = vorschriftsmäßig eingesetzt, zusammengesetzt.

ROTA ROMANA (w)
Gericht für Rechtssachen der röm-kath Kirche (zB Ehenullitätsverfahren).

RUBRUM (s) = RUBRIK (w)
Wörtlich: das Rote.
Kurze Inhaltsangabe, zB auf Akten, Büchern.
Im Prozessrecht die Bezeichnung der Parteien, des Gerichts und der Art des Vorbringens; diese Angaben wurden ehedem mit roter Tinte geschrieben.

S

SACRA POENITENTIARIA (w)
Gericht der röm-kath Kirche (dem ua die Entscheidung über alle Gewissensfragen obliegt).

SACRAMENTUM (s)
Eid; auch: Prozesseinsatz im röm Zivilprozess der 12-Tafel-Zeit.

SACRIFICIUM INTELLECTUS (s)
Aufopferung der (eigenen) Erkenntnis.

SACRIFICIUM OPINIONIS (s)
Aufopferung der (eigenen) Überzeugung.

SAKROSANKT
Unantastbar.

SALUS PUBLICA SUPREMA LEX
Das öffentliche Wohl ist das oberste Gesetz.

SALVA VENIA
Wörtlich: unter Aufrechterhaltung des Wohlwollens. Mit (Ihrer) Erlaubnis, mit Verlaub.

SALVIS OMISSIS
Unter Vorbehalt des Ausgelassenen; ohne Gewähr. Abkürzung: s. o. Siehe auch → sine obligo.

SALVO ERRORE CALCULI, DOLI ET OMISSIONIS
Unter Vorbehalt eines Irrtums bei der Berechnung, aufgrund von Arglist und durch Auslassung (von etwas Wesentlichem).

SALVO TITULO
Unter Vorbehalt des richtigen Titels. Abkürzung: s. t. Siehe aber auch → sine tempore.

SANATIO IN RADICE (w)
Heilung an der Wurzel (im kirchlichen Eherecht gebräuchlicher Ausdruck).
Bedeutung: Ein mangelhafter rechtlicher Zustand wird nachträglich geheilt und danach so behandelt, als wäre er nie mangelhaft gewesen.

SANKTION = SANCTIO (w)
1. (Nachteilige) Rechtsfolgen, die eine Norm im Fall ihrer Nichtbeachtung androht. Auch: eine im Fall der Nichtbeachtung einer Norm tatsächlich gesetzte Maßnahme.
2. Bestätigung, durch die eine Norm verbindlich gemacht wird.

Sanktionieren = mit einer Sanktion belegen; in Gesetzeskraft erheben.

SAPERE AUDE
Wage, weise zu sein! (Stammt aus Horaz, Episteln I 2,40.)

SAPIENTI SAT
Wörtlich: Dem Wissenden genügt es; der Eingeweihte versteht schon, was gemeint ist.

SATISDATIO (w)
Im römR: Sicherheitsleistung durch Bürgen (siehe → Cautio).

SATISFAKTION (w)
Genugtuung, Befriedigung.

SATURIEREN
Befriedigen, sättigen.

SCELERE QUAESITA (s)
Wörtlich: die durch einen Frevel gewonnenen Dinge
Bedeutung: durch Verbrechen Erworbenes, zB Diebsgut.

SCILICET
Wörtlich: Es ist erlaubt zu wissen.
Bedeutung: das heißt, nämlich. Abk: sc oder scil.

SCRUTATOR (m)
Siehe → Skrutator.

SCRUTINIUM (s)
Siehe → Skrutinium.

SCULPSIT
Wörtlich: hat gemeißelt (bzw gestochen). Abk: Sculp.
Auf Skulpturen und auf Banknoten nach dem Namen des Künstlers bzw Herstellers befindliche Bezeichnung.
Siehe auch unter → fecit.

SECUNDO LOCO
An zweiter Stelle.
Siehe auch → primo loco.

SECUNDUM TABULAS
Wörtlich: gemäß den Tafeln.
Bedeutung heute: Secundum tabulas-Ersitzung, dh grundbuchsmäßige Ersitzung; der Besitzer ist hiebei im Grundbuch eingetragen.
Im römR unterscheidet man bei der Erteilung der → bonorum possessio eine bonorum possessio secundum tabulas (gemäß dem Testament) und eine solche contra tabulas (im Widerspruch zum Testament).

SEDES MATERIAE (w)
Wörtlich: Sitz der Materie.
Bedeutung: Grundlage, Quelle.

SEDISVAKANZ (w)
Zustand der Nichtbesetzung des Amtes (zB kirchlicher Würdenträger).

SEKTION (w)
Leichenöffnung.
In einem anderen Sinne bedeutet Sektion auch eine Zusammenfassung mehrerer Gruppen und Abteilungen, zB in den Ministerien.

SEKUNDÄR
In zweiter Linie, zweitrangig
Im Unterschied zu → primär.

SELLA CURULIS (w)
Richterstuhl: im alten Rom „kurulischer Sessel" (aus Elfenbein), welcher von den Prätoren und kurulischen Ädilen (höheren Amtsträgern) benützt wurde.

SEMEL HERES SEMPER HERES
Einmal Erbe, immer Erbe.
Erbrechtliche Regel im römR, derzufolge es keine auflösend bedingte oder befristete Erbenstellung gibt: wer einmal die Erbschaft angetreten hat, bleibt Erbe.

SEMPER IN DUBIIS BENIGNIORA PRAEFERENDA
Wörtlich: Im Zweifel ist immer das Günstigere vorzuziehen.
Bedeutung: Im Zweifel ist die für den Betroffenen weniger belastende Variante zu wählen.
Siehe auch → in dubio pro reo.

SEMPER UBIQUE
Immer und überall; allgemein gültig.

SENAT(US) (m)
Im römR: Ältestenrat; Versammlung ehemaliger Amtsträger.
Heute auch Bezeichnung für ein Richterkollegium.

SENATUS CONSULTUM (s)
Senatsbeschluss. Abk: SC.

SENECTUS IPSA MORBUS EST
Das Greisenalter an sich ist bereits eine Krankheit.

SENTENTIA (w)
Satz, Spruch, Richterspruch, Lehrmeinung, Sprichwort.

SENTENTIA FERENDA (w)
Die zu treffende Entscheidung.

SENTENTIA LATA (w)
Die getroffene Entscheidung, das gefällte Urteil (auch ablativisch: nach dem gefällten Urteil).

SENTENTIA LEGIS (w)
Sinn des Gesetzes; im Unterschied zu verba legis = Wortlaut des Gesetzes. Siehe auch → teleologische Interpretation.

SEPARATIO BONORUM (w)
Gütertrennung; zB Absonderung der Verlassenschaft vom Vermögen des Erben (vgl etwa § 812 ABGB).

SEQUESTRATION (w)
Streitverwahrung. Siehe auch → depositum sequestre.
Bei der Streitverwahrung wird die streitverfangene Sache von den streitenden Parteien oder vom Gericht für die Dauer des Rechtsstreits jemandem in Verwahrung gegeben.
Der Streitverwahrer heißt **Sequester** (vgl § 968 ABGB, Art 480 OR).

SERMON (m)
Rede, Ansprache. Auch: langatmige Ausführungen eines Redners.

SERVITUS = SERVITUT
Dienstbarkeit.
Die Dienstbarkeit ist ein beschränktes dingliches Recht an einer fremden Sache, aufgrund dessen deren Eigentümer die Nutzung durch den Servitutsberechtigten dulden muss, zB Wegerecht, Recht der Viehtränke, Weiderecht, Fruchtnießung etc. Vgl §§ 472 ff ABGB, §§ 1018 ff BGB, Art 730 ff ZGB.

SERVITUS IN FACIENDO CONSISTERE NEQUIT
Wörtlich: Die Dienstbarkeit kann nicht in einem Tun bestehen.
Bedeutung: Die Servitutsverpflichtung besteht (in der Regel) lediglich in einem Dulden (pati) oder Unterlassen (non facere), nicht in einer Pflicht zum aktiven Handeln (vgl § 482 ABGB).

SERVITUS SERVITUTIS ESSE NON POTEST
Wörtlich: Die Dienstbarkeit kann nicht Gegenstand einer weiteren Dienstbarkeit sein (D 33.2.1).
Bedeutung: Dies beschreibt die Unzulässigkeit der Einrichtung einer Dienstbarkeit an einer Dienstbarkeit.

SERVITUT (w)
Dienstbarkeit, siehe → servitus.

SERVITUTES AFFIRMATIVAE (w, Mz)
Bejahende Dienstbarkeiten.
Sie sind auf Duldung (im Unterschied zur Unterlassung) gerichtet, zB das Recht, einen Stützbalken im fremden Haus zu haben (vgl § 475 ABGB, §§ 912, 1044 BGB).

SERVITUTES IRREGULARES (w, Mz)
Unregelmäßige Dienstbarkeiten. Dienstbarkeiten, die an sich Grunddienstbarkeiten sind, aber aufgrund der Parteienvereinbarung einer Person allein zugestanden werden (vgl § 479 ABGB).

SERVITUTES NEGATIVAE (w, Mz)
Verneinende Dienstbarkeiten; sie sind auf Unterlassung von Seiten des Eigentümers gerichtet, zB Unterlassen des Höherbauens (vgl § 476 ABGB, § 909 BGB).

SERVITUTES PERSONALES (w, Mz)
Persönliche Dienstbarkeiten (zum Nutzen einer bestimmten Person; vgl § 473 ABGB, § 1030 ff BGB, Art 745 ff ZGB). Beispiele: → usus, → ususfructus, → habitatio.

SERVITUTES PRAEDIALES = REALES (w, Mz)
Grunddienstbarkeiten (zum Nutzen des jeweiligen Eigentümers eines bestimmten Grundstücks; vgl § 473 ABGB, §§ 1018 ff BGB, Art 730 ff ZGB).

SERVITUS CIVILITER EXERCENDA
Die Dienstbarkeit ist schonend auszuüben. Der Servitutsberechtigte hat bei der Ausübung seines Rechtes auf die Interessen des Eigentümers Rücksicht zu nehmen (vgl §§ 484, 489, 491 ABGB,

§ 1020 BGB, Art 737 Abs 2 ZGB). Auch: **servitutibus civiliter utendum est.**

SERVUS (m)
Sklave; davon abgeleitet der Gruß („Ich bin Dein Sklave").
Servus fugitivus = geflüchteter Sklave (→ fugitivus).

SESSION (w)
Sitzung, Sitzungsperiode (zB des Nationalrates).

SEZESSION (w)
Absonderung, Abspaltung eines Teiles. Im Völkerrecht: Abspaltung einers Gebietesteils gegen den Willen des Gesamtstaates.

SIGNATION (w)
Im Völkerrecht: Unterzeichnung; auch Signierung genannt.
Vor der → Ratifikation (Bestätigung, Genehmigung) erfolgt bei Staatsverträgen die Unterzeichnung des Vertragsinhaltes durch die Unterhändler.
Signatar = Unterfertiger.

SIGNIFIKANT
Bezeichnend, kennzeichnend, typisch, bedeutend.

SILENT LEGES INTER ARMA
Wörtlich: Die Gesetze schweigen zwischen den Waffen.
Bedeutung: Außerkrafttreten von (manchen) Gesetzen im Krieg.

SIMILE (s)
Ähnliches, ein ähnliches Geschehen, ein ähnlicher Vorgang.

SIMULATION (w)
Wörtlich: Vorspiegelung
Bedeutung: Scheingeschäft; Willenserklärung, die gegenüber einem anderen mit dessen Einverständnis lediglich zum Schein abgegeben wird (vgl § 916 ABGB, § 117 BGB, Art 18 OR).

SIMULTAN
Gleichzeitig.

SIMULTANHYPOTHEK (w)
Pfandhaftung mehrerer Grundstücke für eine Schuld (vgl § 222 EO, Art 798 ZGB).

SINE CAUSA EXPRESSA
Ohne ausdrücklichen Rechtsgrund.

SINE CURA
Wörtlich: ohne Sorge.
Bedeutung: ehedem kirchliche Pfründe, mit denen kein Amtsgeschäft verbunden war; im übertragenen Sinn: nur Vorteile bringendes Amt.

SINE DIE
Wörtlich: ohne (bestimmten) Tag.
Bedeutung: ohne einen Termin festzusetzen, zB bei Vertagungen.

SINE IRA ET STUDIO
Wörtlich: ohne Zorn und Eifer.
Bedeutung: objektiv, unparteiisch.

SINE OBLIGO
Ohne Verpflichtung; ohne Gewähr.

SINE TEMPORE
Ohne zusätzliche Frist; pünktlich (zum angegebenen Zeitpunkt). Abk: s.t.
Im Unterschied zu → cum tempore = mit „akademischem Viertel" (15 Minuten nach dem angegebenen Zeitpunkt).

SINGULÄR
Einzeln, einzigartig, eigentümlich; hervorragend.

SINGULARSUKZESSION (w)
Einzelrechtsnachfolge.
Nachfolge in einzelne Vermögens- bzw Rechtspositionen (zB ist der Vermächtnisnehmer (Legatar), der bestimmte Sachen des Erblassers vermacht erhält, Singularsukzessor, während der Erbe, der

prinzipiell in die Gesamtheit der Rechtspositionen des Erblassers eintritt, → Universalsukzessor ist.

SISTIERUNG (w)
Aussetzung, Unterbrechung (eines Vorgehens, eines Verfahrens).
Sistieren = unterbrechen.

SKONTRATION (w)
Ermittlung eines Warenbestandes durch Verbuchung der Zugänge bzw Abgänge.

SKRIBIFAX (m)
Schreiber(ling).

SKRUTATOR (m)
Person, die bei einer geheimen Wahl die Stimmen einsammelt.

SKRUTINIUM (s)
Wahlvorgang. Sammlung und Prüfung der Stimmen bei einer Wahl.

SOCIETAS (w)
Gesellschaft, Gesellschaftsvertrag.
Vereinbarung mehrerer, einen gemeinsamen wirtschaftlichen Zweck zu verfolgen (vgl die bürgerlichrechtlichen Gesellschaften gem §§ 1175 ff ABGB, §§ 705 ff BGB, Art 530 ff OR).

SOCIETAS DELINQUERE NON POTEST
Wörtlich: Eine Gesellschaft kann kein Delikt begehen.
Bedeutung: Lediglich jedes einzelne Mitglied der Gesellschaft kann durch sein Verhalten einen Deliktstatbestand erfüllen (für das aber uU die Gesellschaft haftbar gemacht werden kann).

SOCIETAS EUROPAEA
Wörtlich: europäische Gesellschaft; (noch nicht realisierte) Form einer supranationalen Aktiengesellschaft nach EG-Recht. Abkürzung: SE

SOCIETAS LEONINA (w)
Wörtlich: Löwengesellschaft.
Vereinbarung, derzufolge ein Gesellschafter nur an einem allfälligen Verlust, nicht aber an einem Gewinn beteiligt sein soll.
Im römR ist eine solche Vereinbarung nichtig, weil sie als Verstoß gegen die → bona fides qualifiziert wird.

SOCIETAS OMNIUM BONORUM = SOCIETAS UNIVERSALIS (w)
Gesellschaftsvertrag, bei welchem das gesamte gegenwärtige und zukünftige Vermögen der Gesellschafter Gegenstand des Vertrages ist (vgl § 1177 ABGB).

SOCIETAS PARTICULARIS (w)
Gesellschaftsvertrag, in welchem lediglich bestimmte einzelne Sachen oder Rechte Gegenstand des Vertrages sind (vgl § 1176 ABGB).
Im Unterschied zur → societas omnium bonorum.

SOCIETAS QUAESTUS (w)
Gesellschaftsvertrag über den zu erwartenden Erwerb (vgl §§ 1176f ABGB).

SOCIETAS QUOAD DOMINIUM (w)
Gesellschaft, bei der sich die Gesellschafter zur Einbringung von Beiträgen zu Eigentum (→ quoad dominium) verpflichten.

SOCIETAS QUOAD SORTEM (w)
Gesellschaft, bei der sich die Gesellschafter zur Einbringung von Beiträgen dem Werte nach (→ quoad sortem) verpflichten.

SOCIETAS QUOAD USUM (w)
Gesellschaft, bei der sich die Gesellschafter zur Einbringung von Beiträgen zum Gebrauch (→ quoad usum) verpflichten.

SOCIUS MEI SOCII MEUS SOCIUS NON EST
Wörtlich: Der Gesellschafter meines Gesellschafters ist nicht mein Gesellschafter.
Bedeutung: Die Wirkungen des Gesellschaftsvertrages erstrecken

sich (intern) nur auf die vertraglich zusammengeschlossenen Gesellschafter. Schließt ein einzelner Gesellschafter mit einem Dritten einen Gesellschaftsvertrag, so besteht zwischen diesem Dritten und den übrigen Mitgesellschaftern kein Gesellschaftsverhältnis.

SOCIUS FIT CULPAE, QUI NOCENTEM SUBLEVAT
Wörtlich: Ein Teilhaber der Schuld wird derjenige, der einem Übeltäter hilft.
Bedeutung: Wer dem Delinquenten hilft, wird mitverantwortlich.

SOLAWECHSEL
Eigenwechsel. Wechsel, bei dem sich der Aussteller selbst zur Zahlung einer Summe verpflichtet bzw Wechsel, bei dem es nur eine einzige Ausfertigung gibt.

SOLEMNIS = SOLENN
Feierlich.
Bei gewissen Amtshandlungen, deren würdiger Ablauf gewährleistet sein soll, sind sog **Sollenitätsvorschriften** einzuhalten (zB bei der Eheschließung oder bei der Urteilsverkündung).

SOLIDARITÄT (w)
Gemeinsame Verbundenheit. Auch: Gesamtschuld(verhältnis).

SOLIDARSCHULD
Gesamtschuld (vgl § 891 ABGB, §§ 421 ff BGB, Art 143 ff OR). Eine bestimmte Leistung wird von mehreren Personen derart geschuldet, dass der Gläubiger von jedem Schuldner die (volle) Leistung fordern kann. Mit der Erfüllung durch einen der Gesamtschuldner erlischt die Schuld auch für die übrigen.
ZB: Sind A, B und C dem D gegenüber solidarisch zur Zahlung von 100 verpflichtet, so steht es D frei, welchen der drei Schuldner er (zunächst) auf Zahlung in Anspruch nimmt. Erhält er von A 100, so kann er von B und C nichts mehr fordern; erhält er von A bloß 70, so kann er die restlichen 30 von B bzw C verlangen.

SOLLIZITATION (w)
Bitte, Rechtsgesuch.

SOLLIZITATOR (m)
Gehilfe eines Rechtsanwalts, Kanzleileiter.

SOLO ANIMO
Wörtlich: durch den bloßen Willen.
Als Begriff im Besitzrecht: Erwerb oder Erhaltung des Besitzes durch bloßen Besitzwillen, also ohne faktische Herrschaftsmacht (→ corpus). Siehe auch → traditio solo animo, → brevi manu traditio, → constitutum possessorium.

SOLO CEDIT QUOD SOLO INAEDIFICATUR
Wörtlich: Dem Boden weicht, was auf dem Boden gebaut wird.
Bedeutung: Gebäude, die mit dem Grundstück durch ein Fundament fest verbunden sind, haben kein eigenes sachenrechtliches Schicksal, sondern unterliegen dem sachenrechtlichen Schicksal (zB Eigentum, Pfandrecht) des Grundstücks.

SOLUTIO (w)
Erfüllung (einer bestehenden Verbindlichkeit), Zahlung.

SOLUTIONIS CAUSA ADIECTUS (m)
Wörtlich: der zum Zweck der Zahlung Hinzugefügte.
Bedeutung: Die Zahlung der Schuld muss in der Regel an den Gläubiger erfolgen. Wenn jedoch der Gläubiger ausdrücklich gestattet hat, die Schuld an eine andere bestimmte Person (solutionis causa adiectus) zu zahlen, so wird der Schuldner durch die Zahlung an diesen von seiner Zahlungspflicht befreit (vgl § 1424 ABGB).

SOLVENDI CAUSA
Zahlungshalber, zum Zwecke der Erfüllung.

SOLVENDO
Durch Zahlung; zahlungsfähig.

SOLVENDO NON ESSE
Zahlungsunfähig sein (siehe auch → Insolvenz).

SOZINISCHE KAUTEL (w)
Sozinischer Vorbehalt.
Siehe unter → cautela socini.

SPATIUM (s)
Zeitraum, Zwischenraum.

SPATIUM DELIBERANDI (s)
Überlegungszeitraum.
So hat etwa der hinsichtlich einer beweglichen Sache Vorkaufsberechtigte binnen einer bestimmten Frist (vgl § 1075 ABGB, § 469 Abs 2 BGB, Art 681 Abs 3 ZGB) nach erfolgter Anbietung bekanntzugeben, ob er von seinem Vorkaufsrecht Gebrauch machen will.

SPECIALIA GENERALIBUS DEROGANT
Spezialregelungen heben generelle Regelungen auf. Siehe → lex specialis derogat legi generali.

SPECIES = SPEZIES (w)
Eine individuell bestimmte Sache.
Unter einer **Speziesschuld** versteht man ein Schuldverhältnis, bei dem die Parteien den Leistungsgegenstand individuell bestimmt haben, zB „ich verkaufe Dir diesen roten Pullover".
Im Unterschied zur **Genusschuld** = Gattungsschuld, bei der der Leistungsgegenstand bloß gattungsmäßig bestimmt ist, zB „ich verkaufe Dir fünf Flaschen Riesling, Jahrgang 95 (aus einem größeren Vorrat)".

SPECIES FACTI (w)
Sachverhalt.

SPECIES PERIT EI CUI DEBETUR
Wörtlich: Die Species geht für den unter, dem sie geschuldet wird.
Bedeutung: Ist eine Stückschuld (Species) vereinbart und geht der Leistungsgegenstand vor dem vereinbarten Leistungszeitpunkt unter, so kann der Gläubiger das untergegangene Stück nicht mehr fordern. Insofern trägt also der Forderungsberechtigte den

Nachteil des Untergangs. Freilich kann der Schuldner uU verpflichtet sein, Schadenersatz zu leisten (dh dem Gläubiger den Wert der untergegangenen Sache zu ersetzen).

SPERATA RES (w)
Wörtlich: erhoffte Sache.
Bedeutung: Eine Sache, die erst entstehen wird – zB eine künftige Ernte – kann bereits Gegenstand eines Kaufvertrages sein. Siehe unter → emptio rei speratae.

SPES (w)
Hoffnung.
Siehe auch → emptio spei (Hoffnungskauf).

SPEZIALPRÄVENTION (w)
Wörtlich: besondere Abwendung.
Spezialprävention umfasst alle Maßnahmen, die bei einem bestimmten Delinquenten in Betracht kommen, um ihn individuell von einem Rückfall in deliktisches Verhalten zu bewahren.
Siehe auch → Generalprävention.

SPIRITUS RECTOR (m)
Geistiger Anführer, lenkender Geist.

SPOLIATION (w)
Beraubung.
Spoliieren = berauben.

SPONDEO AC POLLICEOR
Wörtlich: Ich gelobe und verspreche (es).
Bedeutung: Die vom Doktoranden bei der Promotion zum Doktor geäußerte Zustimmung zu der vom Promotor vorgetragenen Eidesformel.

SPONSIO (w)
Allgemein: Versprechen.
Im römR: bestimmte Form der Bürgschaft.
Sponsion: Akademische Feier der Verleihung des Grades eines → magister.

SPRUCH-REPERTORIUM (s)
(Ehedem) Sammlung von grundsätzlichen Entscheidungen einzelner Senate des Obersten Gerichtshofes.

STANTE PEDE
Wörtlich: stehenden Fußes.
Bedeutung: Sofort, unverzüglich.

STATUS (m)
Stand, Zugehörigkeit zu einer bestimmten Gruppe.
Im römR werden insbes der **status libertatis** (Zugehörigkeit zum Verband der Freien), der **status civitatis** (Zugehörigkeit zum Verband der Bürger) und **status familiae** (Zugehörigkeit zum Familienverband) unterschieden. Siehe auch → capitis deminutio.

STATUS ABEUNDI (m)
Stand, Zustand, Lage im Zeitpunkt des Weggehens, Abtretens.
Siehe → in statu abeundi.

STATUS QUAESTIO (w)
Im römR: Freiheitsprozess; Verfahren über die Frage, ob ein bestimmter Mensch ein Freier oder ein Sklave ist.

STATUS QUO (m)
Der Stand der Dinge zu einem bestimmten Zeitpunkt (zB im gegenwärtigen).

STATUS QUO ANTE (m)
Der Stand der Dinge vor einem bestimmten Zeitpunkt.

STATUT (s)
Satzung.
Statutarisch = auf Statut beruhend, satzungsgemäß.

STIPULATIO(N) (w)
Wörtlich: Versprechen.
Im römR: ein in mündlicher Frage- und Antwortform zustandekommendes Leistungsversprechen.
Auch allgemein im Sinn von Festsetzung, Vereinbarung.

Stipulieren = festlegen, versprechen.

STIRPES (m)
Wörtlich: Stämme; Inbegriff der direkten Abkömmlinge einer Person. **Per stirpem** = dem Stamm nach.

STRICTE
Strikt, streng, genau.
Steigerung: **Strictissime** = Genauestens.

STRICTO SENSU
Im strengen Sinn, genau genommen. Im Unterschied zu → lato sensu.

STUDIUM (s)
Streben, Bemühen.

STUDIUM IRREGULARE (s)
Eine von einem Studenten individuell zusammengestellte Studienkombination.

SUB
Unter.

SUB AEGIDE
Wörtlich: unter dem Schild; unter der Schutzherrschaft.

SUBALTERN
Untergeordnet.

SUB AUSPICIIS
Unter der Leitung.
Sub auspiciis praesidentis (promovieren) = unter dem Ehrenschutz des Bundespräsidenten (das Doktorat erhalten).

SUB COLORE (IURIS)
Unter dem Schein (des Rechtes).

SUBHASTATIO(N) (w)
Zwangsversteigerung (sub hasta = unter aufgesteckter Lanze).

SUBJEKTIV
Auf die eigene Person bezogen, nach persönlicher Bewertung, parteiisch.
Im Gegensatz zu → objektiv.

SUBLEGAT (s)
Vermächtnis (Legat), welches den Vermächtnisnehmer (Legatar) zur Leistung an eine weitere Person (Sublegatar) verpflichtet (vgl § 650 ABGB, § 2147 Satz 1 Fall 2 BGB und Art 484 ZGB).

SUBLOCATIO = SUBLOKATION (w)
Untermietvertrag, Unterpachtvertrag (Afterbestandvertrag).
Dieser liegt vor, wenn der Bestandnehmer (Mieter, Pächter) die Bestandsache durch Vertrag (Untermietvertrag, Unterpachtvertrag) einem Dritten überlässt, dh in Sublokation gibt (vgl § 1098 ABGB, §§ 553, 589 BGB, Art 262, 273 b, 291 OR).

SUB MODO
Unter einer Auflage (zB → donatio sub modo = Schenkung, welche unter einer bestimmten Auflage gemacht wurde).
Siehe auch → modus.

SUBMISSION (w)
1. Unterwerfung, Ehrerbietigkeit, Anerkennung des gegnerischen Standpunktes.
2. Öffentliche Ausschreibung von Arbeiten, Vergabe öffentlicher Arbeiten.

SUBPIGNORATIO (w)
Afterverpfändung (Weiterverpfändung des Pfandes durch den Pfandgläubiger an einen Dritten (vgl § 454 f ABGB und allgemein zum Pfandrecht an Rechten §§ 1273 ff BGB, Art 899 ff ZGB).
Subpignus = Pfandrecht an einem Pfandrecht, Afterpfand.

SUB POENA
Unter (Androhung von) Strafe.

SUBROGATIO(N) = SURROGATIO(N) (w)
Ersetzung.
ZB bei der Einlösung einer Forderung: Bezahlt nicht der Schuldner, sondern ein Dritter eine offene Forderung, so wird gem § 1422 ABGB die Schuld nicht getilgt, sondern nur der Gläubiger gewechselt. Vgl auch § 1358 ABGB, §§ 268 Abs 3, 426 Abs 2 BGB, Art 110 OR (→ cessio legis).
Surrogat = das an die Stelle eines anderen Tretende.

SUB ROSA
Wörtlich: unter der Rose.
Bedeutung: unter dem Siegel der Verschwiegenheit.

SUBSIDIARANKLAGE (SUBSIDIARANTRAG)
Aufrechterhaltung der Strafverfolgung (Anklage) durch den Privatbeteiligten an Stelle des Staatsanwaltes, wenn dieser von der Strafverfolgung zurücktritt (vgl §§ 72 ff öStPO).

SUBSIDIARITÄT (w)
Wörtlich: Unterstützung, Aushilfe.
Grundsatz, wonach eine Rechtsvorschrift nur dann anzuwenden ist, wenn die primär anzuwendenden Rechtsvorschriften nicht ausreichen.
Subsidiär = aushilfsweise; zB: Für Unternehmer gelten die Bestimmungen des ABGB bzw des BGB nur insoweit, als nicht die Vorschriften des UGB anzuwenden sind. Die Bestimmungen des ABGB bzw des BGB sind hier subsidiär anzuwenden.

SUBSIDIARITÄTSGRUNDSATZ
Ursprünglich in der katholischen Soziallehre entwickelter Grundsatz, demzufolge Probleme grundsätzlich auf der kleinsten Ebene (zB Familie, Nachbarschaft) gelöst werden sollen, und nur dann, wenn dies nicht ausreichend ist, die jeweils größere Gemeinschaft (zB der Staat) eingreifen soll.
Im EG-Recht versteht man darunter den Grundsatz, wonach die EG-Kompetenzen jene Gegenstände umfassen, welche nur auf EG-Ebene gelöst werden können; vgl Art 5 (ex-Art 3b Abs 2) EG-Vertrag.

SUB SIGILLO (CONFESSIONIS)
Unter dem Siegel der Verschwiegenheit (eigentlich: der Beichte).

SUB SPECIE
Unter dem Gesichtspunkt, im Hinblick auf.

SUB SPECIE AETERNITATIS
Wörtlich: Unter dem Gesichtspunkt der Ewigkeit (im Angesicht der Ewigkeit).

SUB SPECIE IURIS
Unter dem Gesichtspunkt des Rechtes, rechtlich gesehen.

SUBSTANTIIERUNG (w)
Begründung, nähere Ausführung (eines Arguments).

SUBSTITUT (m)
1. Stellvertreter, Ersatzmann (zB Anwalt, der in der Causa eines anderen Anwalts statt dessen tätig wird).
2. Ersatzerbe sowie Nacherbe (vgl §§ 604 ff ABGB, §§ 2096 ff, 2100 ff BGB, Art 487 ff ZGB).
   Ein Ersatzerbe tritt an die Stelle eines eingesetzten Erben, zB wenn dieser vorverstorben ist, oder wegen Erbunwürdigkeit nicht erbt.
   Ein Nacherbe ieS wird nach dem Ersteingesetzten (Vorerben) Erbe. Nach dem Tod des Vorerben erhält der Nacherbe die Erbschaft.

Siehe auch → fideicommissum, → Pupillarsubstitution sowie Vulgarsubstitution.

SUBSTITUTIO PUPILLARIS (w)
Im römR: Nacherbschaft, welche für den Fall angeordnet ist, dass der unmündige Erbe (→ pupillus) nach Antritt der Erbschaft, aber noch vor Erreichen der Mündigkeit stirbt (vgl § 609 ABGB).

SUBSTITUTIO RECIPROCA (w)
Gegenseitige Substitution. Sie tritt dann ein, wenn der Erblasser anordnet, dass die eingesetzten Erben gegenseitig zu Nacher-

ben bzw Ersatzerben berufen werden (vgl § 607 ABGB, § 2098 BGB).

SUBSTITUTIO VULGARIS (w)
Ersatzerbschaft; Bestimmung einer Person zum Ersatzerben für den Fall, dass der eingesetzte Erbe die Erbschaft nicht antritt bzw antreten kann (vgl §§ 604 ff ABGB, §§ 2096 ff BGB, Art 487 ZGB).

SUBSUMTION (w)
Wörtlich: Unterordnung.
Bedeutung: Subsumtion ist jene juristische Operation, die feststellt, dass ein zu beurteilender Sachverhalt einem rechtlichen Tatbestand entspricht und daher die in diesem Tatbestand vorgesehene Rechtsfolge im gegebenen Sachverhalt einzugreifen hat.

SUBVERSIV
Auf den Umsturz der (staatlichen) Tätigkeit gerichtet, untergrabend, vernichtend.

SUB VOCE
Unter dem Stichwort. Abk: s.v.

SUCCESSIO IN IURA DEFUNCTI (w)
Nachfolge in die Rechte des Verstorbenen.
Siehe unter → Universalsukzession.

SUCCUS = SUKKUS (m)
Wörtlich: der Saft.
Bedeutung: das Wesentliche einer Sache, der Kernpunkt einer Angelegenheit.

SUGGESTIVFRAGEN
Suggestiv (beeinflussend) ist eine Frage, wenn sie durch die Art, in der sie gestellt wird, zu einer bestimmten Antwort drängt. Suggestivfragen dürfen nach § 164 Abs 4 öStPO nur ausnahmsweise dann gestellt werden, wenn dies zum Verständnis des Zusammenhanges erforderlich ist.

SUI GENERIS
Von eigener Art.
Casus sui generis = ein Fall eigener Art.

SUI HEREDES (m, Mz)
Im römR: die sog Hauserben; Personen, die bis zum Tod des Erblassers unter dessen → patria potestas standen und die mit dessen Tod gewaltfrei werden (dazu zählen die gewaltunterworfenen Kinder und die gewaltunterworfene Ehefrau). Nach Intestaterbrecht sind diese (zu gleichen Teilen) erbberechtigt.

SUI IURIS (ESSE)
Im römR: unter niemandes personenrechtlicher Gewalt (stehen), gewaltfrei, eigenberechtigt sein.
Gegenbegriff zu: alieni iuris.

SUIZID (m)
Selbstmord.

SUKKURS (m)
Hilfe, Beistand (zB Sukkurs geben).

SUKZESSION (w)
Nachfolge.
Man unterscheidet Universalsukzession (Gesamtrechtsnachfolge, zB infolge Erbschaft) und Singularsukzession (Einzelrechtsnachfolge, zB Vermächtnis oder Erwerb einer Sache unter Lebenden).

SUKZESSIV
Nachfolgend, hintereinander.
Unter einer **sukzessiven Zuständigkeit** versteht man insbes eine Instanzenfolge, bei der zuerst eine Verwaltungsbehörde und dann ein Gericht zu entscheiden hat.

SUMMA LEX SUMMA INIURIA
Gleichbedeutend mit → summum ius summa iniuria.

SUMMARISCH
Bündig zusammengefasst, konzentriert abgefasst.

Summarisches Verfahren = gekürztes, vereinfachtes Verfahren. ZB Strafverfahren, welches ohne mündliche Verhandlung, sondern lediglich durch Strafverfügung erledigt wird.

SUMMA SUMMARUM (w)
Wörtlich: Summe der Summen. Alles in allem.

SUMMUM IUS SUMMA INIURIA
Höchstes Recht kann höchstes Unrecht bedeuten (Cicero, De officiis 1,33).
Bedeutung: Selbst technisch perfekte Rechtsfindung kann – unter individuellem oder sozialem Gesichtspunkt – krass ungerecht erscheinen.

SUNT QUI CENSEANT (DICANT)
Es gibt solche, die meinen (behaupten) mögen.
Siehe auch unter **dicitur.**

SUPERÄDIFIKAT (s)
Überbau. Bauwerk, das auf fremdem Grund in der Absicht aufgeführt ist, dass es nicht stets darauf bleiben soll (vgl § 435 ABGB, § 95 Abs 1 BGB).
Das Superädifikat ist Gegenstand selbstständigen Eigentums, teilt also nicht notwendigerweise das rechtliche Schicksal des Grundstücks, auf dem es steht. Beim Superädifikat kommt der Satz → superficies solo cedit nicht zur Anwendung.

SUPERFICIES (w)
Oberfläche, das auf dem Grund Gebaute; im römR auch: Erbbaurecht (beschränktes dingliches Recht, auf einem fremden Grundstück ein Bauwerk zu haben).

SUPERFICIES SOLO CEDIT
Wörtlich: Die Oberfläche weicht dem Boden.
Bedeutung: Was mit dem Boden fest verbunden ist (eingewurzelte Pflanzen, auf festem Fundament gebaute Häuser), wird als unselbstständiger Bestandteil des Grundstücks betrachtet und teilt dessen sachenrechtliches Schicksal (vgl §§ 417 ff ABGB, § 94 BGB, Art 667 ZGB).

Anderes gilt für das → Superädifikat.

SUPERFLUA NON NOCENT
Überflüssiges schadet nicht.
Die Gültigkeit eines Rechtsgeschäftes wird durch an sich nicht notwendige Formalien, Wiederholungen etc nicht beeinträchtigt.

SUPERFLUUM (s)
Wörtlich: der Überfluss.
Bedeutung: Wenn die Pfandverwertung (durch Versteigerung) einen Betrag erbringt, der die Forderung des Pfandgläubigers überschreitet, dann wird dieser Mehrerlös Superfluum genannt.
Siehe auch im Anhang unter → hyperocha.

SUPPLETORISCH
Ergänzend, unterstützend.

SUPPLIKANT (m)
Bittsteller.
Supplikation = Bittgesuch.

SUPRANATIONAL
Überstaatlich.
Unter einer **supranationalen Organisation** (zB EG) versteht man eine Organsiation, deren Rechtsakte nicht nur für die Mitgliedsstaaten, sondern auch für deren Staatsbürger unmittelbare Verbindlichkeit haben.

SURROGATION (w)
Ersetzung (zB eines Vermögensgegenstandes durch einen anderen, der demselben Rechtsverhältnis unterliegt; so tritt bei Verwertung des Pfandgegenstandes an dessen Stelle der Erlös).
Siehe auch → Subrogation.

SUSPEKT
Verdächtig.

SUSPENDIERUNG (w)
(Einstweilige) Enthebung (zB eines Beamten von seinem Amt).

SUSPENSIV
Aufschiebend.
Ein Rechtsmittel – zB eine Berufung – wirkt suspensiv, wenn die Vollstreckung der angefochtenen Entscheidung aufgeschoben wird, bis die Rechtsmittelinstanz entschieden hat.

SUSPENSIVBEDINGUNG
Aufschiebende Bedingung. Ein zukünftiges ungewisses Ereignis, von dem der Eintritt von Rechtswirkungen abhängig ist. Wenn ein Recht aufschiebend bedingt ist, wird es erst durch den Bedingungseintritt wirksam.
Im Unterschied zur → Resolutivbedingung.

SUUM CUIQUE (TRIBUERE)
Wörtlich: Jedem das Seine zuteilen (vgl D 1.1.10.1).
Bedeutung: Kurzformel für die Gerechtigkeitsidee, dass als Verteilungskriterium jeweils die individuellen Merkmale (individuelle Bedürfnisse, Fähigkeiten, Leistungen) heranzuziehen sind.

SYNDIKAT (s)
Zusammenschluss; Unternehmerverband; Kartell mit gemeinsamer Einkaufs- und Verkaufsorganisation.
Auch abwertend: Verbrecherorganisation.

SYNDIKATSVERTRAG (m)
Stimmrechtsbindungsvertrag. Vertrag, durch den sich Gesellschafter (zB einer Kapitalgesellschaft) untereinander zu einem bestimmten Verhalten bei Abstimmungen verpflichten.

SYNDIKUS (m)
(Leitender) Rechtsberater, Rechtsbeistand einer Körperschaft.

T

TABULA RASA (w)
Wörtlich: abgeschabte Tafel.
Bedeutung: Reiner Tisch; Klärung, Erledigung. Tabula rasa machen = reinen Tisch machen, alles aufarbeiten.

TABULARBESITZ
Besitz, der im Grundbuch eingetragen (= intabuliert) ist; bücherlicher Besitz.

TALIO(N) (w)
Spiegelbildliche Vergeltung („Aug um Aug").

TANTUNDEM EIUSDEM GENERIS (AC QUALITATIS)
Wörtlich: ebensoviel derselben Gattung (und Qualität).
Bedeutung: Der Darlehensschuldner eines röm → mutuum ist verpflichtet, dem Gläubiger gleichviele Sachen derselben Gattung und Qualität zurückzugeben; also etwa bei einem Gelddarlehen dieselbe Summe, nicht aber die ihm vom Darlehensgeber ausgezahlten Geldstücke (vgl heute § 983 ABGB, §§ 488 S 2, 607 S 2 BGB, Art 312 OR).

TANTUM PRAESCRIPTUM QUANTUM POSSESSUM
Wörtlich: Soviel ersessen wie besessen.
Bedeutung: Die Ersitzung (originärer Erwerb eines Sachenrechts) ist durch den Besitz des Ersitzenden umfangmäßig festgelegt (vgl § 1460 ABGB, §§ 900, 937 ff BGB, Art 661 ff, 728 ZGB).

TAXATIO DOTIS (w)
Schätzung des Heiratsgutes.

TAXATIV
Erschöpfend, abschließend.
Bedeutung: Sind die Anwendungsvarianten einer Bestimmung taxativ aufgezählt, so ist die Bestimmung auf ähnliche, nichtgenannte Varianten nicht anzuwenden. Hingegen ist solch eine Anwendung bei bloß → demonstrativer (beispielsweiser) Aufzählung möglich.

TELEOLOGISCHE INTERPRETATION (w)
Am Zweck (telos) einer Rechtsnorm orientierte Auslegung. Man unterscheidet subjektiv-teleologische Interpretation = Auslegung nach dem Willen des historischen Gesetzgebers (→ historische Interpretation) und objektiv-teleologische Interpretation = Auslegung nach dem (zeitgemäß verstandenen) Zweck der Norm.

TEMPORA MUTANTUR (ET NOS MUTAMUR IN ILLIS)
Wörtlich: Die Zeiten ändern sich (und wir ändern uns in ihnen).

TEMPUS (s)
Zeit, Zeitpunkt, Frist.

TEMPUS CONTINUUM (s)
Wörtlich: fortlaufende Zeit.
Bedeutung: Art der Fristberechnung, bei der von Fristbeginn weg jede Zeiteinheit in den Fristablauf eingerechnet wird (dh es gibt keine Ausnahmen, so werden etwa auch Feiertage in den Fristablauf eingerechnet). Im Unterschied zu → tempus utile.

TEMPUS CRIMINIS (s)
Der Zeitpunkt des Delikts, die Tatzeit.

TEMPUS UTILE (s)
Wörtlich: nutzbare Zeit.
Bedeutung: Art der Fristberechnung, bei der von Fristbeginn weg nicht jede Zeiteinheit in den Fristablauf eingerechnet wird, sondern etwa solche, die zur Vornahme von Rechtsakten nicht tauglich sind – wie etwa Feiertage – von der Berechnung des Fristablaufs ausgenommen werden.
Im Unterschied zu → tempus continuum.

TENOR (m) (Betonung: Tenor)
Hauptaussage, wesentlichster (kurzgefasster) Inhalt einer Äußerung.
Bei behördlichen Entscheidungen stellt der Tenor (zB Urteilstenor) die rechtliche Anordnung für den Einzelfall dar. Davon zu unterscheiden sind die Entscheidungsbegründung sowie die Rechtsmittelbelehrung.

TERMINUS TECHNICUS (m)
Fachausdruck. Mehrzahl: **termini technici**.
Begriff, der in der Fachsprache (zB der Juristensprache) eine spezielle – vom allgemeinen Sprachgebrauch uU abweichende – Bedeutung hat.

TERRA INCOGNITA (w)
Unbekanntes, unerforschtes Gebiet; Neuland.

TERRITORIUM (s)
Gebiet (zB eines Staates).

TERTIO LOCO
An dritter Stelle.
Siehe unter → primo loco.

TERTIUM NON DATUR
Wörtlich: Ein Drittes gibt es nicht.
Bedeutung: Prinzip in der Logik, wonach jeder bejahende oder verneinende Satz entweder richtig oder falsch ist, und etwas Drittes ausgeschlossen ist.
Im juristischen Sprachgebrauch wird dieser Ausdruck zB bei der → Subsumtion verwendet: Entweder der Sachverhalt fällt unter den Tatbestand, oder nicht (vgl aber → Analogie).

TESTAMENTI FACTIO ACTIVA (w)
Testierfähigkeit; die Fähigkeit, ein gültiges Testament zu errichten.

TESTAMENTI FACTIO PASSIVA (w)
Erbfähigkeit; die Fähigkeit, als Erbe eingesetzt zu werden.

TESTAMENT(UM) (s)
Letztwillige Verfügung (Erklärung des letzten Willens), durch die der Erblasser einen oder mehrere Personen zu Erben bestimmt (vgl § 553 ABGB, § 1937 BGB, Art 498 ff ZGB).
Im Unterschied zum → Kodizill, welches keine Erbeinsetzung, sondern nur sonstige letztwillige Verfügungen enthält.
Siehe auch → Universalsukzessor.

TESTAMENTUM ALLOGRAPHUM (s)
Allographes Testament = Testament, das nicht vom Erblasser, sondern von einer anderen Person niedergeschrieben wird.
Für das allographe Testament (vgl §§ 579 ff ABGB, §§ 2232 f, 2249 ff BGB, Art 499 ff ZGB) gibt es andere Gültigkeitsvoraussetzungen (zB Erforderlichkeit von Zeugen) als für das → holographe Testament.

TESTAMENTUM DESTITUTUM (DESERTUM) (s)
Wörtlich: verlassenes (zurückgelassenes) Testament.
Testament, aus welchem der eingesetzte Erbe die Erbschaft nicht erwirbt, weil er sie nicht erlangen kann (zB weil er die Erbfähigkeit verloren hat bzw weil die Bedingung der Erbeinsetzung nicht eintritt) oder sie gar nicht möchte.

TESTAMENTUM HOLOGRAPHUM (s)
Holographes Testament = vollständig eigenhändig geschriebenes und eigenhändig unterfertigtes Testament (vgl § 578 ABGB, § 2247 BGB, Art 505 ZGB).
Im Unterschied zum → testamentum allographum.

TESTAMENTUM IUDICI OBLATUM (s)
Schriftliches Testament, welches der Erblasser dem Gericht übergibt (§ 587 ABGB); vgl auch die amtliche Testamentsverwahrung gemäß den §§ 2258a, 2258b BGB und die Bestimmung über die Aufbewahrung der letztwilligen Verfügung nach Art 504 ZGB.

TESTAMENTUM MUTUUM (s)
Wechselseitiges Testament, in welchem sich Ehegatten in ein und demselben Testament gegenseitig (oder auch andere Personen) zu Erben einsetzen (vgl § 1248 ABGB, §§ 2265 ff BGB). Auch → testamentum reciprocum genannt.

TESTAMENTUM MYSTICUM (s)
Wörtlich: geheimnisvolles Testament.
Bedeutung: Ein Testament, in dem der Erblasser auf ein anderes Schriftstück Bezug nimmt; es ist nur dann von Wirksamkeit, wenn alle Teile mit allen zur Gültigkeit einer letzten Willenserklärung nötigen Erfordernissen versehen sind (§ 582 Satz 1 ABGB).

Auch **testamentum per relationem ad schedam** = Testament unter Bezug auf einen Zettel.

TESTAMENTUM NULLUM (s)
Nichtiges Testament (vgl §§ 566 ff ABGB, § 2229 Abs 4 BGB, Art 519 ff ZGB).

TESTAMENTUM NUNCUPATIVUM (s)
Mündliches Testament, welches allein nur auf Zeugenaussagen beruht, zB bei Schreibunkundigkeit des Erblassers oder Eiligkeit infolge Todesnähe.

TESTAMENTUM RECIPROCUM (s)
Wechselseitiges Testament, in welchem sich Ehegatten in ein und demselben Testament gegenseitig (oder auch andere Personen) zu Erben einsetzen (vgl § 1248 ABGB, §§ 2265 ff BGB). Auch → testamentum mutuum genannt.

TESTAMENTUM RUPTUM (s)
Wörtlich: zerstörtes Testament.
Bedeutung: Ein Testament, das durch ein späteres Ereignis ungültig geworden ist (zB Widerruf durch Testator oder Ungültigkeit infolge Übergehung eines später geborenen Noterben).

TESTAMENTUM SIMULTANEUM (s)
Gemeinschaftliches Testament; es kommt zustande, wenn mehrere Testamente von mehreren Testatoren gerichtlich oder außergerichtlich vor Zeugen in derselben Urkunde errichtet werden.

TESTAMENTUM TEMPORE PESTIS CONDITUM (s)
Wörtlich: Testament, welches in Seuchenzeiten errichtet wird.
Sog Seuchentestament; für dieses gelten erleichterte Errichtungsvoraussetzungen (vgl §§ 597 ff ABGB).

TESTATOR (m)
Die ein → Testament hinterlassende Person.

TESTES DE AUDITU (m, Mz)
Zeugen, die den zu beweisenden Umstand (das Beweisthema) nur vom Hörensagen kennen, nicht aber aus eigener Wahrnehmung. Siehe auch unter → relata refero, sowie → testes de visu.

TESTES DE VISU (m, Mz)
Zeugen, die den zu beweisenden Umstand (das Beweisthema) selbst gesehen haben, sog Tatzeugen.

TESTIEREN
Ein Testament errichten; auch allgemein: bezeugen, bestätigen.

TESTIS (m)
Zeuge. Mehrzahl: **Testes**.

THEMA PROBANDUM (s)
Das Beweisthema, das sind jene (strittigen) Umstände, über die Beweis zu erbringen ist.

THE(N)SAURUS (m)
Schatz, dh eine Wertsache, die solange verborgen geblieben ist, dass ihr Eigentümer nicht mehr festgestellt werden kann (vgl §§ 398 ff ABGB, § 984 BGB, Art 723 ZGB).

TITULUS (m)
Rechtsgrund (dh der eine Verfügung rechtfertigende Grund). Siehe → iustus titulus.
Im österr Sachenrecht gilt der **Grundsatz von Titulus und Modus**. Darunter versteht man das Prinzip, demzufolge der Erwerb dinglicher Rechte jeweils einen bestimmten Rechtsgrund (Erwerbstitel) und einen bestimmten → modus adquirendi (eine Erwerbungsart: Übergabe oder → Intabulation) erfordert.

TITULUS POSSESSIONIS (m)
Wörtlich: Besitztitel. Rechtsgrund des Besitzerwerbes (zB Kauf, Tausch, Schenkung, Darlehen).
Wenn aufgrund eines → iustus titulus Besitz erworben wurde, so ist er nach ö Recht „rechtmäßig"; andernfalls ist er unrechtmäßig (vgl §§ 316 f ABGB). Siehe auch → possessio ex iusta causa.

TITULUS PUTATIVUS (m)
Wörtlich: vermeintlicher Rechtstitel.
Bedeutung: Die irrige Annahme eines objektiv nicht bestehenden rechtlichen Erwerbsgrundes (→ Putativtitel).

TOTALITÄR
Wörtlich: alles umfassend. Meist als Bezeichnung für ein Regime, in dem der Staat auf den Einzelnen in umfassender Weise Einfluss nimmt und keine Freiheiten zulässt.

TRADIEREN
Übergeben, übertragen.
Bedeutung: real übertragen (zB körperliche Übergabe einer Sache); aber auch: überliefern, fortführen im geschichtlichen Sinn.

TRADITIO (w)
Übergabe (einer Sache).

TRADITIO BREVI MANU (w)
Übergabe kurzer Hand.
Siehe unter → brevi manu traditio.

TRADITIO FICTA (w)
Fingierte (bloß vorgestellte) Übergabe.
Rechtsgeschäftliche Operation, die auf eine körperliche Übergabe des Gegenstands verzichtet, aber die rechtlichen Wirkungen erzeugt, als wäre der Gegenstand körperlich übertragen worden.

TRADITIO LONGA MANU (w)
Wörtlich: Übergabe von langer Hand.
Bedeutung: Tatsächliche Übergabe, bei der seitens des Erwerbers auf einen körperlichen Ergreifensakt (dies wäre zB das Einstecken oder Angreifen der Sache) verzichtet wird – zB gekauftes Holz im eigenen Hof abladen lassen.

TRADITIO PER CARTAM (w)
Übergabe durch Urkunde. Siehe → Traditio symbolica.

TRADITIO SYMBOLICA (w)
Wörtlich: symbolische Übergabe.
Bedeutung: Bei Untunlichkeit einer körperlichen Übergabe ist gem § 427 ABGB eine Übergabe durch Zeichen (zB Urkunden, Werkzeuge oder Merkmale) möglich; vgl auch Art 925 ZGB.

TRADITIO VERA (w)
Wörtlich: wahre (wirkliche) Übergabe.
Bedeutung: Körperliche Übergabe, im Gegensatz zur → Traditio ficta oder → Traditio symbolica.

TRAKTAT (s)
Abhandlung.

TRANSAKTION (w)
Geschäft, insbes ein solches, das eine Vermögensübertragung zum Gegenstand hat.
Im römR bedeutet **transactio**: Abmachung, Vergleich (über strittige Punkte).

TRANSMISSION (w)
Wörtlich: Übertragung.
Im ErbR: Übertragung des Erbrechts auf den Erbeserben für den Fall, dass der Erbe noch vor Antritt der Erbschaft stirbt (Vererbung des Erbrechts); vgl §§ 536 f, 809 ABGB, § 1952 BGB, Art 542 Abs 2 ZGB.

TRES FACIUNT COLLEGIUM
Wörtlich: Drei bilden einen Verein (D 50.16.85).
Ab drei Personen kann man von einer Gruppe sprechen.

TRIBUNUS PLEBIS (m)
Volkstribun; Leitungsorgan der röm → Plebs.

TRIPLIK (w)
Antwort des Klägers auf eine → Duplik.

TUA RES AGITUR
Wörtlich: Deine Sache wird verhandelt.

Von dir ist (jetzt) die Rede, um deine Sache geht es hier.

TU QUOQUE
Du auch; auch du?

TURPIS CAUSA (w)
Schändlicher Grund.

TURPITUDINEM SUAM ALLEGANS NEMO AUDITUR
Wörtlich: Niemand wird gehört, der seine eigene Schändlichkeit ins Treffen führt.
Niemand kann sich zu seinem Vorteil auf seine eigene Unredlichkeit berufen.
Siehe auch unter → nemini dolus suus prodest, → nemini fraus sua debet patrocinari.

TURPITUDO (w)
Schändlichkeit, Unredlichkeit.

TUTEL(A) (w)
Tutel (Betonung: Tut_e_l), Vormundschaft.

TUTELA DATIVA (w)
Erteilte Vormundschaft.
Wenn eine Vormundschaft weder testamentarisch bestimmt, noch gesetzlich vorgegeben war, dann oblag es dem Gericht, eine geeignete Person zum Vormund zu bestellen (früher § 199 ABGB; vgl nunmehr die gerichtlich erteilte Obsorge gem § 187 ABGB). Vgl auch § 1779 BGB und Art 379 ff ZGB.

TUTELA LEGITIMA (w)
Gesetzliche Vormundschaft.

TUTELA TESTAMENTARIA (w)
Testamentarische Vormundschaft.
Bestimmung einer Person zum gesetzlichen Vertreter durch letztwillige Verfügung durch die Eltern (vgl §§ 1776 f BGB, Art 381 ZGB).

TUTOR (m)
Vormund.
Im römR unterscheidet man den Tutor für eine unmündige gewaltfreie Person (tutor impuberis) sowie den sog Geschlechtsvormund (tutor mulieris), der zur Aufsicht über bestimmte Geschäfte von (mündigen, gewaltfreien) Frauen vorgesehen war.

U

UBI EADEM RATIO, IBI EADEM LEGIS DISPOSITIO
Wörtlich: Wo derselbe Grund, dort auch dasselbe gesetzliche Gebot.
Bedeutung: Die systematische Struktur der Rechtsordnung verlangt, dass dort, wo ein gleicher Regelungszweck festgestellt wird, auch die gleichen (gesetzlichen) Rechtsfolgen zum Tragen kommen.
Vgl auch → cessante ratione lex ipsa cessat.

UBI HOMO, IBI IUS
Wo der Mensch ist, da gibt es Recht (Recht als Charakteristikum menschlicher Ordnung).

UBI IUDEX, IBI IUDICIUM
Wörtlich: Wo ein Richter, da eine Entscheidung.
Bedeutung: Wenn ein Richter mit einer Rechtssache amtlich befasst ist, so muss er eine Entscheidung treffen.

UBI REM MEAM INVENIO, IBI VINDICO
Wörtlich: Wo ich meine Sache vorfinde, da beanspruche ich sie.
Bedeutung: Dies bringt den Wesenszug des Eigentums als dingliches Recht zum Ausdruck, welches seitens des Berechtigten gegen jeden, der die Sache hat, erhoben und durchgesetzt werden kann (anders als etwa das relative Recht aus einem Vertrag, das prinzipiell nur gegenüber dem Vertragspartner geltend gemacht werden kann).
Siehe dazu auch → rei vindicatio.

ULTIMA ET UNICA RATIO (w)
Das letzte und einzige Mittel.

ULTIMA LIMA (w)
Wörtlich: letzte Feile.
Bedeutung: der letzte Schliff, die Vollendung.

ULTIMA RATIO (w)
Letzte, äußerste Maßnahme.

ULTIMA VOLUNTAS (w)
Letzter Wille, im Sinn von letztwillige Verfügung, zB Testament.

ULTIMO (DIE MENSIS)
Am letzten (Tag des Monats).

ULTRA ALTERUM TANTUM (s)
Wörtlich: mehr als das Doppelte; über das Doppelte hinaus.
Bedeutung: Hinsichtlich eines geschuldeten Kapitalbetrages laufen nur so lange Zinsen, bis insgesamt durch die Summierung von Zinsen und Zinseszinsen dieser Betrag ein zweites Mal erreicht ist (alterum tantum); darüberhinaus (ultra alterum tantum) fallen keine weiteren Zinsen an (§ 1335 ABGB).
Siehe → ne ultra alterum tantum.

ULTRA PETITA PARTIUM (s)
Wörtlich: mehr als das von den Parteien Geforderte.
Bedeutung: Entscheidung, die über das Begehren der Parteien hinausgeht. Solche Entscheidungen verstoßen gegen die sog Parteienmaxime, derzufolge die Parteien mit ihren Begehren den Umfang der Streitsache festlegen. Siehe auch unter → ne procedat iudex ex officio und → ne ultra petita.

ULTRA PETITUM (s)
Wörtlich: mehr als das Geforderte.
Siehe unter → ultra petita partium.

ULTRA POSSE NEMO TENETUR
Wörtlich: Über das Mögliche hinaus wird niemand verpflichtet.
Bedeutung: In verschiedenen Fällen wird der Verpflichtete durch sein Unvermögen, der (gesetzlichen) Verpflichtung nachzukommen, von dieser befreit (vgl etwa § 275 Abs 1 BGB).

ULTRA VIRES NEMO OBLIGATUR
Über seine Kräfte wird niemand verpflichtet.

ULTRA-VIRES-LEHRE (w)
Lehre, derzufolge die Rechtsfähigkeit von juristischen Personen durch ihren statutenmäßigen Wirkungsbereich eingeschränkt ist.

UNIKAT (s)
Einzelstück (im Gegensatz zu Sachen, von denen zwei oder mehrere gleiche Exemplare bestehen).

UNIKUM (s)
Etwas Eigenartiges; absonderlicher Mensch.

UNILATERAL
Einseitig, nur auf einer Seite.

UNITAS ACTUS (w)
Wörtlich: Einheit des Vorgangs.
Bedeutung: Für die Gültigkeit eines Rechtsaktes kann erforderlich sein, dass er ununterbrochen, als eine Einheit, vorgenommen wird; zB kommt nach ABGB (vgl § 597 ABGB) ein mündliches Nottestament nur unter Beiziehung zweier fähiger Zeugen, die zugleich anwesend sein müssen, zustande.

UNIVERSALSUKZESSION (w)
Gesamtrechtsnachfolge.
Eintritt einer Person in alle (übertragbaren) Rechte und Verpflichtungen einer anderen Person, zB bei Erbfolge oder bei der Übernahme einer juristischen Person durch eine andere; im Unterschied zur → Singularsukzession.

UNIVERSITAS (w)
Gesamtheit von Personen (Körperschaft); Gesamtheit von Sachen (siehe → universitas rerum); umfassender Bestand (zB der Wissenschaften an der Universität).

UNIVERSITAS RERUM (w)
Sachgesamtheit; Gesamtsache.
Eine Mehrzahl körperlich eigenständiger Sachen können im Lichte einer gemeinsamen wirtschaftlichen Zweckbestimmung als eine Gesamtheit betrachtet werden, die einem rechtlichen Schicksal unterliegt (vgl § 302 ABGB), zB Viehherde, Unternehmen, Warenlager, Bibliothek.

UNO ACTU
In einem (einzigen) Vorgang, in ein und derselben Handlung.

URGENZ (w)
Dringlichkeit.
Urgieren = drängen, nachdrücklich betreiben.

USUCAPIO (w)
Ersitzung: originärer Rechtserwerb durch qualifizierten Besitz und Zeitablauf (vgl heute §§ 1452 ff ABGB, §§ 900, 937 ff BGB, Art 661 ff, 728 ZGB).
Hat jemand gutgläubig eine Sache vom Nichteigentümer oder (teilweise) Geschäftsunfähigen erworben, so kann er uU durch Ersitzung Eigentümer werden.
Dem Ersitzungsbesitzer steht die → actio Publiciana zu.
Siehe auch unter → praescriptio acquisitiva sowie → res habilis.

USUCAPIO LIBERTATIS (w)
Wörtlich: Ersitzung der (Eigentums-)Freiheit.
Bedeutung: Das Recht der Dienstbarkeit verjährt durch den Nichtgebrauch, wenn sich der verpflichtete Teil der Servitutsausübung widersetzt und der Berechtigte während einer bestimmten Zeit (gem § 1488 ABGB: drei Jahre) sein Recht nicht geltend gemacht hat. Vgl auch § 1028 BGB.

USUCAPIO PRO HEREDE (w)
Ersitzung anstelle des Erben.
Ursprünglich konnte im römR jedermann eine ruhende Erbschaft (also wenn keine → sui heredes vorhanden waren oder andere Erben die Erbschaft noch nicht angetreten hatten) ergreifen und (ohne → bona fides) durch einjährige Ersitzung zur Erbenstellung gelangen.
Die usucapio pro herede wird in der Entwicklung des römR zusehends eingeschränkt.

USURAE EX PACTO (w, Mz)
Vereinbarte Zinsen.

USURAE LEGALES (w, Mz)
Gesetzliche Zinsen (zB Verzugszinsen, vgl §§ 1333 ff ABGB, § 246 BGB, Art 73 OR).

USURAE TESTAMENTARIAE (w, Mz)
Zinsen aus einer letztwilligen Verfügung.

USURECEPTIO (EX FIDUCIA) (w)
Rückersitzung des Eigentums.
römR: Wenn die vom Schuldner zum Zweck der Sicherung einer Forderung übereignete Sache (vgl → fiducia cum creditore contracta) nicht dem Gläubiger gegeben wird, sondern beim Schuldner bleibt, verliert der Gläubiger mit Ablauf eines Jahres sein Sicherungseigentum und der Schuldner wird durch diese usureceptio wieder Eigentümer der Sache.

USURPATIO (w)
Widerrechtliche Besitzergreifung.

USURPATIO USUCAPIONIS (w)
Unterbrechung der Verjährung oder der Ersitzung zB durch Besitzergreifung eines Dritten während der Ersitzungszeit (vgl § 1497 ABGB, §§ 940 ff BGB und Art 135 ff OR).

USUS (m)
1. Gebrauch, Nutzenziehung, insbes die persönliche Dienstbarkeit des Gebrauchs, bei dem eine fremde Sache ohne Verletzung ihrer Substanz (und ohne Fruchtziehung) genutzt werden darf (vgl §§ 504 ff ABGB, §§ 1090 ff BGB, Art 776 ff, 781 ZGB).
2. Brauch, Gepflogenheit.

Usuell = üblich, gebräuchlich.

USUSFRUCTUS = USUSFRUKTUS (m)
Fruchtgenuss, Nießbrauch.
Die persönliche Dienstbarkeit des ususfructus ist das beschränkte dingliche Recht, eine fremde Sache ohne Verletzung ihrer Substanz zu nutzen und aus ihr Früchte zu ziehen (vgl §§ 509 ff ABGB, §§ 1030 ff BGB, Art 745 ff ZGB).

Der Fruchtnießer heißt **Usufruktuar**.

UTI FRUI HABERE LICERE
Wörtlich: nutzen, fruchtziehen (und) haben dürfen.
Bedeutung: Dies beschreibt jene Position hinsichtlich der Kaufsache, die der Verkäufer nach römR dem Käufer aus einer → emptio venditio zu verschaffen verpflichtet ist. Man bezeichnet diese Position auch als ungestörten Besitz; der Verkäufer ist nach römR grundsätzlich nicht verpflichtet, dem Käufer Eigentum an der Kaufsache zu verschaffen (zum Unterschied der Eigentumsverschaffungspflicht des geltenden Rechts).
Siehe oben → Eviktion.

UTILE PER INUTILE NON VITIATUR
Wörtlich: Brauchbares (Gültiges) wird durch Unbrauchbares (Ungültiges) nicht verdorben.
Bedeutung: Prinzipiell werden Rechtsgeschäfte so betrachtet, dass sie, wenn sie Mängel aufweisen, nicht völlig ungültig sind, sondern bloß teilweise, und somit der mangelfreie Teil des Geschäfts zum Tragen kommt (Teilwirksamkeit).

UTILITÄTSPRINZIP
Dieses Prinzip besagt, dass sich die Zuweisung von Risiken in einem Vertragsverhältnis danach richtet, wie die Interessen im Vertrag verteilt sind (utilitas = Nützlichkeit, Interesse). Grundsätzlich gilt, dass das Risiko der Schadenstragung demjenigen eher zuzumuten ist, der das vergleichsweise größere wirtschaftliche Interesse am Vertrag (gehabt) hat.

UTILITAS NEGOTII (w)
Nützlichkeit eines Geschäftes.

UTILITAS PRAEDII (w)
Nützlichkeit für ein Grundstück (als Voraussetzung für eine Grunddienstbarkeit, vgl § 473 ABGB, § 1019 BGB, Art 736 ZGB.

UTILITAS PUBLICA (w)
Öffentlicher Nutzen, öffentliches Interesse.

UTILITER COEPTUM (s)
Wörtlich: nützlich begonnen.
Bedeutung: Im römR wird die Nützlichkeit einer Geschäftsführung ohne Auftrag (→ negotiorum gestio) danach beurteilt, ob die Geschäftsführung gemäß den Interessen (utiliter) des betroffenen Geschäftsherrn begonnen (coeptum) worden ist. Somit wird eine im Interesse des Geschäftsherrn begonnene Geschäftsführung selbst dann als nützlich betrachtet (und kann den Geschäftsführer zum Ersatz seiner Aufwendungen berechtigen), wenn sie schließlich keinen (wirtschaftlichen) Erfolg erzielt (vgl § 1036 ABGB, Art 422 Abs 2 OR).

UTILITER GESTUM (s)
Wörtlich: nützlich geführt.
Bedeutung: Im römR berechtigt die nützliche Geschäftsführung ohne Auftrag den Geschäftsführer, vom Geschäftsherrn den Ersatz seiner Aufwendungen zu verlangen (vgl §§ 1037f ABGB, § 683 BGB, Art 422 OR). Siehe → negotiorum gestio, → utiliter coeptum.

UTI POSSIDETIS
Wörtlich: Wie ihr besitzt.
1. Im RömR schützt der Prätor mit dem interdictum uti possidetis denjenigen, der zuletzt den fehlerfreien Besitz (→ nec vi nec clam nec preaerio) an einem Grundstück hatte (→ Possessorium).
2. Im VölkerR besagt der Uti-possidetis-Grundsatz, dass ein bestehender Rechtszustand (zB eine etablierte Staatsgrenze zwischen zwei Staaten) beizubehalten ist.

UTRIUSQUE IURIS
Wörtlich: beider Rechte. **Utrumque ius** = beiderlei Recht.
Die beiden Rechte waren ehemals die Hauptmaterien des juristischen Universitätsstudiums, nämlich das kanonische Recht (=Kirchenrecht) und das weltliche Recht.
Doctor utriusque iuris = Doktor beider Rechte.

UT SUPRA
Wie oben.

UXOR IN MANU (w)
Wörtlich: Gattin in der Manusgewalt.
Bedeutung: Im römR konnte anlässlich der Eheschließung die familienrechtliche Gewalt des Ehegatten über seine Frau begründet werden; diese Gewalt, die inhaltlich der patria potestas gleichkommt, wurde nicht als patria potestas, sondern als manus bezeichnet. Die uxor in manu war damit gegenüber ihrem Ehemann in einem Status der Gewaltunterworfenheit wie ihre (nichtemanzipierten) Kinder aus dieser Ehe. Dementsprechend steht die uxor in manu im Erbrecht filiae loco (an der Stelle einer Tochter), dh sie erbt wie eine Tochter.

V

VACAT
Es fehlt.

VACATIO LEGIS (w)
Die Legisvakanz, das ist die Zeitspanne zwischen der Kundmachung und dem Inkrafttreten eines Gesetzes.

VACUA POSSESSIO (w)
Wörtlich: leerer Besitz.
Bedeutung: Der Veräußerer bietet die **vacua possessio** an der Sache an, wenn er sich von ihr zurückgezogen hat, damit der Erwerber seine Herrschaft über die Sache beginnen kann.

VADEMECUM (s)
Wörtlich: Geh mit mir.
Bedeutung: Leitfaden, Verzeichnis.

VADIUM (s)
Sicherheitsleistung, zB im Versteigerungsverfahren.

VAKANZ (w)
Wörtlich: Fehlen, Leersein.
Zustand der Nichtbesetzung (Unbesetzung) einer Stelle.
Vakant = unbesetzt, leer.

VARIA (s, Mz)
Wörtlich: verschiedene Dinge.
Bedeutung: Allfälliges.

VENDITIO (w)
Verkauf; der Kaufvertrag heißt im römR → emptio-venditio.

VENDITIO BONORUM (w)
Wörtlich: Verkauf der Güter.
Bedeutung: Im römR konnten Gläubiger ihre Ansprüche gegen einen insolventen Schuldner letztlich dadurch befriedigen, dass sie das gesamte Vermögen des Schuldners versteigern ließen.

VENIA AETATIS (w)
Wörtlich: Nachsicht des Alters.
Beispiel: vorzeitige Erklärung der Ehemündigkeit (§ 1 Abs 2 öEheG, § 1303 Abs 2 BGB).
Wird auch verwendet im Sinn von: Nachsicht aufgrund des Alters (zB entschuldigend bei fortgeschrittenem Alter einer Person).

VENIA LEGENDI (w)
Wörtlich: Erlaubnis zu lesen. Auch **Venia docendi** genannt.
(Aufgrund einer sog Habilitation erworbene) Befugnis, an Universitäten zu lehren.

VENIRE CONTRA FACTUM PROPRIUM
Wörtlich: Auftreten gegen ein eigenes Tun.
Bedeutung: Handeln im treuwidrigen Gegensatz zu eigenem früheren Verhalten.

VERBA LEGALIA (s)
Wörtlich: die gesetzlichen Worte; der Gesetzestext, der Wortlaut des Gesetzes.

VERBAL
Mündlich, durch Worte, in Worten.

VERBALEROTIK
Erotisches Geschehen in Wort (oder Schrift).

VERBALINIURIE (w)
Beleidigung durch Worte.

VERBA TESTAMENTI (s)
Siehe → voluntas testatoris

VERBA VOLANT, SCRIPTA MANENT
Worte verfliegen, das Geschriebene (aber) bleibt.

VERBI CAUSA
Des Wortes wegen, aufgrund des Wortes, zum Beispiel.

VERBIS
Mit den Worten, durch die Worte.

VERBIS IMPERATIVIS
Wörtlich: in befehlenden Worten.
Bedeutung: als verbindliche Anordnung (Befehl) formuliert.
Im Unterschied zu → verbis precativis.

VERBIS PRECATIVIS
Wörtlich: in bittenden Worten.
Bedeutung: als Bitte oder als Empfehlung formuliert.
Im Unterschied zu → verbis imperativis.

VERBO
Mit dem Wort, durch das Wort.

VERBOTENUS
Wortwörtlich, genau dem Gesagten bzw Geschriebenen folgend.

VERDIKT (s)
Wahrspruch, Urteil.

VERIFIKATION (w)
Beglaubigung, Beurkundung
Verifizieren = etwas als tatsachengemäß bzw als zutreffend feststellen.

VERITÄT (w)
Wahrheitsmäßigkeit.
Auch: rechtlicher Bestand, zB einer Forderung.

VERSARI IN RE ILLICITA
Wörtlich: sich in einer unerlaubten Sache aufhalten.
Bedeutung: sich unerlaubt mit etwas beschäftigen.

VERSIO IN REM (w)
Wörtlich: (Ver-)Wendung in die Sache.
Bedeutung: Vorgang, der eine Bereicherung bewirkt.
Im römR kommt bei einer Bereicherung infolge Handelns eines

Gewaltunterworfenen eine → actio de in rem verso gegen den Gewalthaber in Betracht.

VERSIO(N) (w)
1. Bereicherung, → versio in rem.
2. Wendung, Lesart, Textfassung, Variante.

VERSO
(Blatt-)Rückseite (zB Blattzahl 183 verso).

VERTATUR (= VERTE)
Wörtlich: Es möge gewendet werden.
Bedeutung: Bitte umblättern! (Abkürzung: vert.)

VETO (s)
Wörtlich: Ich verbiete.
Einspruch; zB ein Veto einlegen.

VI
Durch Gewalt, gewaltsam. Siehe → nec vi nec clam nec precario.

VIA
Auf dem Weg.

VIA FACTI
Auf dem Wege der Tat (zB durch Putsch, Revolution).

VIA LEGIS
Auf dem Weg des Gesetzes, legal.

VICARIATIO (w)
Gesetzliche Vorschrift, wonach freiheitsentziehende, vorbeugende Maßnahmen vor der Strafe zu vollziehen und auf die Freiheitsstrafe anzurechnen sind („vikariieren"; vgl § 24 Abs 1 öStGB, § 67 dStGB, Art 42 ff schwStGB).

VICE VERSA
Wörtlich: bei verkehrter Reihenfolge.
Bedeutung: umgekehrt (wechselseitig).

VICINITAS (w)
Wörtlich: Nachbarschaft.
Bedeutung: Im römR ist für das Bestehen einer Grunddienstbarkeit (→ servitus praedialis = realis) erforderlich, dass herrschendes und dienendes Grundstück benachbart sind.

VIDE
Siehe.

VIDEANT CONSULES, NE QUID DETRIMENTI RES PUBLICA CAPIAT
Die Konsuln mögen darauf sehen, dass der Staat nicht Schaden nimmt.
Wortlaut des Senatus consultum ultimum (Verhängung des Ausnahmezustandes): die in einem Notstand erfolgende Ermächtigung der Konsuln (= höchste Magistrate in der röm Republik) durch den römischen Senat, alle erforderlichen Maßnahmen zu ergreifen .

VIDEAT = VIDEATUR
Wörtlich: Er möge sehen, es möge gesehen werden.
Bedeutung: Rubrik bei Aktenumläufen, mit der der Akt zur Kenntnisnahme und allenfalls weiterer Veranlassung vorgelegt wird (altertümlich, aus der Kanzleisprache).

VIDI
Bedeutung: Ich habe gesehen.

VIDI(MI)ERUNG = VIDIMATION (w)
Beglaubigung.
Vidi(mi)eren = mit einem Sichtvermerk versehen, beglaubigen.

VIKARIIEREN
Die Stelle eines anderen einnehmen, aushilfsweise vertreten.

VIKTIMISIEREN
Zum Opfer machen.

VIKTIMOLOGIE (w)
Lehre von den Opfern; Zweig der Kriminologie (Wissenschaft von den Verbrechen), der sich mit den Beziehungen zwischen Opfern und Tätern beschäftigt.

VIM VI REPELLERE LICET
Wörtlich: Es ist erlaubt, Gewalt mit Gewalt zurückzuschlagen (Cassius D 43.16.1.27).
Bedeutung: das Prinzip legitimer Selbsthilfe zur Abwehr eines gewaltsamen Angriffs (vgl § 344 ABGB, §§ 229 ff BGB, Art 52 OR). Auf diesem Prinzip beruht auch das Institut der Notwehr (§ 3 öStGB, § 32 f dStGB, Art 33 schwStGB).

VINCULUM IURIS (s)
Wörtlich: Rechtsband (durch das zwei Parteien eines Schuldverhältnisses miteinander verbunden sind).
Bedeutung: relative Rechte, wie zB Rechte aus einem Vertrag, gelten prinzipiell nur zwischen Gläubiger und Schuldner; zwischen diesen beiden besteht das vinculum iuris. Ein Dritter kann sich folglich auf das zwischen anderen bestehende Vertragsverhältnis grundsätzlich nicht berufen. (Von dieser Regel gibt es heute Ausnahmen, zB Verträge zugunsten Dritter gem §§ 881 f ABGB, §§ 328 ff BGB, Art 112 f OR.)

VINDICATIO(N) (w)
Im römR Bezeichnung für eine Klage aufgrund eines dinglichen Rechts (→ actio in rem). So heißt die Klage des Eigentümers → rei vindicatio, die Klage des Pfandberechtigten → vindicatio pignoris und die Klage des Servitutsberechtigten → vindicatio servitutis.

VINDICATIO IN LIBERTATEM (w)
Wörtlich: Vindikation in die Freiheit.
Bedeutung: Der Prozess über den Freiheitsstatus einer Person (**status quaestio**) war im römR als Vindikation gestaltet; dabei hieß die Geltendmachung der Freiheit vindicatio in libertatem. Vgl → vindicatio in servitutem.

VINDICATIO IN SERVITUTEM (w)
Wörtlich: Vindikation in die Knechtschaft.

vindicatio libertatis

Bedeutung: Der Prozess über den Freiheitsstatus einer Person (**status quaestio**) war im römR als Vindikation gestaltet; dabei hieß das Verfahren, in dem der Kläger geltend machte, ein anderer sei unfrei und Eigentum des Klägers, vindicatio in servitutem. Vgl → vindicatio in libertatem.

VINDICATIO LIBERTATIS (w)

Eigentumsfreiheitsklage. Klage auf Anerkennung der Freiheit des Eigentums (vgl § 523 ABGB, § 1004 BGB, Art 641 Abs 2 Fall 2 ZGB).

Siehe unter → actio negatoria.

VINDICATIO PIGNORIS (w)

Mit dieser Vindikation wird das dingliche Recht des Pfandgläubigers (siehe → actio pigneraticia in rem, → pignus) geltend gemacht.

VINDICATIO PRO PARTE (w)

Kommt es im römR zur ununterscheidbaren Vermischung gleichartiger Flüssigkeiten zweier oder mehrerer Eigentümer (→ confusio) ohne deren Einvernehmen oder zur ununterscheidbaren Vermengung gleichartiger fester Stoffe (zB Getreide) zweier oder mehrerer Eigentümer (→ commixtio) ohne deren Einvernehmen, so steht jedem Eigentümer die sog Mengenvindikation (vindicatio pro parte) zu; damit vindiziert jeder Eigentümer aus der Mischung oder dem Gemenge soviel, wie dem Quantum bzw Wert seines Beitrags entspricht.

VINDICATIO SERVITUTIS (w)

Mit dieser Vindikation wird das dingliche Recht des Servitutsberechtigten (siehe → servitus) geltend gemacht. Sie wird auch → actio confessoria genannt.

VINDICATIO USUSFRUCTUS (w)

Mit dieser Vindikation, einem Unterfall der → vindicatio servitutis, wird das dingliche Recht des Nießbrauchsberechtigten (→ ususfructus) geltend gemacht.

VINDIZIEREN
Bedeutung im engeren Sinn: eine Sache mit der Eigentumsklage verlangen. Im weiteren Sinn: etwas für sich in Anspruch nehmen.

VINKULIEREN
Wörtlich: binden, sperren (zB bei Wertpapieren in dem Sinne, dass eine Verfügung darüber eingeschränkt wird, etwa durch ein Losungswort).

VIR BONUS (m)
Wörtlich: der gute Mann.
Bedeutung: Der vir bonus ist eine (konstruierte) Maßfigur, die für einen typischen Sorgfaltsmaßstab steht. Im römR ist der vir bonus der Inbegriff des korrekt handelnden, anständigen Römers (→ diligens pater familias).
Wer den im vir bonus verkörperten Sorgfaltsmaßstab unterschreitet, handelt fahrlässig; siehe dazu → culpa, → diligentia, → neglegentia.

VIS ABSOLUTA (w)
Wörtlich: absolute Gewalt.
Bedeutung: unüberwindbare, unwiderstehliche Gewalt zB wenn A dem widerstrebenden B die Hand führt und ihn dadurch zum Abdrücken der Pistole zwingt.

VIS ATROX (w)
Grausame Gewalt, schwere Gewalttätigkeit.

VIS COMPULSIVA (w)
Wörtlich: drängende Gewalt.
Bedeutung: Gewalt gegen den Willen, psychischer Zwang, zB A schüchtert B so lange ein, bis ihn B zum Erben einsetzt.
Im Unterschied zu → vis absoluta.

VIS CUI RESISTI NON POTEST (w)
Wörtlich: Gewalt, gegen die Widerstand nicht geleistet werden kann.
Bedeutung: höhere Gewalt, → vis maior.

VIS GRATA (w)
Wörtlich: angenehme Gewalt.
Bedeutung: sanfter Druck.

VIS HAUD INGRATA (w)
Die nicht unangenehme Gewalt.
Bedeutung: sanfter Druck.

VIS MAIOR (w)
Wörtlich: höhere Gewalt.
Bedeutung: Gewalt, die jenseits der Möglichkeiten menschlicher Kontrolle liegt, also unvorhersehbare bzw unüberwindbare Gewalt, zB Vulkanausbruch, Erdbeben, Hochwasserkatastrophe.
Siehe auch → casum sentit dominus.

VITIOS
Fehlerhaft (zB fehlerhafter Besitz).
Siehe → possessio vitiosa sowie → nec vi nec clam nec precario.

VITIUM (s)
Wörtlich: Mangel.
Bedeutung: Im römR wurde durch eine besondere Marktgerichtsbarkeit den Verkäufern für die von ihnen am Markt verkauften Sklaven eine verschärfte Haftung ua auch für bestimmte Mängel (vitia, Mz) wie zB die Belastung mit einer Noxalhaftung (→ noxae deditio) auferlegt. Siehe auch → morbus.

VIVENTIS NULLA HEREDITAS
Wörtlich: Die Erbschaft eines Lebenden gibt es nicht (D 18.1.4).
Bedeutung: Bei Lebzeiten wird niemand beerbt. „Sterben macht Erben."

VIZINITÄT = VICINITAS (w)
Nachbarschaft. Zivilrechtlicher Begriff zB bei den Grunddienstbarkeiten, siehe → servitutes praediales.

VOLENTI NON FIT INIURIA
Wörtlich: Dem Wollenden geschieht nicht Unrecht.
Bedeutung: Die sog „Einwilligung des Verletzten" ist ein Um-

stand, der für den Verletzer rechtfertigend oder entschuldigend wirken und diesen von einer deliktischen Verantwortung befreien kann.

Bei manchen Delikten vermag allerdings auch eine Einwilligung des Verletzten den Täter nicht rechtzufertigen (zB Tötung auf Verlangen, Sterbehilfe); dort gilt **et volenti fit iniuria** = auch dem Wollenden geschieht Unrecht.

VOLUNTAS TESTATORIS (w)

Wörtlich: der Wille des Testators (→ Testator).
Bedeutung: Dieser Begriff wird bei der Auslegung von Testamenten gleichsam als Gegenbegriff zu den **verba testamenti** (dem Wortlaut des Testaments) verwendet. Die Auslegung eines Testaments kann entweder den Wortlaut des Testaments mehr in den Vordergrund stellen oder stärker ins Auge fassen, was der Erblasser (wahrscheinlich) gewollt hat.

VOTUM (s)

Wörtlich: Stimme (im Zusammenhang mit einer Abstimmung).
Votieren = seine Zustimmung zu etwas ausdrücken, für etwas stimmen. **Votant** = Stimmführer.

VOX AUDITA PERIT, LITTERA SCRIPTA MANET

Wörtlich: Die gehörte Stimme vergeht, der geschriebene Buchstabe bleibt.
Siehe auch → verba volant, scripta manent.

VULGO

Gewöhnlich; allgemein bekannt als (zB Martha Butbul, vulgo Jazz-Gitti).

Z

ZEDENT (m)
Siehe → Zession.

ZENSUR (w)
1. Klassifizierung, Beurteilung (zB Beurteilung von Schülern durch Lehrer).
2. Behördliche Kontrolle und repressive Korrektur von Druckschriften.

ZENSUS (m)
Schätzung (va Schätzung des persönlichen Vermögens in Hinblick auf Steuerleistungen); Volkszählung.

ZENTRALISATION (w)
Konzentration an einem Mittelpunkt; Zusammenziehung.

ZESSION (w)
Forderungsübertragung (→ cessio, vgl §§ 1392 ff ABGB, §§ 398 ff BGB, Art 164 ff OR).
Der die Forderung Übertragende wird **Zedent**, der die Forderung Übernehmende **Zessionar** genannt, der Schuldner der zedierten Forderung heißt → Debitor Cessus.

ZIRKELSCHLUSS
Eine – untaugliche – Beweisführung, bei der das zu Beweisende bereits durch eine Annahme vorausgesetzt wird.
Siehe auch → petitio principii.

ZIRKULAR (s)
Rundschreiben.

ZIVILOBLIGATION = OBLIGATIO CIVILIS (w)
Eine Verpflichtung, die klagbar ist.
Im Unterschied zu → Naturalobligation.

ZÖLIBAT (m u. s)
Ehelosigkeit (zB gilt für röm-kath Priester das Gebot des Zölibats).
Zölibatär = nicht in Ehe (oder anderer Geschlechtsgemeinschaft) lebend.

ANHANG

Ausdrücke anderssprachiger Herkunft

A

ABANDON (franz, m)
Preisgabe von Rechten oder Sachen, Verzicht („abandonnieren").

A CONDITION (franz)
Unter Vorbehalt, auf Bedingung.

ACQUIS COMMUNAUTAIRE (franz, m)
Wörtlich: gemeinschaftliche Errungenschaft; der (im Laufe der Zeit, insbesondere durch die Judikatur des Gerichtshofs der Europäischen Gemeinschaften erreichte) Stand der Integration der EG-Rechtsordnung.

ÄGIDE (griech, lat, w)
Schutz, Schild, Schutzherrschaft.
„Unter der Ägide des . . ."

AFFRONT (franz, m)
Schmähung, Beleidigung.

A FONDS PERDU (franz)
Zahlung auf Verlustkonto, Fehlinvestition, verlorenes Geld.

AGENT PROVOCATEUR (franz, m)
Lockspitzel; eine Person, die es darauf anlegt, ein deliktisches Verhalten eines Verdächtigen zu provozieren, um den Verdacht zu erhärten. Der Einsatz eines „agent provocateur" ist nach § 5 Abs 3 öStPO verboten.

AGIO (ital, s)
Aufgeld; Betrag, der über den Nenn- oder Kurswert von Wertpapieren hinaus gezahlt wird.

AKRIBIE (griech, w)
Besondere Sorgfalt und Genauigkeit.

A JOUR (franz)
Wörtlich: bis zum (heutigen) Tag.
Bedeutung: Am laufenden Stand, nicht im Rückstand.

A LA LONGUE (franz)
Auf längere Zeit gesehen.

ALLOGRAPH (griech)
Wörtlich: durch andere geschrieben.
ZB allographe Testamente, im Unterschied zu holographen (eigenhändig geschriebenen) Testamenten.

AMOK (malai, m)
Blindwütig, rasend; zB Amok laufen.

ANATHEMA (griech, s)
Bann, Verfluchung.

ANATOZISMUS (griech, m)
Zinsenverzinsung (Verzinsung rückständiger Zinsen).

ANOMALIE (griech, w)
Regelwidrigkeit; Abweichung von der Regel.
Anomal = regelwidrig.

ANORMAL (griech)
Ungewöhnlich, krankhaft, vom Normalen abweichend.

ANTAGONISMUS (griech, m)
Gegensatz, Widerstreit.

ANTICHRESIS (griech, w)
Überlassung der Nutzungen einer Pfandsache anstelle von Zinsen an den Pfandgläubiger.
Siehe auch vorne → pactum antichreticum.

ANTIPODE (griech, m)
Gegenspieler, Widersacher, Rivale, Konkurrent.

APODIKTISCH (griech)
Unumstößlich, unwiderleglich; meist im Sinn von: keinen Widerspruch duldend.

A PRIMA VISTA (ital)
Auf den ersten Blick; zB im Wechselrecht: bei Sicht (Vorlage) fällig.

A PROPOS (franz)
Zu diesem Thema, „wenn wir gerade davon sprechen", (das gerade Besprochene) betreffend.

AU PAIR (franz)
Leistung gegen Leistung (ohne Bezahlung).

AUTHENTISCH (griech)
Echt, aus erster Hand, aus ursprünglicher Quelle.

AUTOKRATIE (griech, w)
Alleinherrschaft.

AUTONOMIE (griech, w)
Selbstständigkeit in der Gestaltung bzw der Anwendung von Normen.

B

BANKROTT (ital, m)
Zahlungsunfähigkeit; bankrott = zahlungsunfähig.

BIGAMIE (griech, w)
Doppelehe.

BLANKO (ital, lat)
Wörtlich: weiß; leer, unausgefüllt, zB Blankoscheck.

BOYKOTT (engl, m)
Ächtung; Abbruch der (zB geschäftlichen) Beziehungen zu jemandem.

BRAINSTORMING (engl, s)
Gemeinsames spontanes Sammeln von Gedanken bzw Einfällen zu einem bestimmten Thema.

BULLETIN (franz, s)
Mitteilung, Verlautbarung.

C

CARNET (franz, s)
Wörtlich: Heft. Carnet de passage = Zollpassierschein für Kraftfahrzeuge. Siehe auch unter → Triptik.

CHARTA (ägypt, griech, lat, w)
Verfassungsurkunde, Staatsgrundgesetz.

CLEARING (engl, s)
Verrechnung von Zahlungsverpflichtungen auf bargeldlosem Wege.

COMME IL FAUT (franz)
Wörtlich: Wie es sich gehört.

CORRIGER LA FORTUNE (franz)
Wörtlich: das Glück verbessern (korrigieren); dem Glück nachhelfen = falsch spielen.

COUP (franz, m)
Handstreich, überraschendes Vorgehen.

D

DELKREDERE (lat, ital, s)
Übernahme der Haftung für den Eingang einer Forderung.

DEMARCHE (franz, w)
Wörtlich: Schritt; zB diplomatischer Schritt, diplomatische Vorgangsweise.

DESASTER (griech, lat, franz, s)
Missgeschick, Unheil, Katastrophe.

DESAVOUIEREN (lat, franz)
Nicht anerkennen (im Sinne von „bloßstellen").

DIALEKTIK (griech, w)
Gegensätzlichkeit. Argumentationstechnik, durch Gegenüberstellen von These und Gegenthese zu Schlussfolgerungen zu kommen.

DOSSIER (franz, s)
Aktenbündel.

DOUANE (arab, ital, franz, w)
Zoll, Zollamt, Maut.

DRAKONISCH (griech)
Überaus streng.

DUMPING (engl, s)
Angebot von Waren unter dem Einstandspreis.

E

EKLAT (franz, m)
(Gefühls-)Ausbruch, Aufsehen.

EKLATANT (franz)
Aufsehenerregend, deutlich.

EMBARGO (span, s)
Das Beschlagnahmen und Zurückhalten von feindlichen Schiffen oder Waffen (völkerrechtlicher Begriff).

EMPHYTEUSE (griech, w)
Erbpacht; dingliches Recht der Nutzung und Fruchtziehung eines fremden Grundstücks gegen Zahlung eines regelmäßigen Entgelts.

ENZYKLIKA (griech, w)
Päpstliches Rundschreiben.

ENZYKLOPÄDIE (griech, w)
Umfassendes Nachschlagewerk.

ESKORTE (lat, ital, franz, w)
Bedeckung (im Sinne von Geleit).

ETAT (franz, m)
Wörtlich: Staat; auch im Sinn von Haushaltsplan des Staates.

EUPHEMISMUS (griech, m)
Beschönigende Umschreibung.

EUTHANASIE (griech, w)
Sterbehilfe.

EXPOSÉ (franz, s)
Darlegung, (schriftliche) Zusammenfassung, Bericht.

F

FAIRNESS (engl, w)
Korrektheit, Anständigkeit.

FAIT ACCOMPLI (franz, s)
Vollendete Tatsache. Jemanden vor ein „fait accompli" stellen = ihn vor eine vollendete Tatsache stellen (überrumpeln).

FAUXPAS (franz, m)
Wörtlich: Fehltritt; Taktlosigkeit, Verstoß gegen das gute Benehmen.

G

GANOVE (jidd, m) = **Ganeff**
Gauner.

GENESIS (griech, w)
Wörtlich: Entstehung; Entstehungsgeschichte, Werdegang einer Sache. Auch: die Genese.

GENTLEMEN'S AGREEMENT (engl, s)
Rechtlich unverbindliche Vereinbarung, deren Einhaltung ein Gebot der Anständigkeit bedeutet.

H

HALUNKE (tschech, m)
Nichtswürdiger, Schuft.

HANDIKAP (engl, s)
Benachteiligung.

HOLOGRAPH (griech)
(Völlig) eigenhändig geschrieben (zB holographes Testament). Gegensatz: → allograph.

HYPEROCHA (griech, w)
Wörtlich: Überschuss; Mehrerlös (zB bei der Pfandverwertung). Siehe vorne → superfluum.

HYPOTHESE (griech, w)
Annahme, Denkmöglichkeit. **Hypothetisch** = angenommen.

I

IN BIANCO (ital)
Wörtlich: in weiß. Bedeutung: unbeschrieben.

INKOGNITO (ital)
Unbekannt, unerkannt (im Sinne von „sich nicht zu erkennen gebend").

IN PETTO (ital)
In der Brust; im Inneren (bereit haben). Siehe vorne → in pectore.

IN SALDO (ital)
Im Rückstand, im Rest. Siehe auch → per saldo.

INTRIGE (lat, franz, w)
Listiges Ränkespiel.

J

JURY (franz, engl, w)
Kollegium von Beurteilenden, zB von (Laien-)Richtern.

K

KADI (arab, m)
Richter in den mohammedanischen Ländern. Auch bei uns (allerdings meist abwertend) für Richter verwendet.

KAMPAGNE (franz, w)
Feldzug; auch im Sinne von: gemeinsames Vorgehen gegen einen oder mehrere Gegner.

KASKO (span, m)
Schiffsrumpf, Fahrzeug. Kaskoversicherung = bestimmte Art der Versicherung gegen Schäden an Fahrzeugen.

KASSIBER (hebr, s)
Geschmuggeltes (heimliches) Verständigungsschreiben von Straf- und Untersuchungshäftlingen.

KATEGORISCH (griech)
Von unbedingter Gültigkeit (ohne dass ein Gegenargument in Frage kommt, nicht diskutabel).

KIDNAPPER (engl, m)
Kindesräuber, Entführer.

KLEPTOMANIE (griech, w)
Die Sucht zu stehlen; krankhafter Trieb, Diebstähle zu begehen, wobei die Bereicherungsabsicht in der Regel nicht im Vordergrund steht.

KOLLO (ital, s)
Frachtstück; Frachtgut. Mehrzahl: **Kolli**.

KOMBATTANT (lat, franz, m)
Mitkämpfer.

KOMMENT (vulgärlat, franz, m)
Regel, Sitte, Brauch.

KOMMUNIQUÉ (franz, s)
(Amtliche) Bekanntgabe, Verlautbarung, Mitteilung.

KOMPLOTT (franz, s)
Verschwörung, Verabredung eines Verbrechens.

KONTERBANDE (ital, franz, w)
Schmuggelware.

KRETHI UND PLETHI (griech)
Jedermann, „Hinz und Kunz" (ursprünglich Kreter und Philister in der Leibwache des Königs David).

KRITERIUM (griech, lat, s)
Kennzeichen, unterscheidendes Merkmal.

KUX (slaw, m)
Bergwerkanteil.

L

LAKONISCH (lat, griech)
Kurz und bündig; in wenigen Worten.

LAST NOT LEAST (engl)
Zuletzt, aber nicht am geringsten; nur der Reihung, nicht dem Werte nach am Ende.

LYNCHEN (engl)
Die eigenmächtige Misshandlung oder Tötung einer Person durch eine aufgebrachte Menschenmenge. „Lynchjustiz" = Selbstjustiz.

M

MANKO (ital, s)
Das Fehlende, der Fehlbetrag, Mangel.

MESALLIANCE (franz, lat, w)
Unebenbürtige Verbindung, standeswidrige Heirat.

N

NOMOS (griech, s)
Gesetz.

NOMOTHESIE (griech, w)
Gesetzgebung.

NORM (griech, etrusk, lat)
Winkelmaß, Richtschnur, Regel.

O

OBLIGO (ital, lat, s)
Verpflichtung, Verbindlichkeit.

ORDRE PUBLIC (franz, m)
Öffentliche Ordnung. Grundsatz, wonach bei der Anwendung

von ausländischem Recht darauf zu achten ist, dass nicht gegen grundlegende Wertungen der inländischen Rechtsordnung verstoßen wird.

OSTRAKISMOS (griech)
Scherbengericht; Abstimmung in Athen, die zur zehnjährigen Landesverweisung eines missliebigen Bürgers, dessen Name auf Tonscherben (= ostraka) geritzt wurde, führen konnte.

P

PÄDERASTIE (griech, w)
Wörtlich: Liebe zu Knaben; sexuelle Beziehungen mit Knaben.

PALAVER (griech, lat, engl, s)
Endloses Verhandeln und Gerede.

PAMPHLET (engl, franz, s)
Schmähschrift.

PANDEKTEN (griech, Mz)
Vom griechischen pan dechesthai (alles umfassen) abgeleitete Bezeichnung für die Digesten (→ Digesta Iustiniani). Die Wissenschaft des 19. Jahrhunderts vom (damals noch geltenden) römR wird als Pandektenwissenschaft bzw Pandektistik bezeichnet.

PARABEL (griech, lat, w)
Gleichnis.

PARADOXON (griech, s)
Wörtlich: das dem Anschein Widersprechende; (anscheinend) Widersinniges, Widerspruchsvolles.

PARALYSIEREN
Lähmen, unwirksam machen, schwächen, hemmen.

PARAPHE (griech, w)
Kurzzeichen des Namens anstatt der Unterschrift; paraphieren.

PARENTHESE (griech, w)
Einfügung; in Klammern oder Gedankenstrichen Geschriebenes. Auch: Klammer, Gedankenstrich.

PARÖMIE (griech, w)
Sprichwort, Regel, Merkspruch.

PARTOUT (franz)
Um jeden Preis; unter allen Umständen.

PER CASSA (lat, ital)
Bar, bei Barzahlung.

PERMIT (franz, engl, s)
Zulassung, Erlaubnis.

PERSIFLAGE (lat, franz, w)
Verspottung.

PER SALDO (ital)
Im Endergebnis.

PLÄDOYER (franz, s)
Schlussvortrag des Staatsanwalts und des Verteidigers bei Gericht; Rede, mit der jemand engagiert für etwas eintritt („plädieren").

POLEMIK (griech, w)
Auseinandersetzung; Streit. Polemisieren = (verbal) angreifen.

POLYGAMIE (griech, w)
Vielehe.

POUVOIR (franz, s)
Wörtlich: das Können. Ermächtigung, Befugnis.

PROPHYLAKTISCH (griech)
Vorbeugend.

PSEUDONYM (griech, s)
Falscher Name; Deckname.

PYROMANIE (griech, w)
Krankhafte Sucht, Brände zu stiften (Häuser anzuzünden).

R

RÄSON (lat, franz, w)
Vernunft, Einsicht.

RANKÜNE (franz, w)
Heimliche Feindschaft, Groll, Rachsucht.

RAZZIA (arab, w)
Polizeiliches Fahndungsunternehmen.

RECHERCHE (franz, w)
Nachforschung, Ermittlung.

REFAKTIE (lat, niederl, w)
Rückvergütung wegen mangelhafter oder beschädigter Waren durch Preis- oder Gewichtsausgleich.

REGLEMENT (franz, s)
Dienstvorschrift, Satzung, Geschäftsordnung.

RESSENTIMENT (franz, s)
Voreingenommenheit, Groll, Hass.

RESÜMEE (franz, s)
Zusammenfassung, zusammenfassende Darstellung.

REVIREMENT (franz, s)
Wechsel in der Besetzung von Funktionen (zB innerhalb eines Amtes).

RIMESSE (lat, ital, w)
Gezogener Wechsel, welchen der Schuldner dem Gläubiger zur Bezahlung seiner Schuld übergibt.

ROUND TABLE (engl, m)
Wörtlich: Runder Tisch. Gesprächsrunde.

S

SALDO (ital, s)
Differenz zwischen Forderung und Schuld. In der Buchhaltung: Unterschiedsbetrag der zwei Seiten eines Kontos.

SCHIKANE (franz, w)
Die missbräuchliche (boshafte) Ausnützung eines Rechts zum Nachteil eines anderen (vgl § 1295 Abs 2 ABGB, § 226 BGB, Art 2 Abs 2 ZGB).
Schikanös = ein Recht missbräuchlich ausnützend.
Schikanieren = ein Recht missbräuchlich ausnützen.

SKEPSIS (griech, w)
Zweifel, Zweifelsucht.
Skeptisch = misstrauisch zweifelnd; kritisch prüfend.

SLOGAN (engl, m)
(Werbe-)Schlagwort.

STEREOTYP (griech)
Starr feststehend, unabänderlich (zB stereotype Floskel).

STORNO (ital, m)
Rückbuchung; Berichtigung; Löschung (besonders im Kaufmännischen verwendet).
Stornieren = berichtigen; löschen; einstellen.

SUJET MIXTE (franz, s)
Wörtlich: gemischtes Subjekt.
Person, welche zwei Staatsbürgerschaften besitzt.

SURPLUS (lat, franz, engl, s)
Überschuss; Gewinn.

SYMPTOM (griech, s)
Anzeichen, Merkmal, Kennzeichen. Symptomatisch = kennzeichnend.

SYNALLAGMA (griech, s)
(Austausch)-Vertrag; heute versteht man darunter einen zweiseitig verpflichtenden Vertrag. Siehe vorne → do ut des.

T

TABU (polynes, s)
Unantastbar; unverletzlich; verboten.

TAUTOLOGIE (griech, w)
Überflüssige Wiederholung in der Ausdrucksweise. Doppelte Bezeichnung ein und desselben Gedankens mit anderen Worten.

TEAM (engl, s)
Arbeitsgemeinschaft.

TEAMWORK (engl, s)
Gemeinschaftliche Zusammenarbeit einer Gruppe von bestimmten Fachleuten.

TELOS (griech, s)
Ziel, Zweck.

TICKET (niederl, franz, engl, s)
Wörtlich: Zettel. Fahrtausweis, Fahrkarte; Eintrittsschein.

TRANCE (lat, franz, engl, w)
Schlafähnlicher Zustand nach Einnahme von Betäubungsmitteln (zB bei Rauschgift).

TRATTE (lat, ital, w)
Gezogener Wechsel, womit der Bezogene vom Aussteller ange-

wiesen wird, dem Wechselnehmer eine bestimmte Geldsumme zu zahlen (Begriff im Wechselrecht).

TREND (engl, m)
Richtungsstreben; bestimmte Entwicklung; „Zug der Zeit".

TRIPTIK (engl, griech, franz, s)
Dreiteiliger Grenzübertrittsschein für Lenker von Kraft- und Wasserfahrzeugen.

U

UKAS (russ, m)
Anordnung, Befehl (ursprünglich: Erlass des Zaren). Dieser Ausdruck wird auch heute noch im Sinne von „Erlass" oder „oberste Entschließung" gebracht.

UNISONO (ital)
Einstimmung; im Einklang.

USANCE (franz, w)
Gewohnheitsmäßige Vorgangsweise, Gepflogenheit.

V

VANDALISMUS (lat, franz, m)
Zerstörungswut.